知识产权

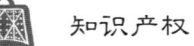

电网企业专利管理的策划与实施

DIANWANGQIYE ZHUANLI GUANLI DE
CEHUA YU SHISHI

曹 洪 杨雄文 ◎ 主编

知识产权出版社
全国百佳图书出版单位

图书在版编目（CIP）数据

电网企业专利管理的策划与实施/曹洪，杨雄文主编．—北京：知识产权出版社，2017.4
ISBN 978-7-5130-4576-6

Ⅰ．①电⋯　Ⅱ．①曹⋯　②杨⋯　Ⅲ．①电力工业—工业企业管理—专利—研究—中国　Ⅳ．①F426.61　②G306

中国版本图书馆 CIP 数据核字（2016）第 269379 号

内容提要

本书立足电网企业并结合电网实践工作，以专利价值为主线，涵盖电网企业知识产权的经营管理、组织管理、战略管理、法制管理、专利价值管理、专利信息管理、专利战略与技术创新战略融合的运行机制等方面内容。本书不仅可帮助电网企业提升专利管理的策划与实施的能力，同时亦可对其他行业的专利分析和管理活动等过程，具有相应的启发及借鉴作用。

责任编辑：纪萍萍　　　　　　责任校对：谷　洋
　　　　　　　　　　　　　　　责任出版：刘译文

电网企业专利管理的策划与实施

曹　洪　杨雄文　主编
李　冶　王庆红　谢应霞　副主编

出版发行：知识产权出版社有限责任公司	网　　址：http://www.ipph.cn
社　　址：北京市海淀区西外太平庄 55 号	邮　　编：100081
责编电话：010-82000860 转 8387	责编邮箱：jpp99@126.com
发行电话：010-82000860 转 8101/8102	发行传真：010-82000893/82005070/82000270
印　　刷：三河市国英印务有限公司	经　　销：各大网上书店、新华书店及相关专业书店
开　　本：720mm×1000mm　1/16	印　　张：20.25
版　　次：2017 年 4 月第 1 版	印　　次：2017 年 4 月第 1 次印刷
字　　数：335 千字	定　　价：65.00 元

ISBN 978-7-5130-4576-6

出版权专有　　侵权必究
如有印装质量问题，本社负责调换。

编 委 会

主　编：曹　洪　杨雄文
副主编：李　冶　王庆红　谢应霞
编　委：张秋雁　刘　萍　申　彧　李达均
　　　　李广凯　郑　金　韦嵘晖　叶广海
　　　　杨　光　郑少金　郭　晶　刘春艳
　　　　杨　川

序

当前，我国正在深入实施国家知识产权战略和创新驱动发展战略，知识产权制度及其运行在推动我国科技创新和经济社会发展中的作用日益凸显。知识产权制度本质上是一种法律制度，但基于其在现实中发挥作用需要有效的运用和管理，知识产权管理也是有效实施我国知识产权制度必不可少的内容。换言之，知识产权制度作为我国激励自主创新的法律制度，其在实践中的有效运行离不开对知识产权的有效管理。知识产权管理本身是实现自主创新的有效保障和重要环节，也是现代企业经营管理和技术管理创新的重要形式。它强调在独占知识的基础之上，通过法律的、技术的和经济的手段获得市场竞争优势。在当代，知识产权管理正经历重大变革，这些变革形式在知识产权管理的特点中都有反映。尤其是在当代企业管理中，正经历由传统的企业管理向人本化管理、知识管理、柔性管理方向演变，知识产权管理在企业管理中日趋重要。

企业是我国社会主义市场经济主体，知识产权管理在我国企业管理中也变得日益重要。就电网企业而言也莫不如此。电网属于知识、技术高度密集型行业，在一个国家社会生活中具有举足轻重的地位。在当代知识产权国际保护环境下，国内外电网行业的技术和知识产权竞争愈演愈烈，通过有效知识产权布局和战略运作，尤其是专利战略和管理，已经成为电力行业和电网企业占据市场、获取市场竞争优势的有效手段和策略。南方电网公司是我国最为重要的电网公司之一，其经过多年努力，已经积累了丰富的技术资源和自主知识产权，自主创新能力和拥有知识产权的数量与质量不断提高。作为该公司的全资子公司，贵州电网公司按照南方电网公司科技创新和知识产权战略规划，努力实施技术创新，探索有效的知识产权管理实施策略和对策，积累了较为丰富的实践经验。

在企业知识产权管理中，专利管理具有独特地位和作用。它既是企业知识产权管理的重要组成部分，也是落实企业技术创新和知识产权战略实施的基础性工作与重要保障。基于贵州电网企业在专利管理和相关科技创新方面的经验和体会，该书作者立足于贵州电网"基于专利价值评估的贵州电网企业专利管理研究"课题的研究成果，以企业知识产权管理、技术创新原理为指导，以自身实践经验为基础，以完善电网企业专利管理体制和机制，提高电网企业专利管理能力为指针，运用专利挖掘和专利信息分析手段，力图为我国电网企业专利管理的有效策划和实施以及专利管理效能提高提供经验和借鉴。笔者有幸在该书即将出版之前拜读，感觉内容颇为丰富、资料翔实，可操作性强，实践指导意义大。为此，特作序介绍与评论，希望引起相关读者重视和社会关注。

研读该书发现，该书研究方法多样，包括系统分析法、文献分析法、个案分析法、政策研究法、专家问答法、数据统计法和市场调研法等。这些行之有效的方法为阐释和研究电网企业专利管理的基本构架与策划、实施策略提供了基本的工具。虽然这些研究方法在其他成果中也广泛运用，但在一部成果中综合运用则较少见。无疑，研究方法的采用为该书具有的理论品位和实践品格奠定了坚实基础。

研究内容上的全面和创新，则是该书尤其值得肯定之处。因此，以下将结合相关企业专利管理的原理和理论，对该书在电网企业专利管理研究中的主要创新和特色逐一作出介绍、评述与研究。

笔者认为，该书以电网企业为适用对象，针对电网企业专利管理的策划与实施提出了诸多具有创新和独到特色的观点、思想和实施策略，对于提高电网企业专利管理水平、提升专利能力，具有十分重要的意义和作用。这些成果，对于一般意义上的企业专利管理也具有参考和借鉴价值。其具有创新与特色之处主要体现于以下方面。

其一，明确了电网企业专利管理的基本内涵，构建了电网企业专利管理体系的基本框架。

从一般意义上说，企业专利管理为规范企业专利工作，充分发挥专利制度在企业发展中的重要作用，促进企业自主创新和形成自主专利，推动企业强化对专利的有效开发、保护、运营而对企业专利进行的计划、组织、指挥、协调、控制等活动。企业专利管理是企业对专利开发、保护、运营的综合管理。就企业层面来说，专利制度在企业中的贯彻，在很大程度上体现为企业对专利的科学管理。这种科学管理立足于企业的使命和目标，并遵循一定的顺序和过程。在该书中，作者对电网企业专利管理的基本内涵从专利管理实施与控制的角度进行解构，探讨了电网企业专利管理策略的选择、实施电网企业专利管理、实施电网企业专利管理的全方位控制、电网企业专利管理的绩效评估等内容。这些内容，揭示了电网企业专利管理的实施与控制的基本要领、步骤和要求，为加强电网企业专利管理工作提供了直接的指引，并提供了重要的操作方法。更重要的是，该书建构了电网企业专利管理体系的基本框架，为电网企业实施有效的专利管理策略，提高电网企业专利管理水平，提供了整体的思路和实施进路。

从企业专利管理理论与实务的角度看，为加强企业专利管理，需要建立企业专利工作机制，完善企业专利管理体系，健全企业专利管理制度和组织构架，提高企业专利管理组织效能。国家知识产权局为指导首批专利示范创建单位的创建工作而颁布的部门规章《全国企事业单位专利示范创建单位创建工作方案》即明确指出，要"进一步强化专利管理能力建设，形成本企业参与国内外市场竞争需要的专利管理体制和机制。大型企业可借鉴跨国企业先进的专利管理模式，通过制度创新、管理创新、机制创新，尝试建立专利综合管理服务中心。加强专利工作体系建设，实现专利工作的体系化和专业化。加强专利部门的管理职能，由专利部门统筹专利事务。单位主要负责人直接领导专利工作"。从该书的研究看，可以认为正是按照上述规定的精神，立足于电网企业专利工作实际，提出了电网企业专利管理方针和专利管理体系的基本框架。所谓专利管理方针，是指导企业进行专利管理活动的管理理念和行动指南，对企业专利管理活动具有重要的指引作用。企业专利管理方针是与企业专利管理目标和原则相关的概念，其应根据企业专利管理目标和原则，并紧密结合企业战略和生产经营特点加以确定。该书不仅提出了电网企业专利管理方针，而且就专利策划、专利目标、专利管理机构和专利管理职责等进行了细致的分析，使读者能够对电网企业专利管理实施的宏观运行有一个整体的把握。

其二，构建了电网企业专利管理体系的微观构架，为有效实施电网企业专利管理提供了直接保障，具有较强的可操作性。具体内容如下。

一是电网企业专利的产权管理。

产权管理的要旨是保障企业通过技术创新等形式获得的知识成果及时获得专利，强化对自身拥有的专利的保护。同时，对企业内外专利活动及时进行监控，防止侵犯专利的行为发生。产权管理在企业专利管理中具有重要地位，因为它是企业专利管理的基础和重点——企业专利管理绩效如何，与其拥有专利的数量和质量密切相关。企业拥有专利的数量和质量，不仅是一笔宝贵财富，而且是一种重要的战略进攻武器，在市场竞争中具有独特优势，是企业核心竞争力的关键。企业专利的产权管理，要求及时、充分地将对企业技术发展和生产经营具有重要意义的创新成果纳入专利保护，防止专利在技术开发、生产经营活动的任何环节流失。为此，企业应当将专利管理与其技术创新、生产经营、市场营销活动有机地融合，将专利保护贯穿于企业活动始终。

根据国家知识产权局《企业专利工作管理办法》的规定，企业专利的产权管理主要包括专利申请管理（包括企业职务与非职务专利申请管理、企业向国外申请专利的管理、企业履行技术合同及在其他相关情况下专利申请的管理）、企业在合资与合作等领域专利产权管理、企业专利年费管理，以及企业专利权益的维护等。事实上，企业在技术研究开发过程中专利产权管理是其中的核心环节。就企业商业秘密管理而言，产权管理的侧重点则是制度建设与保密措施的完备。

鉴于电网企业专利产权管理的重要性和复杂性，该书在诸多章节着重就电网企业专利产权管理进行了深入探讨，如从电网企业专利获取、专利维护、专利保护、专利规章制度建设等方面剖析了电网企业专利产权之产生、流转与保障措施，对于有效保护电网企业专利权，防止技术资产流失，促使电网企业专利资产保值增值具有重要作用。

二是电网企业专利的经营管理。

专利经营管理是企业专利管理的实质内容，其主要目标是通过运营专利而获利，为企业财富增长创造更多的价值。它是将专利作为一种十分重要的经营资源，利用专利保护机制和功能，在专利价值创造和整合的基础之上创造高额利润。国外企业非常重视专利的经营管理，它们早已跳出专利只是企业拥有的一种纯法律权利的固有思维模式，而将其作为增强企业竞争力、获取超额利润的商业策略和盈利模式。在这些企业中，涉及专利的经营策略、信息处理、战略规划、风险管理，以及专利利用环境和模式、专利体制建设等都构成了其专利经营管理范畴。在当前我国很多企业普遍缺乏专利经营管理理念和经验的情况下，大力弘扬这一理念，提高企业专利经营管理水平，具有特别重要的意义。

正是因为专利经营管理的重要性，该书对电网企业如何通过实施有效的经营策略、优化利用专利形式和环境，提高电网企业专利资产效能，提出了适用性对策。这些对策对于强化电网企业专利经营管理意识，提高专利经营管理水平，无疑具有重要适用价值。

三是电网企业专利的组织管理。

科学的管理体制要求企业专利管理需要有相应的组织管理机制、管理职能保障机制等。从组织保障看，其体现为建立有效的企业专利管理组织体系。建立专利管理组织体系，明确专利管理部门的职能，这是企业专利管理部门开展专利工作的前提条件和重要保障。企业专利管理和专利战略一样，与企业经营管理具有十分密切的联系，因为企业专利的开发、利用、运营与企业技术开发、产品市场流转、经营管理战略往往是联系在一起的。基于此，在组织保障上，企业应注意加强其内部各职能部门之间的联系与沟通，如在横向沟通方面，注意生产部门、研发部门、市场营销部门、法务部门等相互之间就产品、技术、市场、法律保护、资源配置等方面问题经常保持联系与交流；在纵向沟通方面，需要经常在企业子公司、各职能部门的分部和专利本部之间保持业务上的联系。在组织保障上，企业还应将专利管理置于企业领导层开展活动，特别是对企业具有重大价值的专利的转让、投资等事宜，需要由企业决策层作出。

从管理职能保障看，企业专利管理的管理职能保障是在落实管理机构、管理制度、管理人员的前提下，协调企业内部管理部门之间的管理，利用专利制度提供的保护手段，从专利的确认、保护到行使、管理的整个专利运营过程。在企业专利工作中大量地体现为对日常专利事务的组织与协调。结合企业管理基本职能，企业专利管理职能保障主要是履行好决策职能、计划职能、组织职能、指挥监督职能和协调控制职能。

电网企业专利管理组织管理的重要性在该书中也得到了充分体现。不仅如此，该书针对电网企业的个性化特色，探讨了电网企业专利管理组织模式和协同管理方式，剖析了如何通过专利管理制度、管理人员和管理机构强化电网企业专利管理职能，从而为落实电网企业专利管理组织保障措施提供了路径与对策。

其三，电网企业专利战略管理。

按照企业专利管理层次和境界，可分为企业专利事务型管理、战术型管理和战略型管理三类。企业专利事务型管理是企业基层管理层和业务层实施专利管理的基本内容。它以企业稳定的经营环境为前提，侧重于企业专利的日常管理活动，其重点是调动企业内部资源，利用企业技术开发、市场营销、人力资源等部门力量对与专利有关的事务进行的以职能管理为基本特征的、实现一定阶段经营目标的活动，而对如何适应外部环境的变化则考虑较少。企业专利战略型管理侧重点则不是企业内部活动，而是充分评估和考虑企业如何适应外部市场和竞争环境，谋求在相当长的时期获得竞争优势的总体性谋划。企业专利战略管理是企业专利管理的最高境界，它的实施伴随着企业专利战略的规划、制定和实施，是企业实现其经营战略的重要手段。

企业专利战略管理是从战略高度管理专利，使专利成为企业谋求最佳经济效益和竞争优势的管理手段。企业专利战略型管理突出专利战略在企业专利管理体系中的地位、专利战略决策对企业发展的长期性和全局性的影响，以及战略执行中专利资源与有形资产及其相互之间的有效配置，并在专利管理的各个环节中融入专利战略内涵，以专利战略的实施来保障企业专利管理与专利战略规划的一致性。企业专利战略管理无疑与专利战略具有十分密切的联系。它以企业专利战略的指引为核心，以专利战略整合企业专利管理的各个环节，通过其与专利战略的互动和学习来与企业战略取得匹配性。

企业专利战略管理强调对企业专利战略的过程性、动态性、系统性的分析，以明确企业专利战略的管理内涵及其与企业竞争优势的关系。企业专利战略管理要求企业在研究开发、生产制造、市场经营、产品售后服务、对外技术交流等全过程中加以运用，而不限于其中的某一阶段或环节。从作用机制看，企业专利战略管理是针对企业专利战略的管理，它侧重于企业领导层和决策层对专利战略的制定、实施、评估与反馈等，将企业专利战略看成一个过程，强调在这一过程中企业应随着内外部环境和条件的变化而变化。企业专利战略管理作为企业专利管理的最高境界，自然在现代西方国家中得到了广泛应用。西方国家企业广泛使用专利战略管理形式管理其专利，获取市场竞争优势。

企业专利战略管理和事务型管理之间也存在十分密切的联系，即后者是前者的基础和保障，前者是后者的最终目标和归属。换言之，企业专利事务型管理在专利管理体系中具有基础性质的地位，而企业专利战略管理则在企业专利管理体系中处于核心地位。一个缺乏专利战略管理的企业终究难以在激烈的市场竞争中获得竞争优势。因此，有必要立足于企业战略，对专利的产生、保护、经营和价值整合制定与其科技和经济实力相适应的战略规划和实施策略，在事务型管理基础上，形成一体化专利管理体系。

在当代，电网业迈进了所谓"智能电网时代"。随着电网领域技术竞争的激烈，该领域专利技术方面的博弈也日益明显。如何以战略手段管理自身专利，提高专利能力和战略管理水平，就成为电网企业专利管理面临的一个"升级换代"问题。易言之，面对激烈的市场竞争环境，电网企业专利管理不能停留在法律事务层次，而应不断提高其运作水平，最终步入专利战略管理的境界。令人欣慰的是，该书作者对于电网企业专利管理的策划与实施的讨论和研究，具有相当的战略眼光，已经认识到战略管理的重要性，并对专利战略管理提出了自身的见解和观点，包括电网企业专利战略构建、专利战略不同环节的协调和运用等。无疑，这方面的观点和视野，大大提升了该书的理论视野和研究层次，也使得电网企业专利管理定位于更高的境界和层次，有利于提高电网企业专利管理水平。

其四，电网企业专利价值管理。

从价值管理的角度看，企业专利管理也是一种价值管理方式。价值管理理论认为，企业的本质是为客户创造全新的有别于竞争对手的价值以实现企业的长足发展。价值管理理论立足于为顾客创造价值，形成其他企业无法模仿的竞争优势。着眼于价值创造的持续创新活动是企业能力的主要体现。

企业专利价值管理，是为实现企业专利中动态价值增值最大化目的，有效促进专利价值创造与价值实现，通过专利的合理流动与扩散，对专利各项价值进行的管理。它既是企业专利管理的一部分，也涉及企业专利创造、保护、运营的各个层面。企业专利价值管理旨在在企业专利价值战略规划指导下，立足于专利价值创造，以专利价值评价与运营为手段，以专利价值实现为目的，增强企业竞争实力。它是在价值理念指引下，运用专门的管理方法，建立有利于专利产生、流动和产出的机制，促进企业内部各管理层的管理理念、管理方法、管理行为、管理决策致力于企业专利价值最大化。从企业专利价值管理体系的角度看，企业专利管理是为实施专利价值管理所需要的组织结构、程序、过程和资源的总和，包括企业专利价值管理战略规划、专利

VIII
电网企业专利管理的策划与实施

价值管理机制、专利价值管理制度等内容。专利价值管理也是一种管理方法，即用于解决专利管理中涉及专利价值这一具体管理问题的管理方法，是对专利资源要素实施价值管理所特有的方法。从管理文化来说，它强调在企业中形成价值至上的管理理念，共享专利价值最大化理念。简言之，企业专利价值管理活动是以专利创造为基础，以专利传播、转移、产业化与商业化等形式为实现方式，实现企业增量利益的活动。

以价值管理维度建立企业专利管理体系有其合理性。这是因为，专利是企业一种十分重要的无形财产和资源，也是企业确立竞争优势的关键资本。企业专利管理活动，实质上是专利价值创造、价值选择、价值变现和价值分配的过程，它在客观上需要通过科学管理实现专利价值的最大化。特别是当前随着专利在企业生产经营中地位的不断提高，以及因专利产生的有形商品附加值的不断提升，企业专利管理对专利价值创造和变现的重视显得更加重要。国外学者蒂斯即指出："传统观念认为专利的价值只能内化于产品或服务中才能体现，但专利脱离产品为知识管理创造了新环境，其中心任务是如何从知识资产中提取价值。"[1]

应当说，运用价值管理的理念和方法探讨电网企业专利管理问题，构建专利价值评估模式，探讨如何提升电网企业专利价值，使其最大限度地转化为生产力并保值增值，在该书中更是得到了充分的论证和阐述。该书立足于"基于专利价值评估的贵州电网企业专利管理研究"项目，即可见一斑。该书系统探讨了"基于专利价值分析的电网企业专利管理"，包括专利资产的价值分布特性与价值评估、专利资产价值影响因素、电网专利二次多元主客观价值评估模式、电网行业专利价值评估模型与指标等，为电网企业专利价值挖掘提供了可行的路径和方法。在当前企业整体上对专利等无形资产观念比较淡薄的情况下，该书的研究有利于企业形成重视专利等无形资产的意识，明确无形资产的价值含量。这对于防止专利一类无形资产的流失也具有重要意义。

其五，电网企业专利法制管理。

专利是一种法定的垄断权，任何形式的企业专利管理都必须在法律特别是专利法律框架下运行，因此，企业专利管理表现为法制管理，即企业专利

---

[1] Teece T.J, *Capturing Value from Knowledge Assets: the New Economy, Market for Know-How and Intangible Assets*, California Management Review, 1998, 40（3）: 55-79.

法制管理。从系统论的角度看，企业专利法制管理表现为一个企业内部的法制管理系统，其实质是国家专利法律和政策在企业层面的落实和体现，而在这个系统中，始终以专利保护为核心。具体地说，它涉及企业专利的确权（权利归属）、知识成果的产权化、知识成果保护（包括对侵权的制裁以及对被指控侵权的抗辩）等内容，其中确权和产权化是基础，知识成果保护是根本。

专利确权，涉及研究开发成果的权利归属确认等问题。例如，企业进行委托开发、合作开发，对开发的成果的权利归属通过合同约定，即是一种确权形式。确权也可以在专利处于价值变动、资本化运营中进行。

知识成果的产权化，涉及企业在进行技术创新、品牌建设等技术、经营活动中产生的专利化问题。企业在从事生产经营活动中，会产生发明创造、商标、商业秘密、计算机软件等可以受专利保护的成果。按照企业专利法制管理要求，企业应从自身经营战略出发尽量予以产权化。这是企业提高自主专利能力的基础，也是企业以专利实现提升核心竞争力的重要砝码。我国企业在这方面存在非常严重的问题，如大量的技术成果没有通过专利形式获得保护。

就电网企业而言，专利的法制管理自然也是其专利管理的基础。可以认为，离开法制管理的电网企业专利管理将失去方向和灵魂。该书也高度重视电网企业管理策划和实施中的法制管理，包括产权归属制度、保密制度、规章制度建设（企业专利管理制度的基本建议、我国企业专利管理制度的选择等）和风险防范等。这些颇具实用性的对策和方法，能够较好地满足电网企业对专利法制管理的基本要求。

其六，电网企业专利全过程管理。

全过程管理是企业技术创新中专利管理的基本原则。企业专利全过程管理，是根据企业专利管理的规律和要求，将专利管理工作纳入系统化建设范畴，从专利的创造源头到研究开发、专利确权、专利保护和运用全过程、全方位的系统化管理活动，是企业专利管理的高级形式和内在要求。

企业专利管理既是企业生产经营活动的基础性工作，也是一个复杂的系统工程，贯穿于企业生产经营活动全过程。企业生产经营活动从技术研究开发、原辅材料采购、生产组织到市场营销的各个环节，都涉及专利管理，在任何环节专利管理存在问题都可能对企业生产经营活动带来灾难性影响[①]，因而树立企业专利全过程管理理念十分重要。专利全过程管理体现了专利战略的要求，因为专利战略包含专利创造、专利运营、专利保护、专利管理四个环节，本身就具有全过程的秉性。实施企业专利全过程管理可以对企业专利的创造、运营、保护和管理等阶段实施全程控制，从而大大提高专利管理效率，促进专利在企业中最大程度地发挥其竞争效能和实现经济效益的功能。

专利全过程管理在我国政府和地方有关规范性文件中也有体现。例如，《国家中长期科学和技术发展规划纲要（2006—2020年）》指出，要通过实施专利战略提高国家专利管理水平，在科技管理全过程中纳入专利管理，充分利用专利制度提高我国科技创新水平。

鉴于电网企业全过程专利管理的重要性，该书针对其专利全过程管理，包括专利获取、维护、运营和保护等进行了细致的研讨，并分别有针对性地提出了具体的管理策略和对策。目前，国内企业对专利全过程管理整体上还缺乏认识，甚至缺乏基本的概念。在这种情况下，该书对电网企业专利全过程管理的系统探讨，无疑也为此种管理理念和管理方式提供了参照和借鉴。

其七，电网企业专利信息管理。

企业技术创新各阶段，以专利信息管理为核心的知识产权管理始终是知识产权管理的重要内容。专利信息分析通常包括专利技术信息分析和专利权利信息分析。从专利分析的内容和目的看，又可以分为专利管理分析和专利技术分析。其中，前者是根据一定的指标，利用专利文献和信息进行具有定量分析性质的统计分析；后者则是在定量分析的基础上立足于专利权的内容，根据专利文献和信息的技术特征所进行的定性分析。专利信息分析与专利文献利用和专利情报挖掘是一脉相承的，其对于进行企业技术发展战略决策，选择合适的专利战略和创新模式具有十分重要的指导作用和启发意义。通过专利信息分析，企业可以比较完整地了解相关技术的发展历程和变化动态，掌握技术发展规律，特别是技术难点的解决程度及其现状；企业还可以比较完整地了解技术发展的整体状况、技术研究的热点和相关技术之间的关联性以及影响技术发展的相关产业。

企业利用专利文献与情报进行分析的方法，大致可以分为定量分析、定

[①] 朱宇、黄志臻、唐恒：《企业知识产权管理规范培训教程》，知识产权出版社2011年版，前言，第1页。

性分析、图表分析、专利知识挖掘、分析智能技术等。其中，定量分析以专利文献中申请人、申请类别、申请国家等著录项目，以及申请数量、同族专利数量和专利引文数量等专利数量指标为基础，运用一定的统计方法，针对专利文献的各种著录项目进行分析。专利定量分析指标具有多样性，分别反映了不同的专利信息和内容。根据美国知识产权咨询公司提供的资料，其常用的专利分析指标有专利数量、专利相对产出指数、专利成长率、同族专利指数、技术强度、引证指数、相对专利产出率、技术生命周期、技术重心指数等。定性分析又称为技术分析，是针对专利的内容进行总结、归纳、分析，从而得出关于技术发展动态和趋势、竞争对手实力等方面的结论。它需要借助于专利说明书、权利要求书等评价和识别专利，以技术特征为基础加以分析。无论是专利定量分析还是定性分析，除了借助于一定的分析指标外，还需要通过数据存储和计算机辅助手段加以完成。

专利信息管理在电网企业专利管理中也处于十分重要的地位。基于此，该书作者高度重视电网企业在专利管理中运用现代信息检索、分析手段与工具，进行科学的专利信息分析，并建立相关的信息支持系统。该书以第四章和第七章两章的篇幅介绍和分析专利信息管理的方法、技巧、手段和策略，内容涵盖专利分析流程、分析方法、专利分析可视化、专利信息可视化分析系统模型构建及实现、专利信息可视化分析系统应用，以及专利数据库、专利检索分析系统、专利移动应用系统、专利信息管理系统的构建等，内容丰富，可操作性强，对于提高电网企业专利信息管理水平具有实际的指导作用。

其八，电网企业专利战略与技术创新战略融合的运行机制。

企业技术创新与专利战略之间存在十分密切的联系，两者有必要实现高度的融合。而其融合法律机制的建设，需要以市场为导向，通过国家、地区及企业等层面的专利制度保障，促进企业技术创新和专利战略的有效运用，实现技术创新与专利战略实施的良性互动。在企业技术创新中融入专利战略，是以专利战略引导企业技术创新活动。站在专利战略的高度指导企业技术创新活动，不仅使企业技术创新活动成为专利的取得、运营、保护和管理的过程，而且使技术创新本身接受专利的有效管理，从而使企业技术创新与专利战略殊途同归，共同为提升企业核心竞争力与市场竞争力服务。

专利战略实施和技术创新战略之间具有十分密切的关系，而不是彼此分离的。专利战略贯穿于企业技术创新的全过程，无论是创新成果的构思、技术方案设计、创新成果的产权化和产品化,还是创新成果的市场化和对创新成果的保护等,都是专利战略运行的环节和内容,两者之间是一种良性互动的关系。在推进我国专利战略实施时,需要保持与技术创新战略良性互动。这种良性互动体现于两者既具有高度的一致性,也具有相辅相成的关系。它们都是实现我国经济社会发展,特别是技术跨越和经济战略转型的重要手段。技术创新与专利战略互动的内在机制,一方面,要求企业将技术创新置于专利战略环境中,在技术创新中充分运用专利保护制度激励创造和调整利益的功能,实现创新成果的产业化。这就要求技术创新中应以企业专利战略加以指引,将技术创新过程演变为企业专利战略实施的过程。另一方面,要求在实施专利战略中重视技术创新,以激励创新、提高创新的社会效能,同时应尊重技术创新活动本身的客观规律。

上述关于技术创新与专利战略及相关的专利管理之间的关系,在该书中也得到了体现。该书虽然主要是针对电网企业专利管理的策划和实施进行研究,但正如前所述,该书探讨的专利管理涉及专利战略管理内容。基于此,该书将电网企业专利管理置于技术创新环境,探讨如何通过有效的专利管理,提升电网企业的技术能力和创新水平。因此,该书也注意到如何建立电网企业专利战略与技术创新战略融合的运行机制。虽然该书未设立专章加以讨论,但从其对电网企业专利管理目标、管理绩效、管理方针、管理策略等方面的分析与探讨可知,作者希望电网企业通过有效的专利管理,促成专利技术成果的产品化、市场化、商业化,从而实现技术创新,最终提高电网企业的创新能力和市场竞争力。

以上几方面就是笔者认为该书值得圈点的研究特色与创新之处。当然,该书在涉及电网企业专利管理的其他一些方面也具有自身特色和价值,如关于电网企业专利人力资源管理以及电网企业专利管理工作机制的探讨等。以建立电网企业专利管理工作机制而论,建立企业专利工作机制是企业专利工作的基本内容,也是企业专利管理的基础性工作,它包括建立健全企业专利制度、加强企业专利基础建设,将企业专利工作纳入其目标考核和战略实施规划中,在企业技术创新中始终将专利工作纳入,以强化企业专利工作、促进其技术创新等。在这方面,该书均有所论述和研究。

在当代,包括专利在内的企业知识产权管理已成为企业管理的日渐重要的内容。电网企业加强专利管理策划与实施,既是适应知识经济和知识管理需要，更是提高其自身专利和创新能力之所需。相信该书提出的诸多创新见解和对策，能够对我国电网企业实施有效的专利管理、提高电网企业创新能力具有实质性帮助和借鉴意义。由于专利管理策略和方式的共通性，笔者也相信该书对于非电网企业乃至事业单位专利管理也具有重要的参考价值。

是为序。

冯晓青
中国知识产权法学研究会副会长
中国政法大学教授、博士生导师
2016 年 11 月 3 日
于北京

前　言

随着经济全球化和知识经济的快速发展，以专利为主要内容的知识产权日益成为国家和企业的重要战略性资源和核心竞争力，在现代经济发展中发挥越来越重要的作用。2009年国务院国资委发布了《关于加强中央企业知识产权工作的指导意见》，其中第七条指出"建立健全中央企业知识产权管理与保护的工作机制和制度：要立足于知识产权管理与保护，抓紧建立和完善企业知识产权综合管理制度，逐步推动知识产权由下属企业分散管理向集团集中管理转变。要在中央企业集团层面尽快明确知识产权工作综合协调机构，进一步增强集团知识产权工作的管控能力"。2011年，国务院国资委发布了《关于加强中央企业科技创新工作的意见》，明确提出中央企业应充分运用"企业知识产权战略和管理指南"研究成果，大力提升中央企业知识产权创造、应用、管理和保护的能力与水平，增强企业国际竞争力。同时强调"完善知识产权管理的运作模式和工作机制，推动专利、专有技术等知识产权的集中管理"。国家"十二五"自主创新规划中提出要加强知识产权价值评估能力建设，促进知识产权转移转化。

电网属于现代经济的核心和知识高度密集型行业，知识产权尤其是专利已经成了当前该行业竞争的一个战略制高点。发达国家和一些新兴的市场经济国家投入了大量人力、物力加强电网相关的技术研发与知识产权保护。随着中国电网市场的发展以及国际知识产权竞争的加剧，中国电网企业将来必然遭遇更大的知识产权问题。

南方电网公司作为中央直属骨干500强企业之一，在发展壮大的过程中坚持科技创新与加强知识产权工作并举，积极响应国家"十二五"知识产权战略规划的要求，贯彻落实《国家知识产权战略纲要》。赵建国董事长在公司的科技创新与人才工作会议上，将知识产权工作放到了前所未有的高度，并指出"十二五"期间加强科技创新与人才工作是公司作为中央企业的责任和义务，是支撑公司中长期发展战略实施的重要保障，是实现公司可持续发展的迫切需求。

南方电网公司按照国务院国资委关于加强中央企业知识产权从分散到集中管理的要求，积极推进专利集中、统一管理，知识产权工作取得了可圈可点的成绩。经过十几年的发展，南方电网公司的研发能力明显增强，掌握了一批具有自主知识产权的核心技术，显著提升了电网前沿技术的研究能力与集成创新能力，有效解决了一些电网运营和发展中的技术难题。在取得技术成果的同时，南方电网公司加强知识产权的战略管理，加大研发、取得、利用和保护知识产权的力度，以提高企业核心竞争力，为企业未来可持续发展提供战略储备。为了实现"科技创新体系不断完善、自主知识产权成果大幅增加、在部分关键技术领域引领技术发展、科技研发主要指标和创新能力达国内先进水平"、形成"南方电网技术品牌"等一系列目标，南方电网公司又进一步提出了"科技兴网""管理创新""信息化"的发展战略。

专利管理是知识产权管理中最重要的一环，也是企业经营战略的重要组成部分，在企业管理中具有重要地位，贯穿于企业技术创新、产品开发、市场营销、市场竞争的全过程。行之有效的专利管理工作应该对公司的科技创新和技术发展起到积极有力的推动作用。作为南方电网公司下属的贵州电网公司在此背景之下，以战略眼光寻觅战术支撑，结合自身的特点，将南方电网公司的"科技兴网""管理创新""信息化"发展战略具体聚焦到了"基于信息利用的企业专利管理实务"上，以期解决目前在专利管理方面存在一些亟须解决的问题。

本书的撰写是以专利管理的一般理论与实践经验为基础，结合贵州电网"基于专利价值评估的贵州电网企业专利管理研究"项目的研究成果，以帮助电网企业提升运用专利管理的策划与实施的能力，引导和促进企业开展实施精准创新、有效利用创新成果、合理布局专利保护网、制定和实施规范化的专利管理机制。本书以专利数据挖掘和专利信息分析为手段，解读国内外电网行业的专利情况及其相应的电网行业的专利挖掘指导规范，创新激励、专利运营制度等，从而拓宽和加大对专利分析应用的维度和深度，建立适应于科技研发全过程的专利管理体系。

本书在写作的过程中，借鉴了贵州电网公司与贵州大学《贵州电网公司科技成果汇编报告》（2015）、南方电网科学研究院有限责任公司与广州奥凯信息咨询有限公司《电力行业专利价值评估研究报告》（2015），贵州电网公司 2013—2015 年完成的专利分析报告，以及招投标文件等资料，成稿得益于贵州电网电力科学研究院各位领导的关心和支持，各位专利管理人员的配合与协作，得益于华南理工大学法学院的各位老师和同学的辛勤耕作，以及广州奥凯信息咨询有限公司从公司董事长到员工的倾力合作。希望本书能对广大的读者有所启发和帮助。

随着理论和实践不断发展和变化，兼之时间较紧，本书难免存在不足之处，欢迎广大读者来电来函提供宝贵意见。同时本书试图博采众家之长，吸收和借鉴了学术前辈和同仁的一些研究成果，在这里深表谢意，对所引用的各种论述尽可能一一注明其来源。但旁征博引甚多，难免有所遗漏，敬希有关学者见谅！

本书编委会
2016年8月18日

目 录

第一章 绪论 ·· 1
 第一节 研究背景与意义 ·· 1
 第二节 以专利价值为主线的专利管理的策划与实施 ··················· 5
 第三节 电网企业专利管理策划与实施的原则 ··························· 29
 第四节 研究方法 ·· 31

第二章 基于专利价值分析的电网企业专利管理 ······························ 34
 第一节 专利资产评估与价值分析 ··· 34
 第二节 企业专利管理的实施与控制 ·· 57
 第三节 企业专利管理的绩效评估 ··· 63
 第四节 企业专利战略调整 ·· 67

第三章 专利管理职责 ··· 75
 第一节 专利方针 ·· 76
 第二节 专利策划 ·· 80
 第三节 专利目标 ·· 87
 第四节 专利管理机构 ·· 91

第四章 专利信息分析 ··· 99
 第一节 专利信息分析流程 ·· 103
 第二节 专利信息分析方法 ·· 109
 第三节 专利信息可视化 ··· 118
 第四节 商业秘密管理 ·· 127

第五章 专利全过程管理 ·· 132
 第一节 专利获取 ·· 132
 第二节 专利维护 ·· 153
 第三节 专利运营 ·· 184
 第四节 专利保护 ·· 193

第六章　专利人力资源管理 ·· 202
 第一节　企业专利人才体系 ·· 203
 第二节　企业专利培训的方式 ·· 206
 第三节　基础性专项培训的组织 ·· 213
 第四节　管理激励 ·· 216

第七章　系统支持 ·· 221
 第一节　专利数据库 ·· 221
 第二节　专利检索分析系统 ·· 230
 第三节　专利事务管理系统 ·· 238
 第四节　专利移动应用系统 ·· 247

第八章　专利规章制度 ·· 256
 第一节　企业专利管理制度的基本建议 ·· 256
 第二节　企业专利制度的基本框架 ·· 268
 第三节　企业专利信息管理制度框架 ·· 286
 第四节　企业专利奖励及考核管理办法 ·· 289

参考文献 ··· 297

第一章

绪　　论

国际现行知识产权架构的本质，是西方发达国家在全球产业链中对商业利益最大化的谋求。[①]从 TRIPs 协议发展到当下的《跨太平洋伙伴关系协定》(TTP)、《跨大西洋贸易与投资伙伴协议》(TTIP)，这一本质非但没有改变，而且日益变本加厉，中国的电网企业所面临的知识产权环境日益严峻。中国的电网企业必须积极熟悉有关国际规则，努力提高自身知识创新能力、商业化运作能力，在由知识和创新统领的全球的"自由市场"中，深入、正确了解电网企业专利现状和问题的基础上，制定出具有前瞻性、针对性的电网企业专利管理和保护的策略，占领知识经济的一席之地。

第一节　研究背景与意义

一般认为，知识产权战略是指基于对知识产权制度与自身战略目标的整体认识和微观把握，战略主体为最大限度发挥知识产权所蕴藏的正能量，在战略层面对知识产权的创造、管理、利用和保护等方面进行量身定做的战略规划和实施细节的安排。知识产权战略根据权利主体不同可以划分为国家知识产权战略、行业或产业知识产权战略和企事业单位知识产权战略三个类别。"企业知识产权战略是指企业运用知识产权及其制度的特点去寻求市场竞争有利地位的战略。"[②]作为企业知识产权战略的一个重要内容，企业专利管理的策划与实施是一个系统结构，有其独特的运行机制。其基本构成要素有宏观方面的指导思想、实施环境、管理原则；具体方面的企业专利管理定位、目标、重点、实施

---

① [澳]邵科："商业化的知识产权：中国创新战略的全球脉络"，载《政法论丛》2016 年第 1 期，第 89 页。
② 吴汉东："中国企业知识产权的战略框架"，载《法人》2008 年第 2 期，第 40 页。

策略以及动态调节机制等。这些构成要素又分散地体现在企业专利管理制度的制定、实施、控制、绩效评估、调整等动态战略过程之中。

一、研究背景

实施知识产权战略,利用好国际科技资源,是提高我国自主创新能力,建设创新型国家的发展战略核心,同时也是提高我国综合国力的关键。建设创新型国家,必须依靠知识产权制度,且在知识产权引导下,才能实现更加有效的创新和更加全面地提高知识产权创造、运用、管理、保护的能力。我国在加入 WTO 后相当长一段时间里在专利的应用和保护方面都受到制约,这与企业对专利价值不重视和对专利预警以及相关的专利运营、战略实施的不到位有密切的关系。

国家"十二五"自主创新规划中提出要加强知识产权价值评估能力建设,促进知识产权转移转化。国务院国资委 2011 年印发的《关于加强中央企业科技创新工作的意见》中,明确提出中央企业应充分运用"企业知识产权战略和管理指南"研究成果,大力提升中央企业在知识产权创造、应用、管理和保护等方面的能力与水平,增强其国际竞争力。与此同时,注重强调"知识产权管理的运作模式和工作机制不断完善,专利、专有技术等知识产权的集中管理持续推动"的理念。

从电网企业专利管理的策划与实施的工作现状来看,在知识产权产出的源头上,需要进一步围绕科技项目在立项初期进行同步的专利整体规划;在研发项目的各个阶段,也有待完善系统化的专利管控机制;在特高压等关键技术领域上的专利布局与实施策略仍有待加强;国外专利布局与保护工作较为滞后;对已有专利尚未建立分级评价机制,不利于专利成果的价值体现和有效运用。从管理体系上,尚不能形成对科技发展战略的有效支撑,也不可避免地影响了公司专利战略布局与规划。相应地,一些核心技术随之缺乏强有力的知识产权支持。

全球视野下,电网业步入了"智能电网时代"[①]。"智能电网"在一定意义上就是信息利用下的电网。因为电网信息化的推进和智能变电站、智能电表等人工智能的出现,再加上实时监测、现场移动检修、测控一体化等一系

---

① 张东霞、姚良忠、马文媛:"中外智能电网发展战略",载《中国电机工程学报》2013 年第 31 期,第 1 页。

列信息管理系统的应用，使得电网业数据规模在快速增长，种类也在持续增加。它们共同构成了"智能电网大数据"。利用智能电网技术可以使电气基础设施和信息基础设施两种不同的基础设施实现一体化。国外电网企业正在利用智能电网采集的数据分析和提高力度，从而使电网更具效率。IBM 和 C3-Energy 开发了针对智能电网的大数据分析系统；Oracle 提出了智能电网大数据公共数据模型；美国电科院等研究机构启动了智能电网大数据研究项目；美国的太平洋燃气电网企业、加拿大的 BC Hydro 等电网企业基于用户用电数据开展了大数据技术应用研究。[1]

  贵州电网公司作为南方电网公司的全资子公司，紧随南方电网的步伐，长期坚持科技创新与加强知识产权工作并举，积极响应国家知识产权战略规划以及中国南方电网公司科技发展规划的要求，贯彻落实《国家知识产权战略纲要》，建立可操作的知识产权评估、推广、风险防范的闭环管理机制的总体规划，在分析竞争对手在电力电网行业的专利布局策略之前，评估公司目前的专利资产价值、明晰核心技术领域、技术优势、技术劣势、整体布局情况。早在 2015 年 9 月，贵州电网公司在科技项目和知识产权成果管理中进行了创新与尝试，以本省公司技术力量为主体、紧密结合高等院校资源，与贵州大学电气工程学院合作编制了《贵州电网公司科技成果汇编报告》，开拓了科技项目和知识产权成果管理工作的新模式。该报告按照完成时间、专业方向、完成单位分类，其中提出科技项目专业方向类别 13 项，项目总数达 360 项。这项工作的开展不仅将提高贵州电网公司科技项目选题的创新性、先进性、系统性和综合效益，减少低水平、重复性的研究投入，而且创新性地建立了贵州电网公司科技项目基础库，形成了更为科学完善的科技项目立项和遴选管理机制。这种科技项目工作模式得到省内各直属机构和各供电局的广泛关注。

  在我国电网建设过程中，各电网企业面临着新挑战和工作目标的转移调整，专利管理的各项工作被提上日程，开展电网企业专利管理的策划与实施的研究面临着迫切性和必要性。（1）随着电网企业及其分、子公司的不断成立，各电网企业已不同程度产生了成千上万件科技成果，包括科技奖励、关键技术与创新点、知识产权等，有必要将这些科技成果进行收集并加以整理，以减少

---

[1] 张东霞、苗新、刘丽平、张焰、刘科研："智能电网大数据技术发展研究"，载《中国电机工程学报》2015 年第 1 期，第 3~4 页。

低水平、重复性的研究投入，并可作为后续研发、推广与应用的基础，使之转化成为生产力，能更好服务于生产实际，克服在信息化建设初期仅注重成果管理的基本要素、对成果分析的关注力度不足等问题，进一步提升成果管理能力和转化水平。（2）电网企业纷纷进行新一轮建设和技术改造，不断加大电网的建设投资，要求在科技项目立项时更加科学。（3）大规模电网的建设改造对财务费用需求越来越大，加之电量增速不尽如人意，电网企业经营压力巨大，资产负债率一路攀升，对科技项目成果转化为实际生产力有着迫切需求。

总结过去一段时间，各电网企业通过信息化手段，已陆续建立科研成果管理系统，在科研成果录入、成果报奖、成果使用、成果统计等领域有效支撑了科研部门的日常工作，对科研成果管理水平的提高发挥了一定作用，但成果管理能力和转化水平需要进一步提升，科技项目成果管理中存在的问题主要有以下几点。（1）管理流程混乱。项目过程中大部分成果资料分散在各部门个人电脑中、企业内的公共存储设备中或各应用系统数据库中，没有企业内统一数据查询入口、没有统一的成果共享发布应用平台，不能统一规划、统一管理，导致项目成果无法有效传承与共享，项目经理往往在项目结束后或者需要录入时才将项目成果录入系统中，使得管理者和其他部门人员未能在第一时间获得成果的第一手资料，乃至不能及时总结项目管理成果。（2）成果共享困难，形成信息孤岛。在日常工作过程中，部门与部门之间，岗位与岗位之间，都大量需要成果之间的共享，然而它们之间是通过邮件、硬盘共享等普通方式传递，既不方便也不安全，特别是容易造成一种在员工出差的情况下，难以调用所需成果信息的尴尬局面。在企业的各部门之间，由于某些因素造成的相对孤立，造成各种成果信息无法顺畅地在部门与部门之间流动，形成信息孤岛，不能使成果配置最优化。（3）再利用不足。单位的资料等，如软件著作权、发明专利、实用新型专利等，一部分具备较大的应用价值，然而由于知识产权成果无序性较大，联系性较弱，共享性较低，未能及时转化为实际生产力，而且存在低水平、重复性研究投入的情况，成为一种隐性的损失。

二、研究意义

电网企业加强前瞻性研究，高度重视科技创新工作，将科技创新工作紧紧围绕安全生产与企业发展的实际需求，重点在推进科技规划实施、谋划未来发展、支撑安全生产、引领技术进步等方面开展工作，将有力支撑中国电网的快速发展，为服务国家经济发展方式转变作出重要贡献。

如前述分析可知，电网企业在专利管理工作中面临两方面的问题：一方面是科技成果的创造者本身在成果共享方面缺乏足够动力，科技成果的管理者在成果管理上面临困局；另一方面是随着科技成果增多，使用需求不断加大，对企业专利管理的策划与实施的科学性、实用性的需求愈加强烈，而现有专利管理机制难以满足解决上述问题的要求。

电网企业专利管理的策划与实施的过程是一个涉及内容较广的决策化过程，这一富有创造性的过程，兼具理论与实践一体、动态运转的特征。不同的电网企业其内容也是不尽相同的，这与它们本身的经营目标、技术和经济实力是相一致的。从更小的角度来看，哪怕同属于一家电网企业，在不同阶段专利管理的内容也是各有千秋的。不过总的来讲，基本的思路和程序是电网企业专利管理所包括的，譬如电网企业专利管理的原则、管理的方法以及管理的步骤等。

从现有的研究与实践来看，企业专利管理的策划与实施方面已经取得了可圈可点的成绩。但同时，有关针对电网企业专利管理的策划与实施的研究目前并无先例。更值得关注的是，目前的研究中很少有明示并贯彻始终的以专利价值及其评估为出发点的企业专利管理的策划与实施，这就造成了相关的研究流于"为管理而管理"，缺乏主线，很难满足企业的真正需求。

为了提高电网核心技术的保护，以专利价值评估为手段，以提升电网企业专利管理力为核心，以提高专利质量和拥有数量为目的，这将最终提升电网企业知识产权管理水平。具体进路如下：建立专利价值评估模型，围绕电网企业的已有专利，结合电网行业的专利情况进行价值评估；研究基于专利分析的前沿技术预测及可视化分析、科技服务供应商的评估；建立相应的电力行业的专利挖掘制度、方法，同时制定专利激励、专利运营等制度；研究制定今后专利布局与科技立项之间的匹配机制，从而拓宽和加大对专利分析应用的维度和深度，利用专利分析结果指导技术研发各个环节，建立适应于科技研发全过程的专利策略。

第二节 以专利价值为主线的专利管理的策划与实施

专利价值分析是专利运营和管理的核心环节。对于电网企业专利基础、法律、技术以及经济方面,要有重点地进行系统化分析。这对评估企业目前的专利资产价值、明晰核心技术领域、技术优势、技术劣势、整体布局等情况有着重要的意义,对专利的交易、许可、转让、融资、出资、实施分级分类管理等方面将发挥重要支撑作用。围绕专利运用和保护能力这条主线,建立以专利价值评估模型为核心的专利管理体系模型的集成化平台。进而开展国内专利、国外专利、电力行业专利、电网自身单篇专利及专利群的价值评估,并用可视化的方法展现评估结果,可为电网企业专利申请、布局等提供策略意见。

一、专利价值及其评估

专利是一种独占性的法律权利,也是一种商业资产和策略资产。作为商业资产,专利价值有两层含义,包括可以转化为利润收入的直接价值,如授权收入或所保护的技术商品化所带来的收入;以及策略上的间接价值,如技术卡位、策略布局、宣示研发实力以增加投资人信心。由于专利具备带来商业利益的属性,其为权利人,特别是为大公司类型的权利人带来了丰厚的财富。权利人把专利视为策略资产的同时,享有专利带来的巨大竞争优势,并且随着专利在商业竞争中工具作用功能而更加得以凸显。因此,对专利价值的评估需求急剧增加,研究一套客观、全面专利价值评价模型已成为一项重要课题。专利价值评估是用来确定专利权价值和通过未来的效应所得到的价值。随着时间推移,企业在专利的认识方面会有更深入的了解,也更加重视专利权所蕴藏的在未来一定时间内的商业价值。现今企业已经在逐步利用所有资源,以试图寻求专利收益的最大化。从国内外商业、法律实践看,专利价值评估主要发生在如下场合:(1)专利交易需要企业进行知识产权价值评估。技术贸易额已接近全球贸易总量的1/2,而且大宗知识产权交易层出不穷。(2)在以专利资产参股时,企业需要进行专利价值评估。(3)用专利进行质押贷款时,企业需要进行专利评估。(4)用专利增加注册资本数额时,企业也需要进行专利评估。例如,北京亿维德电气技术有限公司原来的注册资本为400万元,知识产权出资所占的比例很低。后来,出资人陈明洋原先投入该公司的一项专利技术"基于互联网工业电气产品的供应链技术服务网络"被重新评估为2611万元,并被完全注入总股本。这样,公司的注册资本猛增到了近3000万元,知识产权出资所占的比例超过了 80%。（5）确定法律诉讼赔偿金数额时也需要专利价值评估。例如，2005 年，美国医疗公司 Medtronic 在侵权诉讼中屈服，同意向原告支付 13.5 亿美元的专利使用费。（6）另外，在选择知识产权标的时，在协商 OEM 或者 ODM 合作契约的知识产权条款时，在遭遇侵权诉讼后分析诉讼策略时，在吸引风险投资、进行股份制改造、资产重组、民营化改革、企业合并、破产清算、遗产分割、奖励职务发明人时，在分享委托项目的知识产权成果、专利申请权和其他利益时，甚至在确立研发设计选题、规划知识产权检索和部署策略、开展市场布局、进行广告宣传时，企业也需要进行专利价值评估。①

专利资产是一种无形资产，因此专利价值评估也属于无形资产评估的一个板块。但由于专利本身的特殊性，主要体现在其技术性、法律性，以及专利的年限和新技术的产生等，导致专利价值的评估变得更加困难，所以国内外并没有一个统一的专利价值评估方法。目前，国内用得比较多的，主要是中国技术交易所的三个维度（技术、法律、经济）的评估方法，对专利的价值加以评估。而在无形资产的评估中，常常会根据评估的目的等，采用不同的评估方法，比如成本法、市场法、收益法等，而专利价值的评估，则也成为一个难点。

二、专利价值评估对于专利管理策划与实施的重要意义

随着近年来专利数量的增长，越来越多的专利申请将会逐渐增加管理的困难，尤其是"垃圾专利"越来越多，使得申请专利失去最初的意义。2013 年 12 月 18 日，国家知识产权局发布了《关于进一步提升专利申请质量的若干意见》，指出专利申请暴露出一些亟待解决的问题，如专利申请方面撰写水平较低，技术方面创新水平不够，政策和考核评价机制太过于强调专利数量而忽视了专利质量问题，导致专利申请变成了形式利益的载体，却在实质上没有诞生出多少具有市场竞争力乃至带动经济的发展的专利。因此做好评估专利价值、提高专利申请质量，发挥专利价值等方面工作内容对整个社会至为重要。专利价值评估是专利管理最基本的工作，有必要周期性进行。专利价值评估需要挖掘出专利的直接价值和间接价值，利用专利的价值潜力进

---

① 魏衍亮："知识产权价值评估问题研究"，载《电子知识产权》2006 年 12 月 30 日。

行专利布局，对一些已经丧失商业价值的专利果断处理，从而减少权利人的成本负担。对于国内的大型电力企业来说，专利也符合巴莱多定律。很大比例专利的价值是很有限的，能带来可观效益的专利仅仅是在20%以内甚至是远远少于20%的，因此，专利价值评估的意义主要在于对特定专利或专利群做一个充分的认识。专利价值评估的目的对于大型电力企业来说，应该包括但不限于以下三项，（1）专利作为一种无形资产，个别专利往往会产生比有形资产更可观的效益，专利价值评估有利于大型电力企业充分认识这些专利并制定有效的管理策略，加强专利保护，防范专利风险。对于大型电力企业来说，一旦到了需要寻求法律保护的时候再去对专利价值进行评估将会变得相当被动。（2）随着资本化运作进入知识产权领域的视野里，专利以市场化机制对专利开展商业化运用就是专利运营。专利运营有一个前提就是对专利价值有一个基本的评估。在专利的投资、可收储与布局、质押、转让、流通等专利的资本化、商业化行为里，专利价值评估充当了提供参考的角色。（3）随着高新企业尤其是世界500强公司的战略调整，实施专利战略已经是大型电力企业当前的趋势所在了，这对于争夺市场份额、保持技术优势、争取法律保护具有重要意义。

《中国南方电网公司"十二五"科技发展规划》提出的实施知识产权战略，建立可操作的知识产权评估、推广、风险防范的闭环管理机制的总体规划，在分析竞争对手在电力电网行业的专利布局策略之前，评估公司目前的专利资产价值、明晰核心技术领域、技术优势、技术劣势、整体布局情况成为公司下一步专利工作的首要任务。目前，我国也在大力推进知识产权运营，实现知识产权价值，将知识产权价值充分应用到企业的经营决策中去，越来越多的企业以及机构开始进行知识产权的运营工作。

另外，由于知识产权储备的增加，专利管理与转化工作的推进，专利从业人员水平的提高，导致进行专利的管理和运营中，单个专利的影响在下降，而专利组合的概念，也越来越得到专利管理者、企业、投资方等的关注。目前，国内也出现了越来越多的专利组合运营实体，如中彩联、盛知华等。专利组合式的形式，形成了一个强大的技术壁垒，同时，产生了更高的组合价值。

从企业内部管理而言，大量的专利一方面提高了专利管理的难度，同时，也产生了巨额的专利维护费用。因此，如何将已有的专利进行分类处理，实现将不具有价值的专利放弃处理,高价值专利的有效保护与组合等处理方式,并实现对企业已有专利的整体分析,本企业专利与其他企业(如竞争对手)等的对比分析,实现企业技术先进性的对比,并且,准确评估自身专利价值情况,为企业的技术研发、专利布局提供有力的数据支撑,还能为企业的战略决策提供知识产权方面的建议。

三、专利价值评估现状

知识不是商品,其本身不可被当作商品流通。知识产权评估的对象是知识的支配、利用和控制权而不是知识本身。专利的价值也不是知识的生产过程所投入的人力、物力、财力等因素所折合的劳动价值量的总和。但专利权作为财产,作为商品,同样有价值和使用价值。和传统商品不同的是,专利权是通过对知识的使用即"知识的产出"而体现其价值,并通过知识被使用后所产生的效益来计算它的价值量的,与创造知识过程中附带投入的物质财富的消耗无关。[1]

研究国内外研究理论进展可以发现,目前,由于专利价值的影响因素众多,在进行专利评估的过程中,单个专利价值存在着突出的高维度特性,这是与它本身具有的模糊性有关的。在实际专利交易中,人们往往通过数据挖掘和数学建模等手段进行专利的价值评估,以有效解决价值评估的难题。值得研究的是,在一些专利价值评估方法的热点理论中,相当少有使用数据挖掘的算法,且学术界仍没有形成统一定义和权威标准。当前专利价值评估的问题主要有:(1)国内关于专利价值评估的理论研究起步较晚,理论体系还不够完善,缺乏统一的指导理论;国内对与专利价值的评估也多停留在对于专利评价指标的梳理上。(2)在国内现有的专利价值评估主要以理论研究为主,偏重于定性研究,缺乏实证性研究,且研究成果也未经过实践检验。(3)国内早些年在专利价值评估上,对资产评估中的重要成本法、现行市价法、收益现值法颇为重视,后来在引入的期权法和期权博弈法后,也开始了新方法的尝试。目前,尚未有可以适用于企业专利管理的全面、客观的专利价值评估指标体系及相应的评估模型,尤其是适合中国专利制度和市场环境的专利价值评估体系。

---

[1] 杨雄文:"知识产权评估基础理论解析",载《知识产权》2010年第1期。

（一）专利价值评估研究分类

根据对专利价值评估研究文献统计，现有文献对专利价值评估的研究分为三类：第一类为根据专利数据库或广泛调查所获得的不同信息而进行的专利经济价值的估算；第二类为利用加权方法分析创新和专利权对企业价值或绩效的影响；第三类为利用已提出的指标和得到验证的相互关系研究专利价值权重的决定因素或模式。[①]

专利价值评估如果过于依赖主观判断会使得评估结果缺乏说服力，况且，只有建立了合理的评估方法、指标体系和量化转化模型，才能依赖量化、市场化的方式去评估。然而这又是难以达到的。

（二）电网行业专利评估的困难

对于国内大型电网企业而言，随着经济体制的不断改革和企业的发展，市场对该行业的专利价值评估的需求越发旺盛。然而，在专门针对电网行业专利评估的理论方法方面，是需要人们去大力研究的。评估方法的选择多借鉴其他行业的做法，或者是专利价值评估的基本方法，并没有具有行业特色的专利价值评估方法。专利价值评估方法的同一化是电网行业专利价值评估目前的困境，走出困境的办法就是找出评估电网行业专利价值的有效方法。在此之前，我们需要对当前比较常用的专利价值分析指标体系进行探析，采用其合理之处，改进其不良之处。专利价值评估模型需要密切结合企业自身特性出发，才具有针对性及实用性。对电网企业专利价值进行评估，需要从企业角度出发密切探讨企业自身关注重点及相关企业特性。

四、无形资产价值评估理论

为了进一步厘清对于专利价值的了解，可以进一步探讨无形资产价值评估理论与专利价值评估之间的关系。[②]一般认为，专利的价值来自被专利所保护的技术。专利的价值是否等于技术的价值？技术价值评估的方法是否可以用来进行专利价值的评估？这是本节探讨的重点。本研究发现，是否拥有专

[①] 许华斌、成全："专利价值评估研究现状及趋势分析"，载《现代情报》2014年9月15日。

[②] 参见南方电网科学研究院有限责任公司与广州奥凯信息咨询有限公司：《电力行业专利价值评估研究报告》（2015）。

利权常常被当作技术价值的一个指标。换言之，技术本身是交易或投资关注的重点。而是否拥有专利权与专利的强度等，则形成技术价值的一部分。张孟元（2001）将技术价值评量模式分为三个价值构面：（1）商业价值，以市场机制为本评估新技术进入价值高低，由市场结构、市场预期远景与接受度、市场扩散能力与促销三项结构指针组成。（2）技术价值，由技术竞争与创新能力、技术支持能力与风险、技术应用程度及基础科学能力等结构指针组成。（3）技术策略（知识产权应用）价值，由产权策略、产品信用及有利条款、交互授权条件等结构指针组成。专利权的拥有与应用被包含在其中第三项技术策略的部分，形成技术价值的指针之一。

专利权之所以重要的理由之一，是专利代表技术的拥有程度。再有价值的技术，不是自己拥有也枉然。其次，相对于市场的预期或者技术生命周期而言，专利是比较容易掌握的技术价值参考指标。换言之，专利对于技术而言具有一定的代表意义。此外，专利累积而成的专利资产，具有策略与管理上的意义。不同于市场研究或技术研究，专利资产的研究可以反映出企业累积的无形资产，以知识产权的战略理论来看，专利资产的研究可以进一步作为企业策略管理的手段。

综合以上讨论，技术的价值取决于：（1）市场预测；（2）技术的发展程度（技术生命周期）；（3）专利权。因此在讨论技术价值与专利价值之前，首要的问题应该是价值评估目的是什么？如果目的是投资新技术之前的评估，那么市场研究与技术评估显然是重点。专利的研究是为了配合厘清技术开发的方向，着重布局以及避免侵犯他人的专利。如果目的是进行技术交易或者吸引投资，那么显然是在市场的前提下进行价格的评估，技术已经存在，专利在这里是作为一项价格的参考因素。在不同的评估背景下，专利的价值取向是有差异的。基于这些差异对专利价值进行分类，有助于准确评估专利价值。本研究的题目是专利资产的评估，因此目的是有效管理专利资产，除了从专利资产的研究得到管理与策略的意义以外，更希望通过理论研究指导实践，形成专利价值评估信息化体系。因此，本项目着重在专利资产本身的讨论。至于专利价值方面，由于专利价值来自技术价值，因此以下研究各种无形资产价值评估的方法，从中讨论专利价值的定位与适当的专利价值评估方法。

（一）无形资产价值评估理论

无形资产价值评估理论分成三大类：成本法、市场法（经济效益法）、其他评估法。成本法理论的精神，在于购置或自行研发技术评估均以成本作为评价之基础，并认为无形资产价值不低于成本。市场法（经济效益法）为广泛使用的评价模式之一。无形资产价值评估理论及文献整理如下。

1. 成本法

表1-1 成本法总结

理论及文献	理论原则及精神	技术鉴价建议与分析	研究分析
成本加成法	以实际发生的成本为评估价值的基础，运用加成计算方式，将实际（经济价值）纳入评估	成本法理论的优点为计算简单，仅由评估资产本身的投入成本价值来衡量，而非以收益的观点。缺点就是无法将市场及竞争环境等因素纳入考量而不够客观，仅为单方面参考的定价 建议：可以成本法为基础，作为技术交易价值评量的参考基准	价值考量要素： 成本 分析：专利的成本与其价值并没有显著的相关性
再投资定价法	此法为回收全部成本为再投资的目标，面对低价竞争对手时，此定价理论将不可行	此一定价理论仅能视为定价策略，无法作为实际估价的理论 建议：再投资定价法可作为倾销或企图阻止对手的定价策略，不适合作为技术交易价值基准	分析：专利的成本与其价值并没有显著的相关性
重置成本法	此理论仍是以成本观点为基准。所不同的是以目前成本的市价计算价值。如为预估价值时，亦需寻找相近样本企业及其同质交易目标物，作为预测基准	优点：可以反映成本现值 缺点：对于相等的预测样本、企业及目标物，难以寻找 建议：重置成本法适合于企业资本重新估算，及未来投资方案的预估准则。作为技术价值评估理论，需考量市场环境及技术竞争力等价值	价值考量要素： 1. 成本 2. 类比参考值 分析：专利的成本与其价值并没有显著的相关性
经验曲线定价法由著名的波士顿顾问公司所发展（Boston Consulting Group，BCG）	此定价的理论原则来自实务观念，运用纯熟的生产经验预估成本及制程改进。因此，制定成本时要能以预估未来经验成本曲线来定价	无论是以模型计算或专家评鉴，进行成本的评估，仍为成本法的基本精神 建议：除成本预估外，仍需计算技术目标物未来预期获利能力及风险评估	价值考量要素： 1. 成本 2. 类比参考值 分析：专利的成本与其价值并没有显著的相关性
生产函数法	经济模型评价原则中生产函数法，为典型C-D型函数，为能计算于标准时间内劳力、资金、管销等效能估算	此法仍为传统制造业投入及产出比的估算，较不适合无形资产或准无形资产评估 建议：此为传统制造业计算产能的生产函数，不适用于技术交易价值评估	价值考量要素： 1. 投入成本 2. 产出值分析：专利的成本与其价值并没有显著的相关性。此外，专利的产出无法直接以收入衡量

2. 市场法

表 1-2 市场法总结

理论及文献	理论原则及精神	技术价值分析及建议	研究分析
市场残值法。此法是由 Smith & Parr 提出评估企业整体价值，作为分析无形资产价值方法，亦称为 Top Down Approach	以价值分配的观念评估企业总值，再将所有资产分为营运资金、有形资产、无形资产三大类。运用企业整体的市值，扣除账面价值，所得即为无形资产的价值	此法缺点为大企业无形资产很多时，进行分配易落入主观判断 建议：此理论之下有许多方法，使用者可以依据企业类别及体制，寻找合适的经济效益法，进行无形资产评估，作为预期风险及利润之估算	价值考量要素： 1. 总收益 2. 无形资产占收益贡献比例分析：基本概念是将无形资产价值占总收益的贡献比例估算出来。专利价值在无形资产价值的贡献部分不易核量
TobinQ 系数法及本益比法	此理论是以市场价值与重置成本，来计算 TobinQ 比值。而本益比法与 TobinQ 近似，唯计算时以本益比取代 TobinQ，计算市场价值依据。可以作为类似体制及形态企业或技术评估之参考样本	此法适合作为评估时参考模式，但同质样本难寻	价值考量要素： 1. 市场价值 2. 重置成本 3. 参考类比分析：专利价值在无形资产价值的贡献部分不易核量
资本资产评价法（CAPM）。此为上市公司评估（权益资金成本模式）基准	此法多为高收益的股市或汇市计算高风险收益的理论之一，作为企业预估未来收益的方法。此法在估算企业整体价值时，即使用公司股价报酬率与市场报酬率之风险系数（β），来估算企业报酬率，进而预期企业整体价值的方法	此理论运用无风险利率加上系统风险乘以风险溢酬之和，作为资本资产价值。CAPM 理论适合上市公司评估 优点：可以估算上市公司企业实质权益价值 缺点：受市场景气指标的影响，如处于低迷时，相对的资本资产亦会缩水 建议：可以作为企业无形资产价值评估的基准，但是仅适用于上市公司	价值考量要素： 1. 预期报酬 2. 技术风险分析：专利的预期报酬视专利的用途而定。风险系数则由专利产品化的风险与市场风险而决定
经济模型法（EVA）。此法为以经济价值增益为残值收益的评估模式	此法估算方式是以整体的经济价值增益模型（EVA）为基础，而非以 CAPM 模型	EVA 则可以作为未上市公司预估模型，依据大量已上市公司的资料，估算系数值（a, b）以建立模式（Y= a+b×X），评估企业无形资产的做法。但是对于同质样本收集，常会影响预估的精准性 建议：受限于同质参考样本，所以技术交易价值评估不建议使用	价值考量要素： 1. 预期收益 2. 风险系数 3. 参考类比分析：以类比企业市价来做估价，不容易决定专利价值。此法较适合以专门技术为导向的公司
套利定价模式（APM）。此理论依据各项风险溢酬总和，作为收益计算基准	此模式与 CAPM 模式十分相近，均由无风险报酬率加上风险溢酬来计算。不同之处，CAPM 是由纯粹的单一市场投资组合观点，来研究风险与报酬的关系；而 APM 则为一个以上的投资组合观点	此法与 CAPM 法的差异为，APM 除市场风险溢酬外，尚有其他影响因素，如：公司规模、股权市值、技术或违约风险等。APM 理论适合上市公司评估 建议：如有多因子风险评估方案，则适用于此理论	价值考量要素： 1. 预期收益 2. 风险系数 3. 参考类比分析：以类比企业市价来做估价，不容易决定专利价值。此法较适合以专门技术为导向的公司

续表

理论及文献	理论原则及精神	技术价值分析及建议	研究分析
加权平均资金成本法（WACC）	WACC可定义为各种不同资金来源的资金成本，按各种资金占公司总资本比例加权平均所得的平均成本、预期报酬率及风险等	此成本计算法有别于传统成本法，纳入市场价值评估及机会成本的计算 建议：可以作为成本估算及市场价值参考依据	价值考量要素： 1. 成本 2. 预期报酬 3. 风险系数分析：成本与现金流量不易反映专利价值
望价值理论/超额盈余定价法（Excess Income Method）。此法为双重资本化概念，同时运用有形与无形资产估算	此理论的优点为分列有形及无形两项资产并估算其未来盈余。以企业总利润减去有形资产利润所得为无形资产的利润	缺点：无形资产评估仅限于货币表现的部分，无形价值无法列入计算 建议：整体企业无形资产价值可以此作为基准，寻找合适的样本做预测。但是，有特定标的物的技术交易并不合适	价值考量要素： 1. 总利润 2. 无形资产占总收益比例分析：专利价值比例不易决定
投资报酬率法（ROI）。NCI研究中心"表现基础法"	经由有形资产的货币所得纯益减去有形资产投资报酬率，可以求得溢出所得部分，作为无形资产的基准	此法仍为有形经济效益的评估法，依据货币所得溢出利率作为无形资产价值 建议：适合有形资产与有形经济效益估算，无法完全估算无形资产价值	价值考量要素： 1. 总收益 2. 有形资产投资报酬率分析：无法反映专利价值
现金流量现分析法（DCF）。累积型的企业现金衡量法	运用企业营运所产生的现金流量与合理投资报酬折现值，作为反映企业经营的整体价值评估	此法受经济景气波动影响大，对于未来营运结果不易估计。运用此法所估算的价值会偏低 建议：评估技术交易标的物的价值，此法并不合适使用	价值考量要素： 1. 现金流量 2. 预期投资报酬率分析：无法反映专利价值
溢价理论（Valuation Premium in the Capital Market）（Sanchez, & Chaminade & Olea, 2000; Allee, 2000）	溢价理论的优点就是计算方式简单，缺点为受限于每日公告账面值的波动影响	如要运用此理论进行预测及评估时，亦面临参考样本取得困难的问题 建议：溢价理论适合预测公司整体价值，针对特定技术交易目标较难适用	价值考量要素： 参考市场价值分析：无法反映专利价值

3. 收益法

收益法即收益现值法，是一种通过预测评估对象剩余寿命期间和通常为一年周期的未来收益后，选择适用的折现率，将未来收益一一折成评估基准日期的现值，用各期未来收益现值累加之和作为评估对象重估价值的一种方法，也被称为收益还原法或收益本金化法。收益现值法的评估对象使用时间较长，能在短期内保持连续得到一定的纯收益。因此，所被评估对象的价值，其实就是将未来的收益折成现在的一个货币量。收益现值法是根据复利计息法的原理来完成运算，也是在已知利率、本利与期限的情况下求本金的逆运算。总之，每年由资产带来的纯收益相当于包含了应偿付本金的单利息法概念下的利息收入。需要注意的是，剩余经济寿命、预期收益和折现率是收益现值法运用的三个必知前提条件。

第一，确定剩余经济寿命。整体企业的剩余经济寿命是指企业剩余的存续期。以知识产权为代表的多数无形资产具有很强的时效性（法律上的保护期限），在确定它们的剩余经济寿命时，不同国家有不同的做法。除此之外，无形资产的剩余经济寿命期限的确定，需要按法定或约定的期限的同时，也需考虑该无形资产所能为所有者或使用者带来的预期纯收益的期限。

第二，确定预期收益额。理论界有三种收益额说法：利润总额、企业净利润或年度现金净流量。用定量法预计未来收益额，是确定未来预期收益的第一方法，完成后，再参考实际按照定性法调整。常用的预测方法如下。

① 趋势预测法。趋势预测法细分为指数平滑法、直线趋势法和非直线趋势法，是假定没有发生重大变化情况下，以相同趋势作为预测未来收益的依据。

② 因果预测法。因果预测法是指根据所预测变量与相关变量之间的联系，建立因果关系模型从而完成预测，这不同于趋势预测法仅从一个指标本身的变动孤立地进行预测。趋势预测法与因果预测法的共同点：都是假定以前作用于因变量的各种因素作用效果不变的情况下，形成的一个确定的函数关系。当然，在实际上很多因素都是变化的，但我们可以通过，对数学模型的修改来做出应变。不过，企业管理机构的更新和更有效管理方法的实行等特殊因素是不能吸收于数学模型中的。因此，这些因素就需要通过定性分析来加以调整，如采用组织专家会议方法、历年经验方法或其他类似企业对照方法。

第三，折现率的确定。确定折现率时必须严格遵循以下原则：

① 折现率必须大于安全利率。安全利率指国库券或银行存款利率。本原则实质是将安全利率作为决定是否投资于特别企业的标准和尺度。

② 折现率由行业平均资产总额收益率而具体确定。

③ 折现率的确定应参考结合整体资产优劣状况和企业实际资产总额收益率水平。根据折现率越高折出的价值越低的规律，应将符合收益率高、波动平稳且状态良好的条件的整体资产往更低来定，不符合条件的往高来定。

④ 折现率应遵循双方均能接受的原则。具体应根据实际收益率、双方

期望的折现率水平与利益上的对立及各自矛盾的心理来确定。通常，实际收益率越高其折现率也越高。评估专利满足以下条件时，可适用收益法：

① 专利技术的未来预期收益可预测并可用货币来衡量；

② 专利技术持有者获得预期收益所承担的风险可预测并可用货币来衡量，即与收益口径相匹配的折现率；

③ 专利技术的未来预期收益年限可预测。

（二）无形资产评估方法

以上评估方法进一步讨论如下。

1. 成本法

成本法是最少被使用的，因为研发投入的成本通常与其价值无关。然而成本法却是最容易使用的，因为投入的成本资料容易获得。（未来成本法）使用现有的类似技术投入成本作为估计的依据，然而此计算的假设通常难以得到支持。

2. 收益法与市场法

收益法与市场法较常被使用。一般认为成本法、收益法与市场法这些方法讨论的都是估价背后的经济原则。有三个主要方法论被整合在这两类估计法中：纯收益估计法、纯市场估计法以及混合法。纯收益法是未来收益折算现值的方法，折算比率的因素包括：全球经济、国家、产业、企业、技术。此法的优点是信息来自公司正在发展的技术本身。如果公司正在使用该技术生产产品，那么可以获得的资料包括营业额、成本、边际收益。缺点是应用在新科技时，没有相关的历史资料可以作为预测未来的依据。另外一个缺点是风险系数的决定。虽然可以使用一些已知的方法估计商业风险，但是对于新科技而言，风险系数的决定是困难的。纯市场法是在市场上找到类比的技术，以其收益作为估计。缺点是不易找到实际交易的数据。

3. 混合使用的方法

介于纯收益法与市场法之间，有许多混合使用的方法，期望兼得收益法与市场法的优点。依上述图表的分类，这些方法可以被归类为：授权金比例法、价值定位法、超额利润法、技术因子法、技术风险报酬单位法。

4. 授权金比例法

授权金比例法主要的原理是以买卖双方同意的授权金比例，反推该专利的价值。因此，当授权金比例决定出来时，专利的价值也就跟着决定。问题是，授权金比例如何决定？授权金比例法有点像鸡生蛋，蛋生鸡的问题。当专利价值本身比较容易被决定的时候，利用专利价值来决定授权金比例是合理的；然而在某些情况下授权金比例比专利价值更容易被决定，因为授权金比例可以借由双方直接谈判协商得到共识。虽然没有任何两种科技授权的情境是相同的，不过大致可以将科技授权的情境分为三种来讨论：（1）被证实的科技；（2）未被证实的科技或部分被证实的科技；（3）已取得专利权的科技。已被证实为可行的科技，基本上是标准化的，其价值也较容易评估。至于权利金的计算通常与竞争程度有关，公司可不选择最先进的科技，而以较低的代价取得次佳的科技授权。此外，授权人与被授权人亦会对科技的市场潜力作出评估，他们对于是否授权或取得何种层级的科技授权有所认知。例如，道氏化学公司向来很少从事科技授权，它的经营哲学是独享新科技的利润，也就是说，权利金费率会在科技的获利性与市场力量之间取得平衡。对于被授权人来说，如果厂房设计与机器的运作程序都包含在科技授权的范围内，则几乎不必担心取得的科技无法应用。

未被证实或部分证实的科技其权利金通常比被证实的科技低。被授权人应该清楚未被证实或部分被证实的科技所存在的风险，并且做好评估工作，以尽量将风险降至最低。若被授权人缺乏将科技商品化的经验，则可能无法精确地预估公司到底可以为这类科技付出多少成本，而错误地付出与被证实科技同样的权利金。除开发成本外，来自授权的年度利润必须足以支付：（资本投资+研发投资）×（投资报酬率−加权平均资金成本）+授权费用。

因此，只要预估该项授权可以带来的利润以及投资的风险系数，即可以估算出合理的授权费用，决定出授权金比例，以及该专利价值。授权金比例法必须预估市场可能收益，以及可被市场接受的授权金比例，加上成本的计算，因此可以视为市场法与成本法的混合。授权金比例法的优点是决定出来的专利价值可信度高，而且该价值可以被市场接受。然而，对于那些无法授权的专利而言，授权金比例法就派不上用场。

5. 实物期权方法

期权是指在未来一定时期可以买卖的权利，是买方向卖方支付一定数量的金额（指权利金）后拥有的在未来一段时间内（指美式期权）或未来某一特定日期（指欧式期权）以事先规定好的价格（指履约价格）向卖方购买或出售一定数量的特定标的物的权利，又称选择权。实物期权（real options）

的概念最初是由 Stewart Myers（1977）在 MIT 时所提出的，他指出一个投资方案其产生的现金流量所创造的利润，来自目前所拥有资产的使用，再加上一个对未来投资机会的选择。也就是说企业可以取得一个权利，在未来以一定价格取得或出售一项实物资产或投资计划，所以实物资产的投资可以应用类似评估一般期权的方式来进行评估。同时又因为其标的物为实物资产，故将此性质的期权称为实物期权。[1]实物期权的兴起源于学术界和实务界对传统投资评价的净现值技术的质疑。传统的净现值法（NPV），尤其是将期望现金流按照风险调整折现率贴现的净现值法（DCF）应用最为广泛。迈尔斯（Myers，1977）首先指出，当投资对象是高度不确定的项目时，传统净现值理论低估了实际投资。

迈尔斯认为不确定下的组织资源投资可以运用金融期权的定价技术。组织资源投资虽然不存在正式的期权合约，但高度不确定下的实物资源投资仍然拥有类似金融期权的特性，这使得金融期权定价技术可能被应用到这个领域。[2]

三种传统专利价值评估方法都忽略了应用专利权进行生产投资的特点。投资者在专利权时效内能够控制和使用某项技术权利，在生产出专利产品后就有可能继续增大利润。然而在实施专利权过程中会面临各种风险，如管理风险、市场风险及较小的技术风险等，总之这是不确定的利润。当然，以公司形式作为投资者，因此也具有了扩大占领产品市场份额、减少成本等各方面的优势。利润数额方面，其增长与产品市场有着密切关系。专利产品投资项目的预期现金流的现值会不断地随时间推移波动和改变着。专利在法律寿命内可以有效地阻止竞争，因此此期限内无论市场环境如何变化，投资时间如何，都将不会把该专利产品卷入竞争当中。正因此，专利权人或被许可使用人可以等待市场环境改善再投资，以期未来出现正的净现值。进一步说，即使专利产品项目的预期净现值为正，专利权人或被许可使用人仍然可以选择等待，因为他们可以在几乎为零风险的情况下等待更优或最优的净现值时再进行投资。

专利权购买后的预期收益可借助期权定价模型评估，因为专利权与期权具有类似的性质。产品专利相当于是购买期权，产品的期望利润流现值（或更基础的变量）是其标的资产，专利的有效期是期权的最后执行时间，与专

---

[1] 朱东辰、余津津："论风险投资中的风险企业价值评估——一种基于多阶段复合实物期权的分析"，载《科研管理》2003 年 7 月 20 日。

[2] 陈元志、陈兵："实物期权思想与战略投资决策"，载《江苏商论》2004 年 9 月 30 日。

利产品有关的初始投资支出是期权的执行价格。产品专利可以提供给投资者在专利有效期内的任何时间投资，实际上是可视为一个推迟期权。

6. 小结

从上面的探讨可以了解各种无形资产评估理论，以及其适用的时机。可以看出，把传统无形资产评估理论用来评估专利，传统评估方法还是有其局限性。无形资产评估理论关注的重点是技术本身的价值，而专利的价值只是其中一个考虑因素而已，但不管什么评估方法都要依据市场成熟度与评估目的，选择适用的价值评估方法。

当然，专利价值来自其所保护的技术，因此影响技术价值的因子同样会影响专利的价值。本小节讨论的专利价值影响因子包括：市场、技术层次、风险、法定权利，等等，下节将再从价值构面与价值元素的角度进一步探讨无形资产价值影响因子。

除上面讨论的无形资产评估方法以外，另有一些理论从专利价值的角度出发，直接以专利价值决定技术价值。这些方法理论与本小节由技术观点出发的各种理论截然不同。

（三）其他决定专利价值的理论

1. 专利指标理论

无形资产评估理论中，部分评估理论使用专利指标评价的方式，直接评估专利的价值。这种方法隐含专利本身具有足够信息可以反映技术价值。

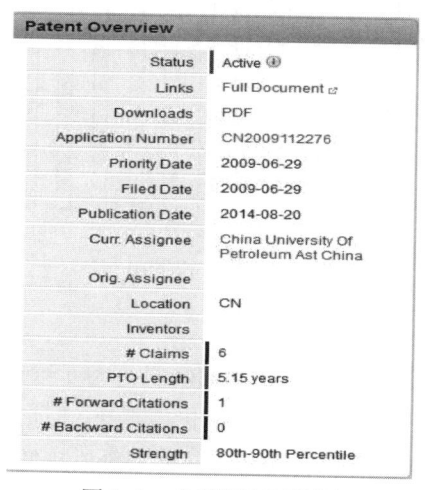

Patent Overview	
Status	Active
Links	Full Document
Downloads	PDF
Application Number	CN2009112276
Priority Date	2009-06-29
Filed Date	2009-06-29
Publication Date	2014-08-20
Curr. Assignee	China University Of Petroleum Ast China
Orig. Assignee	
Location	CN
Inventors	
# Claims	6
PTO Length	5.15 years
# Forward Citations	1
# Backward Citations	0
Strength	80th-90th Percentile

图 1-1　专利强度评价图

例如，美国的 ProQuest 公司研发的 Innography 专利检索和分析工具，提出了专利强度概念（patent strength），从专利同族数量、专利引证数量、专利申请时长、权利要求数量、专利的普遍性与原创性、专利年龄、行业类别等多达 10 个以上的综合指标对专利价值进行客观判定。

Jonathan A.Barney 进一步统计美国专利资料库，分析发现专利公告本身的信息也可以反映其价值。例如，以统计上来说专利请求范围越大（claims 的数目越多），其专利价值越高；专利请求范围越大，往往代表其技术应用范围越大，因此一般而言具有较高的价值。据此，Jonathan A.Barney 提出以分析专利公告决定专利价值的方法，叙述如下。

（1）专利的请求范围（claims）。请求范围越大（claims 的数目越多），专利越有价值。Jonathan A.Barney（2001）统计美国 1996 年公告的 100000 个专利，其中第四年以后继续付出维护费用的专利比例，统计各专利独立请求（Independent claims）的数目，如图 1-2 所示。Jonathan 发现，超过四年以上的专利维护比例，随着专利请求数目增加而微微增加。例如只有一个独立请求（Independent claim）的专利有 81.3%的维护比例，专利有 12 个以上的独立请求者，则有 92.6%的维护比例。

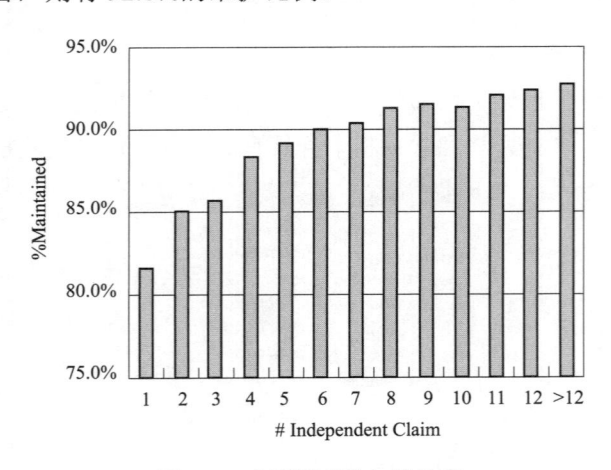

图 1-2 专利请求数与维护率

（2）专利的请求项文字长度（claim length: number of words per independent claim）。虽然请求宣告的范围越大专利的价值越高，但是也有学者指出，请求项的文字叙述越长、叙述内容越详细者，其专利价值越低。Emmett J.Murtha 和

Robert A.Myers（2000）认为：技术越成熟的领域存在越多相关专利，技术复杂需要详细解释，等等，这些因素导致专利申请时需要详细叙述请求范围，因此请求项文字越长而详细的专利，其价值越低。一般而言，请求文字叙述越详细者，其范围越窄，因此可以符合先前的推论：专利价值越低。因此，就专利请求项而言，请求的数目越多请求项的文字越简单，其专利价值越高。

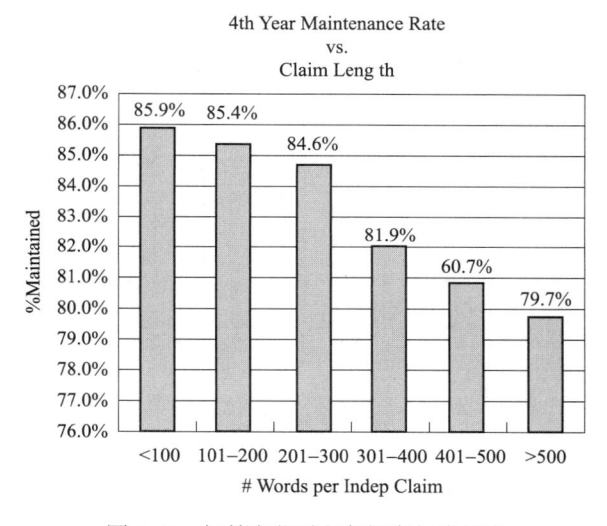

4th Year Maintenance Rate vs. Claim Length

# Words per Indep Claim	%Maintained
<100	85.9%
101–200	85.4%
201–300	84.6%
301–400	81.9%
401–500	60.7%
>500	79.7%

图1-3 专利请求项文字长度与维护率

Jonathan A.Barney（2001）的统计资料指出，1996年美国公布的100000个专利中，专利请求项平均字数少于100者，有85.9%继续第四年以后的维护，而平均字数多于500以上者，只有79.7%继续第四年以后的维护。

（3）专利应用范围的文字长度（the length of written specification）。专利应用范围的文字叙述越清楚，越能有效支持专利请求而强化专利的价值。所以，专利应用范围的文字长度越长就越有价值。Jonathan A.Barney（2001）的统计资料指出，1996年美国公布的100000个专利中，专利应用范围的文字长度少于1000字者，只有65.6%继续第四年以后的维护，而字数在7000以上者，有91.0%继续第四年以后的维护。

（4）请求优先权相关专利的数量（priority claims to related cases）。专利案请求项越多对等（或相关）技术的优先权，该专利价值越高。优先权表示该技术或类似的技术曾经在其他国家获得专利，换句话说，该专利保护的技术已经在其他国家通过考验。因此，请求优先权越多的专利，表示经过越多国家的考验，因此其价值越高。Jonathan A. Barney（2001）的统计资料指出，1996 年美国公布的 100000 个专利中，没有相关技术的优先请求专利，只有83.1%继续第四年以后的维护，而五个以上相关技术的优先请求者，有 92.4%继续第四年以后的维护。

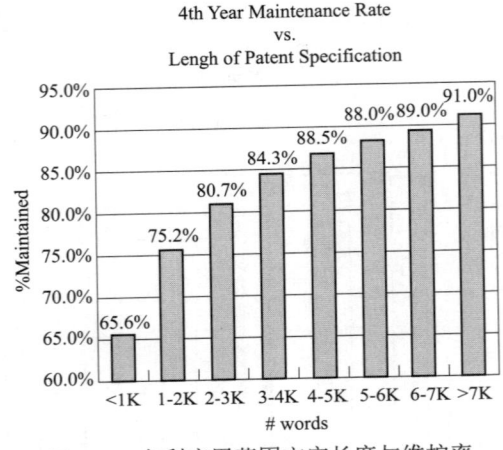

图1-4 专利应用范围文字长度与维护率

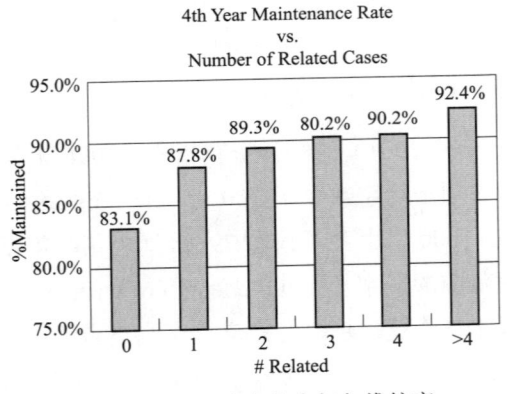

图1-5 专利请求优先权与维护率

（5）专利被引用次数（forward citation rate）。专利被其他专利引用越多者，专利价值越高。基本上，被其他专利引用越多的专利，表示其应用范围越广，或者相关技术的发展活动越多，因此具有较高的市场价值。Jonathan A. Barney （2001）的统计资料指出，1996 年美国公布的 100000 个专利中，没有被其他专利引用过的专利，只有 79.3%继续第四年以后的维护，而被 14个以上的其他专利引用者，有 93.5%继续第四年以后的维护。

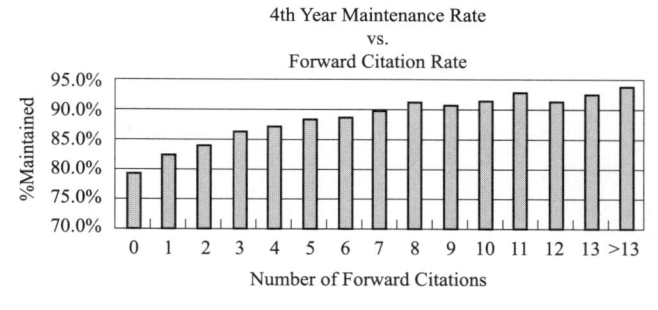

图 1-6 专利被引用次数与维护率

小结：美国的 ProQuest 公司研发的 Innography 专利检索分析工作就是比较成熟对专利价值能够进行客观判断的软件工具，其依据就是专利本身所具有的客观指标的变化。同样依据 Jonathan A.Barney（2001）的理论，利用专利中有五项变数也可以影响专利价值。其基本的理论逻辑可以理解是技术的价值隐含在这些专利信息中，根据本小节的介绍可以发现，不同的思考逻辑与运用方式将会决定出不同的专利价值构面。

2. 智慧资本理论

Lex van Wijk（2000）以智慧资本理论的架构整理专利资产，使用专利价值评估的模型，以及不同专利指标构面，重新建立专利资产的评估与管理模型。以下是 Lex van Wijk 模型的主要概念。

（1）专利资产在此模型的定义。狭义的专利资产定义是企业拥有的有效专利权、获得其他人授权的专利使用权，以及正在申请中的专利档案。从管理的角度以及无形资产的理论来看，企业生产专利的能力，以及管理专利的能力，都可以算是企业本身的专利资产。

（2）策略智慧资本。专利资产是一种无形资产，是智慧资本的一部分。一般提到智慧资本包括的范围比较广，然而专利资产如此重要，同时在企业的经营策略以及研发管理方面都占有举足轻重的地位。因此专利资产可以说是企业策略智慧资本的一部分。

企业的智慧资本可以从三个面向来看，分别是人才竞争力（employee competence）、内部结构（internal structure）与外部结构（external structure），如图 1-7 所示。三个圆圈交集的地方就是策略智慧资本。策略智慧资本是一个公司的无形资产之中与商业价值最为相关的重要部分。

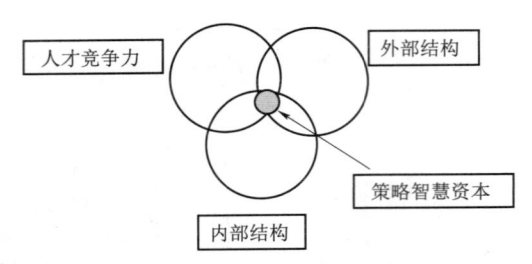

图 1-7　策略智慧资本

Les van Wijk（2001）将专利资产的概念与智慧资本作一类比，指出如何使用 Karl Erik Sveiby 的智能资本模型的三构面分析专利资产。

第一，人才竞争力与专利资产。人才竞争力是一个公司所有员工的竞争力，包括技能与 know-how 的加总。这项资产的特点是流动性，以及非随时可得。比如说每天下午五点公司员工下班以后，这项资产就离开公司，不属于公司所有。专利资产在这里的意义是生产新技术的能力，而且该技术必须是可以被专利权保护的。

第二，内部结构与专利资产。内部结构包括公司内部资料库、被记录下来的运作程序、有系统地编撰起来的技术，以及公司拥有的智慧财产权。专利资产在这里的意义是所有的专利档案，以及相关的行政。

第三，外部结构与专利资产。外部结构包括公司与供货商、顾客之间的关系、声誉、对顾客的了解、与竞争对手之间的关系。专利资产在这里包括专利在市场上的使用与冲击。

表 1-3　专利资产与智慧资本理论构面对照表

对照构面	智慧资本理论	专利资产
人才竞争力	所有员工的竞争力，包括技能与 know-how 的加总	生产新技术的能力，而且该技术必须是可以被专利权保护的
内部结构	资料库、被记录下来的运作程序、有系统地编撰起来的技术，以及公司拥有的智慧财产权	所有的专利档案，以及相关的行政程序。包括专利资料库、专利地图
外部结构	公司与供应商、顾客之间的关系、声誉、对顾客的了解、与竞争对手之间的关系	专利在市场上的使用与冲击。取得授权的厂商关系、专利授权的市场关系，等等

3．专利资产管理评估模型

根据先前的推论与智能资本模型，Lex van Wijk 提出专利资产管理的评估模型，建议企业周期进行评估与测量，以确保专利策略与专利管理活动充分支持研发策略与商业目标。以下是 Lex van Wijk 的模型。

（1）人才竞争力：

① 已提出的发明除以研发人员数目；

② 首次申请的专利数除以研发人员数目；

③ 申请的外国专利数除以研发人员数目；

④ 发明者数量除以已提出的发明数。

这些指标反映研发人员的创新能力，进一步显示开发新技术的关键人才，以及新技术的潜在相关性。

（2）内部结构：

① 每一个专利权的平均效期；

② 申请中的专利技术；

③ 专利权总数；

④ 专利的技术总数；

⑤ 初次申请的专利数量；

⑥ 外国专利数量。

这些指标显示出整体专利组合的分量、成熟度、成长与更新，以及延伸考量全球化的保护。

（3）外在结构：

① 专利的技术数量付诸本身商业应用的百分比；

② 专利的技术数量授权出去的百分比；

③ 专利的技术数量涉及争议的百分比；

④ 专利部门花在处理他人拥有的专利权所占的时间百分比。

这些指标显示出专利资产在市场上的使用，进一步揭露出观察其他公司的必要，包括现有的竞争者以及潜在客户。同时从这些指标也可以看出专利资产与市场的相关性。此外也可以借此审视专利活动与其他企业活动之间是否失去平衡。

（4）策略组合：

① 总营业额中受到专利权保护的百分比；

② 总收益中来自专利授权的百分比；

③ 新推出的产品或服务受到专利权保护的百分比；

④ 受专利权保护部分的营业额除以研发支出，专利授权收入除以研发支出，专利成本除以研发支出。

这些指标显示出专利资产作为策略工具的有效性,并且反映出一个企业的专利策略是否支持商业及研发策略。此外,从这些指标也可以看出企业的研发努力是否创造出策略专利资产,以及企业本身的专利资产管理是否有效。

以上结果整理如表1-4所示:

表1-4 专利资产评估模型与意义

构面	构面意义	测量指标
人才竞争力	这些指标反映研发人员的创新能力,进一步显示开发新技术的关键人才,以及新技术的潜在相关性	1. 已提出发明数除以研发人员数目 2. 首次申请的专利数除以研发人员数目 3. 申请的外国专利数除以研发人员数目 4. 发明者数量除以已提出的发明数
内部结构	这些指标显示出整体专利组合的分量、成熟度、成长与更新,以及延伸考量全球化的保护	5. 每一个专利权的平均效期 6. 申请中的专利技术 7. 专利权总数 8. 已有专利的技术总数 9. 初次申请的专利数量 10. 外国专利数量
外在结构	这些指标显示出专利资产在市场上的使用,进一步揭露出观察其他公司的必要性,包括现有的竞争者以及潜在客户。同时从这些指标也可以看出专利资产与市场的相关性。此外也可以借此审视专利活动与其他企业活动之间是否失去平衡	11. 已有专利的技术数量授权出去的百分比 12. 已有专利的技术数量付诸商业应用的百分比 13. 已有专利的技术数量涉及争议的百分比 14. 专利部门花在处理他人拥有的专利权所占的时间百分比
策略组合	这些指标显示出专利资产作为策略工具的有效性,并且反映出一个企业的专利策略是否支持商业及研发策略。此外,从这些指标也可以看出企业的研发努力是否创造出策略专利资产,以及企业本身的专利资产管理是否有效	15. 总营业额中受到专利权保护的百分比 16. 总收益中来自专利授权的百分比 17. 新推出的产品或服务受到专利权保护的百分比 18. 受专利权保护部分的营业额除以研发支出 19. 专利授权收入除以研发支出 20. 专利成本的加总除以研发支出

小结:本节以智慧资本理论中人才竞争力、内部结构、外部结构三个构面,对应专利资产分析而提出数个评估指标,以量化方式评估专利资产的累积与管理效率,最后从这个模型探讨专利策略与研发策略的一致性。

从智慧资本理论出发的专利资产分析结果,可以观察专利资产累积的成长速度与效率,并且检验专利成果的累积是否与研发策略方向一致,因此其中一些指标可以作为专利资产评估体系参考。

五、专利价值评估指标

电网行业专利价值评估指标以及指标所占的权重和计算方法视具体情况而定，由一个综合值反映其最终的结果。可以借鉴不同机构与专家提出的专利评价指标体系构建的方法，也可以运用层次分析法、模糊评价法、专家预测法等评价方法及其改良方法加以运用。2012 年，国家知识产权局首次推出"专利价值分析指标体系"。这套专利价值分析指标体系的建立，遵循了全面性、系统性、可操作性、时效性、独立性、层次性、定性定量相结合、模块化、可扩展性一共 9 个原则。从不同角度看专利，可分为两层指标：第一，属性角度可分为法律、技术和经济三个指标；第二，功能角度可将上述的三个指标分解为 18 项支撑指标。这套专利价值分析指标体系具有将专利评估和评估有效区分的特点。举例阐明其中的几个指标，如下：

（一）成为标准的可能性

专利成为标准的可能性是电网行业专利价值评估必须考虑的指标。某项专利成为行业标准、国家标准或者国际标准之后，自身的应用将得到极大的推广、普及，这使得专利得到了极大的升值。如在 CDMA 移动通信领域制定有国际标准，而在该国际标准所涉及的专利技术中，有 1400 多项为高通公司所拥有。对于高通公司来说，产品的收益已退居其次，仅专利收益一项，便使其在 CDMA 领域占领大量市场份额。电网行业是典型的技术密集型行业，每项专利可能包含多项技术、技术措施，也可以通过专利化的途径寻求进入标准之中。

标准的核心技术基础，或与此紧密相关，因为成为标准的可能性很大，将会使该项专利价值而变得很高。对于被许可人而言，这样的专利具有节约成本、提高效率的作用，因此专利价值很高；对权利人来说具有很高的降低生产成本、提高许可收益的作用，专利价值同样因此变高。电网行业是国民经济的基础产业，其不仅与公用事业、国家能源安全和国家稳定大局息息相关，还在国民经济增长和社会发展中发挥着至关重要的作用。因此，对于电网行业尤其是大型电网企业而言，对专利价值评估不能忽略其成为标准的可能性。

（二）独立权利要求与从属权利要求的范围

通常而言，权利要求的数量包括了独立权利要求和从属权利要求的个数，是权利要求书的一个重要指标。权利要求数量越多，则该专利的创新水平越高，专利的质量便越高，专利价值一般也会越高。但是，由于电网行业是技术密集型行业，一项核心技术申请为专利，且无法在权利要求书里进行规避，该项专利的价值不仅受到权利要求数的影响，还受到独立权利要求的范围以及从属权利要求的范围共同的影响。《专利法实施细则》第二十条也规定，"权利要求书应当说明发明或者实用新型的技术特征，清楚和简要地表述请求保护的范围"，同时规定"独立权利要求应当从整体上反映发明或者实用新型的技术方案，记载解决技术问题的必要技术特征"。对于从属权利而言，最突出的就是在独立权利要求被宣告无效时可以被提升为新的独立权利要求。因此，仅仅看权利要求的数量还不够，还得仔细考量独立权利要求和从属权利要求的范围是否会导致这项技术被他人做微小的改进从而产生专利风险。最常见的做法是在专利监测对他人一项核心技术申请专利所涉及的独立要求进行多处、细微的改动，使该项技术没有任何改进的空间，把这些改动用以申请专利，为以后可能的交叉许可谈判奠定基础。这种在独立权利要求和从属权利要求上的缺陷会大大地降低专利的价值。在风险防控上，一旦独立权利要求被宣告无效，可以考虑将一些合理的从属权利要求提升为独立权利要求从而降低专利被无效的损失。所以独立权利要求与从属权利要求保护的范围越大，专利的价值就越大。这种范围上的大小不仅体现在权利要求数，还体现在对当前该技术领域前沿技术趋势、可能出现的技术改良等状况的良好把握与预测。这种把握与预测一般都体现在独立权利要求甚至是各个从属权利要求的具体内容里，而这个体现在权利要求书上的指标却影响着专利价值的评估，颇具现实意义。[①]

（三）行业专利的被引次数

被引次数是指在特定时期内被评估专利被其后专利引用的次数。如果不考虑"时间截面"与"引证膨胀"的问题，电网行业的基础、重要的专利一般都由被引次数上体现，这与电网行业是技术密集的行业是有关的。因此，除了被引次数外，需要结合专利的其他特征指标分情况评估、综合考量其所蕴含的价值。一般地，被评估专利的维持时间越长其价值越大。这是因为第

[①] 李广凯、文毅、曾倩莹："基于专利标准化指标的电网行业识别核心专利综合分析体系研究"，载《中国发明与专利》2015年第10期，第37~42页。

一专利维持需要花费，第二因为维持通常是因有较好的收益预期。总之，能被持续维持下去的专利，其价值一般也会随之而增高。当然，特殊情况下专利的维持可能仅仅是权利人出于维持个人荣誉等非经济利益，因此需要结合专利的被引次数来综合判断，两者兼备者，其专利价值一般就确实很高了。相反地，维持时间越短的专利通常价值越低，因为可能是该专利没有维持的价值而没有被维持（当然同时被引次数也会比较低）或者因为该专利属于新领域，存在"时间截面"的问题。因此仅依靠被引次数与维持时间这两项指标也是无法完全准确判断的，需要借助评估主体对该专利的其他指标（成为标准的可能性、独立权利要求范围与从属权利要求范围）以及其他信息进行主观判断，且这种判断是有必要的。对于大型电网企业而言，其专利的被引次数反映了专利的基础地位和限制其后专利的能力。总之，电网行业专利的被引次数是专利价值评估体系的一个重要指标，但却不能单纯比较其引用次数的多少。因此，以上的分析评估方法具有现实参考价值。电网企业同样可以结合自己的特点对于这样的专利价值评估体系作一些改变从而适用自身。

第三节　电网企业专利管理策划与实施的原则

电网企业专利管理的策划原则是在电网企业知识产权战略指导思想的指引下，立足于电网企业实际确立的专利管理的基本准则和要求，它贯穿于电网企业专利管理规划的始终，是保障制定出来的电网企业专利管理制度措施合法性、科学性、适应性、前瞻性的重要准则。电网企业专利管理过程的创造性和动态性特点使得相关规定的制定具有一定的自由裁量幅度。但是，选择何种类型的战略、树立什么样的战略目标、如何为实现战略目标配置电网企业资源等都是牵一发而动全身的。制定出的电网企业专利管理制度深刻影响着电网企业未来的生产经营状况和发展前景。如有失误或不合实际，轻者使其流于形式，起不到应有的作用，重者还会导致管理混乱，使电网企业正常生产经营秩序受损。恰当的电网企业专利管理规划一般至少应当遵循以下几个原则。

一、以法律为准绳原则

第一，电网企业专利管理要符合法律法规的规定，特别是要符合专利法的要求。电网企业专利管理拟采取的方针政策、战略类型、战略目标等都不能违反法律法规的禁止性规定，需要以知识产权法等相关法律法规为准绳。

第二，在专利管理上电网企业应利用好专利文献或情报等资料以查明相关技术或产品的法律状态。此时信息利用的优势便得以凸显。从技术角度出发，电网企业要想把握好将来的技术研究发展方向，需要做到充分了解专利文献情报和分析了解同类产品专利状况及技术水平，只有这样才能让发展处在比较正确的道路上。

二、服从企业科技发展战略原则

电网企业专利管理目标的确定不能离开电网企业科技发展战略目标，要受到电网企业科技发展战略目标的指导和制约，唯其如此才能保证制定出来的电网企业的专利管理策略与其科技发展战略相协调，符合电网企业全局性、长远性的科技发展要求。

三、获取竞争优势原则

该原则要求电网企业专利管理的一切活动都是围绕获取竞争优势这一核心进行的。为获取竞争优势，专利管理要着重于创立电网企业自身的专利优势，形成核心竞争力，而不在于一时的得失。因此，电网企业应着眼于长远，第一方面可以对了解技术情报以及作出技术预测，为专利技术投资决策做好铺垫。第二方面从经济角度而言，电网企业应注重对专利文献等资料的研究，以掌握竞争对手市场状况及战略意图。在此原则下，电网企业专利管理工作需要做到内部与外部大环境的协调一致。因此，在规划专利管理时重视相应的内容建设，如必要的战略资源配置、外部环境应对机制（政策、制度变革、市场变化、技术革新）、行业的竞争地位的维系、协调的内部组织机构与机制。这些都是保证电网企业专利管理有效运作的重要条件。

四、立足企业自身实际原则

电网企业专利管理无论对国内还是对国外的电网企业来说，都具有一些共性的规律。当然，不同的电网企业也有不同的个性规律。因此，电网企业需要认清自身的特点，根据自身的企业实情，实事求是，打造一套适合自身的科学专利管理方法，这个过程就需要考虑如自身企业实力、科技实力、经营实力等相关因素。电网企业专利管理应立足于电网企业现有创新资源，切忌盲目主观、好高骛远。在制定电网企业专利管理制度之前，电网企业应该对现有资源进行认真全面的调查和整理，准确地掌握现有知识产权状况，分析电网企业具备的技术创新能力。同时，结合对国内外同行业技术发展状态和趋势的分析，提出切实可行的战略目标，并为此进行资源配置，明确相应的方针政策。一切专利管理工作要立足于企业自身实际开展。

五、战略重点突出原则

电网企业专利管理涉及面很广，需根据知识产权类型分别制定，既有技术创新方面的要求，又涉及对商业秘密的确认和保护要求，等等。每家电网企业面对的专利状况是不同的，高科技电网企业可能偏重于技术创新和技术秘密的管理，而普通的定位于电网产品生产、销售的电网企业可能对专利利用方面更加关注。因此，电网企业在开展知识产权工作时，没有必要对专利与其他的诸如商标、著作权和商业秘密等各类知识产权等都投入相同的资源，搞平均主义。电网企业应根据自身特点，做到战略重点突出，将有限资源运用于最需要的领域。

第四节　研究方法

本书的主要研究方法包括系统分析法、文献分析法、个案分析法、比较分析法、政策研究法，以及专家问答法、统计方法和市场调研方法。在具体研究时组合多种方法，根据自身特点和经济条件寻找最优方法，同时对其中几种方法得出的结论进行相互对比、补充和修正。

一、系统分析法

以系统科学的思想为指导，分析电网企业专利管理的现有模式、影响因素，通过收集相关统计数据，对我国电网企业特别是贵州电网企业进行量化和规范化的研究，力求使分析结果客观、准确。

二、文献分析法

通过收集、整理专利管理与电网企业专利及其管理发展的相关文献，对研究现状进行深入的了解，为进一步研究电网企业专利管理的发展策略打好理论基础。

三、个案分析法

本研究选取贵州电网为研究对象，对其开展电网企业专利管理进行探究，分析其存在的问题，分析现象背后的问题根源。

四、政策研究法

在文献分析、现状比较、个案研究的基础上，对贵州电网专利管理的发展提出相关的对策和建议。

五、专家问答法

专家问答法是指根据战略制定的现实需求设计调查问卷，请相关专家进行作答的一种研究方法。其统计结果是完善电网企业专利管理工作的重要资料。但需要注意，在调查专家之前，需准备好相关的电网企业内外部信息以方便随时参考。应选择包括以下四个方面的专家：（1）管理型专家，可由企业部门领导构成，负责对组织管理、分工与实施等环节提出建议。（2）技术型专家，可选择企业内外电网技术专家和电网信息利用专家，负责对技术环节提出建议，如针对可行性、技术与电网产业的结合等提出建议。（3）法律型专家，由法律专业人士组成，如知识产权法务人员、知识产权律师、高校教授等，负责评估知识产权隐患及检查法律漏洞等问题。（4）市场型专家，由市场分析人才和本企业销售部门精英组成，负责分析电网专利产品的市场前景及提出专利市场布局建议。

以上四类型专家的选择，应着重选择技术型专家，因为他们对技术本身及发展趋势有更强的洞察力，其所提出的建议对企业关键技术的预测发展具有举足轻重的作用。因此建议从电网研究院和经济技术研究院选择有关专家。还须注意，在知识产权战略制定过程中，为保证专家意见的客观性与准确性，应避免加入过多企业主观因素，以免干扰专家的判断。

六、数据统计法

数据统计法是指根据电网企业需要，筛选出与其自身相关的信息进而综合分析的研究方法。电网企业可以利用专利分析、专利预警与侵权规避等信息分析方法对所涉产品进行专利检索分析，根据自身优势和外部环境的特点扬长避短，为电网企业制定专利管理规划、规避风险提供很好的支撑，在符合自身利益最大化的同时，强化对专利管理规划的量化处理，加强可操作性和准确性。

七、市场调研法

市场调研法是指根据产品市场需求，结合顾客及销售人员对电网产品市场需求的数据统计，确定能以最低成本获取最大市场利益的新技术和新产品，从而围绕制订可行的专利管理方案的研究方法。市场调研法以市场为出发点，其成本较低、操作简单、结果也可靠。

第二章

基于专利价值分析的电网企业专利管理

电网企业专利管理是电网企业知识产权战略的重要组成部分,指的是电网企业在其技术创新过程中,针对技术创新成果专利权的获取、保护、运用和管理等内容,在法律、经济和技术的综合考虑下,根据专利制度的功能和特性所作出的统筹和规划。作为技术创新主体的电网企业,其基于专利管理所作出的专利工作的总体部署,有利于企业在自身条件、技术环境和竞争态势三方面找到平衡,更便于企业整体技术的进步和创新目标的实现。[①]

关于企业专利管理如何发展与完善的研究有了较多的成果,从专利价值信息分析这一出发点揭示电网企业成长模式的研究却几近空白。本章立足于电网企业发展的理论与发展现状,构建电网企业基于专利价值信息分析的专利管理链,并在此基础上对电网的成长模式及未来发展路径进行探究,以期对电网企业今后的理论和实践发展贡献力量。

第一节 专利资产评估与价值分析

本部分主要探讨专利资产评估与价值分析的问题与方法。[②]了解并掌握这些内容,对于建立与完善电网企业专利管理是非常重要的。

[①] 转引自姜海洋:"企业知识产权战略初探",载《科学管理研究》2011年第3期,第66页。参见范在峰:"企业知识产权战略论要",载《河北法学》2004年第6期,第104～105页。

[②] 参见南方电网科学研究院有限责任公司与广州奥凯信息咨询有限公司:"电力行业专利价值评估研究报告(2015)"。

一、专利资产的价值分布特性与价值评估

专利资产通常呈现对数常态分布的价值曲线，低价值专利占绝大多数，而高价值专利却不多。本节主要讨论的是 SamKhouy，Joe Daniele and Paul Germeraad（2001）对于专利价值分布提出的假设，以及 Jonathan A.Barney（2001）的统计论证。SamKhouy，Joe Daniele and Paul Germeraad（2001）进一步阐明专利价值潜力影响着专利价值的评估，投入成本随着价值潜力开发方式的变化而变化。对于专利价值的定义，不同的学者有不同的论点。因此本部分的文献讨论开始前，先讨论专利价值在本研究采取的定义。一个专利权经过转让或授权，可以计算其权利金，定出其价值。但是无法授权的专利是否没有价值呢？无法授权的专利可能具有策略上的意义，如专利布局的考量，其价值不容易以数字决定，但绝非没有价值。本书认为专利的价值来自专利彼此间的比较。无法直接定出价值的专利可以用间接的方法计算其价值，例如，用于策略布局的专利可以计算其保护的技术领域未来的获利潜力，折算其发展风险与技术、专利强度，可以定出大略的数字。当然，间接价值的认定往往牵涉主观因素，有些人认定很有价值的专利或技术，其他人不一定同意。市场供需是决定价格最直接的方法，以价格来表示价值则是最直观的做法，但本研究的主要目的不是交易机制，而是借着专利资产价值的分析得到有用的信息；本研究讨论的专利价值，在于其可运用的潜力，包括直接与间接的价值。举例而言，如果一个企业决定每年从其专利资产中淘汰 2%的专利以降低维护成本，如何决定这 2%？可以预期企业必定同时考虑直接带来收入的可授权专利以及具有策略意义的专利，再从中取舍。这个取舍的过程，为研究方便起见，赋予一个衡量的标准，即本研究所谓价值。

（一）专利资产的价值分布特性

专利的价值可能来自被保护技术商品化的市场价值，也可能来自被保护技术的策略意义。无论如何，并不是所有的专利都具有一样的价值。事实上，不论以企业为研究客体或是以整个产业类别来看，价值连城的专利通常只占极小的比例，大部分的专利并没有实际的价值。图 2-1 是学者 SamKhouy，Joe Daniele and Paul Germeraad（2001）提出的企业专利资产价值分布图。他

们认为企业专利资产价值的分布应该比较接近对数常态（log-normal）分布，而非常态（normal）分布，峰值出现在少数高价值的专利资产附近，其他的专利资产则形成低价值的和缓曲线。

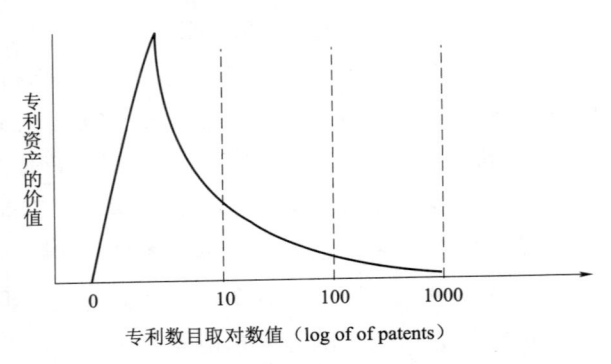

图 2-1　专利价值的对数常态分布

John R. Allison，Mark A. Lemley 等人（2003）的统计分析美国专利与商标局（U.S.PTO）的专利资料，得出类似的结论，如图 2-2。根据 John R. Allison，Mark A. Lemley 等人推论，专利资产总价值几乎完全由极少数高价值专利支撑，绝大多数的专利是低价值或没有价值的。以下为 John R. Allison，Mark A. Lemley 等人推论的专利价值分布图。

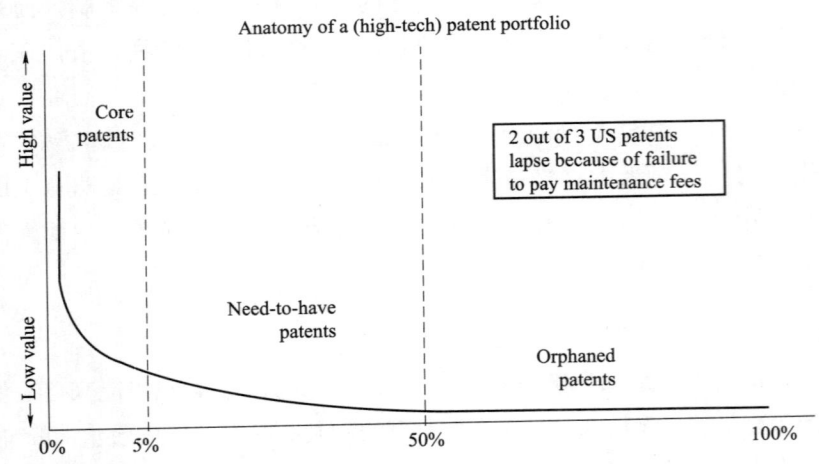

Anatomy of a (high-tech) patent portfolio

© Brody Berman Associates, 2007

Caption: Fewer than 5% and as few as 2% of a bigb-tecb company's patents bave discernable value to a company [Assets to Profits-Competing for IP Value and Return (Wiley, 2008)].

图 2-2　专利价值分布图

以上阐释了部分学者（SamKhouy，Joe Daniele and Paul Germeraad，2001）关于专利资产价值分布的假设，并以 John R. Allison，Mark A. Lemley 等人（2003）的统计分析作为印证。总结而言，专利资产具有对数常态分布的价值分布特性，少数专利具有极高的价值，其余多数专利则趋于低价值分布。因此企业或研究单位累积一定专利资产以后，可以就其专利资产中的专利档案进行价值高低的排序，再以对数常态分布的专利价值分布曲线图做一对应，即可预测个别专利价值落点，以便进行进一步的专利价值评估，使专利资产的运用优化。

（二）专利资产的价值分析

根据以上的讨论，专利资产通常呈现对数常态的价值分布情形，少数专利拥有极高的价值，大部分专利价值不高或根本没有价值。SamKhouy，Joe Daniele and Paul Germeraad（2001）指出，专利资产的价值实现依其报酬与投入的成本及时间可以分成以下数种：降低成本（cost avoidance）、收取授权金（fees，royalties）、捐赠（donations）、实行专利保护的技术（enforcement）、合伙（partnering）、再投资（equity/spin），如图 2-3 所示。SamKhouy，Joe Daniele and Paul Germeraad（2001）认为专利资产的运用不但应该考量其价值，同时也要考量其价值评估时所需投入的时间与成本。一般而言，可以获取高利润回馈的专利，其利润化的过程需要投入的时间与成本通常也越高。

图 2-3 专利价值实现时间、成本、机会与价值创造

根据图 2-3，低价值专利的价值实现可以由降低成本（放弃维护专利）、低价授权，或者捐赠等方法处理，高价值的专利则具有创造新事业的潜力。

1. 降低成本

根据 SamKhouy，Joe Daniele and Paul Germeraad（2001）的专利资产价值评估模型，最没有价值的部分专利资产应该进行降低成本的动作。由专利资产价值分布曲线以及前面的讨论得知，大部分的专利价值极低或者没有价值，只有极少数的专利拥有很高的价值。然而专利资产的取得与维护需要成本，取得专利的成本除研发费用外，另外需要申请费用。制式的规费加上律师或代理人的经办费用以及花费的时间成本，一般而言取得一个专利的成本并不低。专利资产的维护费用包括两个部分，一个是周期性的维护费用，另一个是管理专利资产需要的管理费用。因此企业或研究单位实有必要检验这些专利资产的有效性。此外，从长远来看"地毯式"的专利申请方式容易给企业造成消极的沉没成本，亦容易致使企业处于对自身专利出现不知其所生、不知其所往的境况。

因此，找出位于价值分布曲线尾端的那些专利以进行降低成本有两层意义：消极的意义是停止付出维护费用，可以减少成本的支出，专利数量的减少也有助于管理的效率；积极的意义则是借着这些分析动作，进一步检讨研发的方向、策略以及效率。

2. 许可

Sam Khouy，Joe Daniele and Paul Germeraad 的专利资产价值评估理论中，比降低成本高一层的是许可（royalties），再上去则是制造与销售（enforcement）。越往上层，可以得到的价值越高，进行价值实现动作时（如降低成本、许可、制造与销售、转投资等）所需要付出的时间与成本也越高。专利授权他人或取得他人之专利授权可由技术竞争之强弱及其互补资产之强弱来决定。

如果企业的技术竞争力及互补资产均强，则制造及销售该产品是最好的策略，而如果技术竞争力强而互补资产弱，则可经由研发、策略联盟或合资获得资产以制造及销售产品，或者将技术授权他人。而如果另一个公司的互补资产强但技术竞争力弱，则可向其他公司取得技术授权。以 SamKhouy，Joe Daniele and Paul Germeraad 的专利资产价值评估理论来补充，该理论认为技术的价值必须高到某个程度，才足以吸引策略联盟或合资最有价值的专利，如果愿意继续投入时间与成本的话。

专利许可方式的运用，对提升企业的技术优势和竞争力具有深远影响：一方面，谋求和接受他人的专利许可，节省了技术研发的时间和资金，新技术可以直接投入生产，新产品可以早日投放市场，有利于企业获得较大的商业利益，提升市场竞争力；另一方面，通过许可他人使用专利，可使企业对前期科学技术投资收取可观的回报，这不仅是对技术创新的激励，更是"投资—研发—收益—投资"的良好循环。并且，关联技术或标准必要专利的使用是企业在实践中适用专利许可的常态，运用许可协议能够便捷地协调好某一项专利和其关联技术或标准必要专利之间的配套使用关系，同时也避免了经济成本的增加，形成技术与经济的双赢。而通过交叉许可、专利联盟等方式，可以交换使用更多的专利技术，并免除企业的侵权风险。

3. 转让

专利转让是专利权利人将其专利申请权或专利权转让给其他机构或个人的行为，受让人为此需支付专利转让费用给转让人，从而使专利转让人从转让行为中获得收益，实现专利的经济价值。专利转让是最常见的专利运用手段之一，需要经过专利局登记和公告，才能发生转让的法律效力。

其中，专利申请权的转让是指转让人将其申请的但尚未获得授权的专利（这时转让人仅拥有专利申请权）转让给受让人；专利权的转让则是指转让人将其已经获得授权的专利转让给受让人，可以是专利权的全部转让，也可以是专利权的部分转让。两种转让形式中，对于受让人而言，风险最大的显然是专利申请权的转让，因为这时候的专利还处于审查状态，如果在转让完成后，该专利无法得到专利局授权，受让人受让而来的就是一份"无效"的专利，尽管程序上还可以申请复审，但各种成本显然会大很多。

4. 专利联盟

专利联盟（Patent Pool）是一种企业组织形式，通过集中管理成员专利的合作方法，旨在专利利用方面存在利害关系的企业之间围绕一系列关联专利技术形成利益同盟。该组织在专利使用方面对待合作企业内外有别：对内，实行交叉许可或互惠互利；对外，作为一个整体发出许可协议或进行商业交换。"根据美国有关法律规定，由两家以上的公司组成，对某一特定技术的相关专利及其他知识产权进行共同管理的协会或联盟，被称为专利联盟。"①专利联盟可以在短时间内改变相关产业的竞争态势，为成员企业带来利益。

以专利联盟是否实施对外许可为标准，专利联盟可划分为封闭式和开放式两种类型。封闭式代表着不对外实施专利许可，仅联盟企业内部彼此交叉许可。开放式代表着既在内部实施交叉许可、互惠互利，又对外以统一的许可费发布许可声明，合则签署专利许可协议，授予外部专利使用权。随着经济社会的发展，开放式专利联盟已经成为主流，正所谓"三流企业卖苦力，二流企业卖产品，一流企业卖技术，超一流企业卖标准"。②

5. 资本化

专利资本化，通俗而言，就是指把专利价值转化，使专利转化成资本。对于专利资本化的概念，目前主要有两种观点。

一种观点认为，专利资本化是专利拥有者以专利权作为资本投入企业，与企业其他资本共同经营、共担风险、共享利润，形成新的经济实体的过程。③专利资本化就是专利权产业资本化的过程。④

另外一种观点则是在前种观点的基础上并入专利商品化的概念。⑤专利商品化又可以称为专利使用权的商品化，指专利的使用从无偿到有偿的转化，具体表现为专利权利人与受让人之间以契约的方式转让专利的全部或部分权益，反映出商品经济的供求关系。因此，专利权属于量化了的财产，其本身既是可以用于交易的商品，又是可以用于生产、分配和投资等经济活动的生产要素。

根据我国相关法律规定，现阶段我国专利资本化的方式一般包括以下几种形式。

（1）以专利权作为资本投资建立新的企业。

（2）以专利权作为资本增加公司注册资本。⑥其他情况下，也有可能实

---

① 马忠法："专利联盟及其专利许可政策"，载《中国发明与专利》2008年第9期，第45页。
② 参见周蔚文、蒋风采、孙鑫、董博："构建我国基因专利池的设想"，载《华南理工大学学报》（社会科学版）2012年第1期，第49~50页。
③ 转引自蒋其发："专利资本化的法律规制"，载《科技进步与对策》2009年第13期，第30页。参见侯远志、宋琪、杨震："对技术成果商品化与资本化的几点认识"，载《科学技术与辩证法》2001年第4期，第78页。
④ 参见赵利光："专利技术资本化的经济价值分析"，载《技术经济》2003年第4期，第21页。
⑤ 转引自蒋其发："专利资本化的法律规制"，载《科技进步与对策》2009年第13期，第30页。
⑥ 在我国，规定专利权可作为注册资本出资的法律主要有《公司法》《合伙企业法》《中外合作经营企业法》《中外合资经营企业法》《促进科技成果转化法》等。

现专利的资本化，主要包括以下两种情形。

① 企业间的并购，在并购过程中要确定并购后合理的产权结构，这其中就涉及专利权的资本化。

② 企业解散或破产时的清算，清算现存资产以保障剩余资产的分配或债务的清偿，其中的专利权需要通过资本化评估作价并进行处置。

6. 小结

Sam Khouy，Joe Daniele and Paul Germeraad（2001）的专利价值评估理论认为，专利资产应该随其价值潜力不同，而有不同的运用方式，包括降低成本（cost avoidance）、收取授权金（fees/royalties）、捐赠（donations）、实行专利保护的技术（enforcement）、合伙（partnering）、再投资（equity/spin）。此外，越高价值潜力的专利价值评估（运用方式）往往伴随越高的成本再投入与时间。

综合以上两小节的结论，本节阐述一个企业或研究单位首先了解专利资产价值分布的样态，应先根据价值评估的目的，依据价值分布曲线理论，找出有价值潜力的专利，然后再投入时间与成本进行专利价值评估，以使专利价值的运用得以优化。换句话说，从评估成本考虑，并不是所有的专利都有必要进行评估，而是只有对于高价值的专利或者专利组合才有评估的必要。

二、专利资产价值影响因素

根据无形资产评估方法的讨论，可以从各种评估方法归纳出影响专利价值的因素。不同的学者对此作出了各自的研究分析。

（一）三构面方法

张孟元（2002）认为技术的市场价值有"技术实力、智财权应用、商业价值（市场）"三个构面，其中技术实力与智财权应用可以合并视为技术贡献的一方，与商业价值共同作为市场总价值之分享依据。[1]

---

[1] 参见张孟元：《无形资产中技术价值影响因素与评估模式之研究——以信息科技相关技术为例》，国立政治大学，2002年博士学位论文。

表 2-1　技术市场价值的构面及其影响因素[1]

构面	结构	影响因素
技术价值	技术创新及竞争力结构	技术创新能力、产品管理及提升能力、技术专属性及分类、技术竞争能力等
	技术支持与风险结构	专利质量、技术支持能力、技术风险等
	技术实用性及科学引用能力结构	技术实用性、基础技术运用能力等
智财权应用价值	产权条件、信誉及有利条款结构	授权策略、有利条款、舆论与执行保护、产品信用等
	交互授权关系结构	交互授权状态、授权方式等
商业价值	市场结构与规模结构	商业强度与外部资源、产业竞争能力、产品定位及内部资源、边际制造成本、投资机会成本等
	预期市场与市场接受度结构	客户与专业关系强度、市场掌握能力、市场区隔与保护能力等
	市场扩散力与促销力结构	市场敏感度及周期性、产业竞争状态及位势、产品责任结构、市场扩散力等

（二）六构面方法

Sam Khouy, Joe Daniele and Paul Germeraad（2001）把技术价值的影响因素整理成六个构面，主要包括法律地位、市场因素、互补资产、技术因素、授权范围、风险等。[2]详述如下。

表 2-2　技术价值的影响因素

无形资产价值元素		
法律地位 专利或商业秘密 专利强度 专利请求范围 实行难易度 是否主导地位的技术 是否属于改进的技术	市场因素 已经有市场或是全新的领域 高科技、低科技或非工业相关 属于哪一个产业（化学、半导体、医疗……） 产品或技术是否已经标准化	互补资产 制造能力 发展能力 行销能力 品牌与商誉
技术因素 独特性与创新性 技术成熟度 应用的产业范围 技术生命周期	授权范围 专属授权或是其他 授权的权限范围	风险 技术开发风险 市场风险 外在不确定因素 经济 政治 法规

---

[1] 参见张孟元："无形资产中技术价值影响因素与评估模式之研究——以信息科技相关技术为例"，国立政治大学，2002年博士学位论文。
[2] 转引自刘运华："专利权经济价值评估研究梳理与展望"，载《商业研究》2014年第4期，第165页。

（三）客观指标方法

Jonathan A.Barney（2001）提出客观指标方法，认为以上由无形资产鉴价理论得到的各项专利价值影响因子，除专利因素（或法律因素）以外，其他如市场因素、技术因素都有财务会计相关理论的支持。事实上，专利因素（或法律因素）影响专利价值，可以是相当直观的结论，例如，专利请求的范围越大，专利越有价值，因为价值与其保护的范围呈正相关。

在忽略市场和技术的情况下，仅通过专利公告是能够识别出影响到专利价值的因素的。专利申请书上的行文结构和语法措辞等都能够左右一项专利的价值。根据 Jonathan A.Barney（2001）的理论，专利公告中有五项变数可以影响专利价值：

专利请求范围（number of independent claims）

专利请求平均文字长度（the average words of claims）

专利应用范围的文字长度（the number of words of the specification）

专利优先请求的数目（priority claims）

专利被引用次数（citied rates）

（四）单件发明专利质量评价指标体系

冯君、周静珍、杜芸等（2012）认为，随着专利申请数量的急剧增加，各国开始展开对高质量专利的追逐，综合各国专利质量研究现状，甄别和孵化高质量的单件专利，需要通过层次分析法（AHP）科学地计算各个专利质量指标在整个评价体系中的权重。[①]其考虑的因素如下：

表2-3 专利评价指标体系

一级指标	二级指标	指标说明
A 专利技术质量	A1 发明点高度	评价专利发明点的高度
	A2 技术思路	评价技术思路的简便性，越简便越具备实用性
	A3 技术可代替性	评价专利竞争力大小，竞争力强的专利往往是必要的、不可替代的

---

① 参见冯君、周静珍、杜芸："单件专利质量评价指标体系研究"，载《科技管理研究》2012年第23期，第166页。

续表

一级指标	二级指标		指标说明
B 专利权保护质量	B1	是否存在同族专利	评价专利权的空间效力范围，地域保护的宽广程度和是否在域外进行了同族专利申请有关
	B2	技术覆盖范围	评价专利权在 IPC 分类中的覆盖范围
	B3	权利要求数量	评价专利说明书里权利要求的多少
C 产业高度	C1	产业相关度	评价专利是否与产业生产需求相关联
	C2	产业化能力	评价专利转化为产业生产力的强弱
D 社会经济效益	D1	社会效益	评价专利在产业结构调整和优化升级等社会经济发展方面的贡献
	D2	经济效益	评价专利的经济贡献

（五）整合性框架

郑素丽、宋明顺（2012）对国外近期专利价值及其影响因素的研究进行了梳理。首先概述了专利价值的含义及特点，然后从专利特征、专利权人特征、研发活动特性和其他因素等四大方面探讨了专利价值的主要影响因素及其作用机理和效果，提出了一个专利价值影响因素的整合性框架。研究发现，专利价值呈现明显的右偏分布，专利价值的巨大差异是众多因素综合作用的结果，战略和制度等因素的影响还须进一步深入研究和讨论。最后，结合我国专利工作实际情况指出，专利价值及其影响因素研究是富有挑战性的一个新方向。[①]

表 2-4　专利价值指标及其影响因素

一级指标	二级指标
专利生命周期	—
专利保护范围	权利要求数量
	专利地域保护范围
专利的创新性	—
专利的功能	基本功能——专利类别
	战略功能——专利组合中的地位

---

① 参见郑素丽、宋明顺："专利价值由何决定？——基于文献综述的整合性框架"，载《科学学研究》2012 年第 9 期，第 1316～1323 页。

续表

一级指标	二级指标
专利权人特征	大企业 VS 小企业
	企业 VS 高校
研发活动特性	研发投入
	研发方式
其他因素	产业特征
	区域
	专利异议、诉讼

（六）利用数据挖掘技术

杨丹丹（2006）分析了评估企业专利价值的意义，对现有专利评价理论进行分析，在现有专利工作的基础上提出了利用数据挖掘技术对企业专利价值评估的新思路，结合专利评价指标体系给出了评估思路和流程。①

表2-5 专利价值分析体系

指标体系			权重系数	
类	具体指标		类权重系数	指标权重系数
数量类 a	发明专利申请量 Ap		Wap	Wap
质量类 b	发明专利授权量 Bp		Wbp	Wbp
	发明专利授权率 $\alpha p = Bp/Ap$			Wαp
价值类 c	广义技术实施类 c1	发明专利自实施量 Ep	Wcp / Wc1p	Wep
		发明专利自实施率 $\beta = Ep/Bp$		Wβp
		发明专利许可实施量 Fp		Wfp
		发明专利许可实施率 $\gamma = Fp/Bp$		Wγp
		发明专利权转移量 Tp		Wtp
		发明专利权转移率 $\delta = Tp/Bp$		Wδp
		发明专利权质押量 Hp		Whp
		发明专利权质押率 $\Psi = Hp/Bp$		WΨp
		发明专利权无效请求量 Rp		Wrp
		发明专利权无效请求率 $\omega = Rp/Bp$		Wωp

---

① 参见杨丹丹："基于数据挖掘的企业专利价值评估方法研究"，载《科学学与科学技术管理》2006年第2期，第42～44页。

续表

类	指标体系		权重系数	
	具体指标		类权重系数	指标权重系数
价值类 c	周期类 c2	第 n 年存货量 Sp	Wcp	Wsp
		第 n 年存活率 ζ=Sp/Bp		Wζp
		发明专利平均寿命 Lp	Wc2p	Wlp
	对外申请 c3	发明专利对外申请量 AOp	Wc3p	Wap
		发明专利对外申请率 η=AOp/Ap		Wηp
综合评价指标值即为上面各项指标的加和 Vp=Vap×Wap+Vbp×Wbp+Vcp×Wcp				

（七）层次分析法+模糊综合评价法

万小丽、朱雪忠（2008）基于专利价值的时效性、不确定性和模糊性，尝试建立科学的专利价值评估指标体系，用层次分析法计算指标的权重，再用模糊综合评价法得出专利的现时货币价值量，以期为企业专利价值评估提供一种新思路。[1]

表 2-6 专利价值分析体系

评价对象	一级指标	二级指标
专利价值	技术价值 U₁	创新度 u₁₁
		技术含量 u₁₂
		成熟度 u₁₃
		技术应用范围 u₁₄
		可替代程度 u₁₅
	市场价值 U₂	市场化能力 u₂₁
		市场需求度 u₂₂
		市场垄断程度 u₂₃
		市场竞争能力 u₂₄
		利润分成率 u₂₅
		剩余经济寿命 u₂₆
	权利价值 U₃	专利独立性 u₃₁
		专利保护范围 u₃₂
		许可实施状况 u₃₃
		专利族规模 u₃₄
		剩余有效期 u₃₅
		法律地位稳固程度 u₃₆

---

[1] 参见万小丽、朱雪忠："专利价值的评估指标体系及模糊综合评价"，载《科研管理》2008 年第 2 期，第 185~191 页。

（八）选择法

深圳市《专利交易价值评估指南》规定了专利交易价值评估中的评估准备、专利分析、专利价值评估、评估值的确认与使用。借助资产评估方法进行评估，应在专利信息调查与分析的基础上，根据资产评估方法的适用条件，分析收益法、市场法和成本法三种资产评估方法的适用性，取其一或多种组合。国家知识产权局专利管理司、中国技术交易所编写的《专利价值分析指标体系操作手册》从专利的法律价值、技术价值、经济价值三个维度来评估单件专利，通过对每个维度下的二级指标得分的判断及权重来确定法律价值度、技术价值度、经济价值度，最终确定专利的价值度。主要考虑从经济、技术、法律三个方面的影响，根据专家打分，各个因素设置相应的权重，从而确定专利价值度。

经济因素包括：市场应用情况、市场竞争情况、市场占有率、市场规模前景、政策适应性等。法律因素包括：稳定性、有效期、多国申请、不可规避性、侵权可判定性、许可状况等。技术因素包括：先进性、行业发展趋势、适用范围、配套技术依存度、可替代性、创新性、成熟度等。

表 2–7 深圳专利交易价值评估指南的指标体系（1）

指标类型	指标名称	指标说明
法律类因素	保护范围	围绕专利的权利要求范围，结合审查档案、无效决定等信息和授权地的司法实践，确定专利的实际保护范围
	权利稳定性	专利权被宣告无效的可能性大小
	实施可规避性	非专利权人采取技术规避，取得同等结果
	实施依赖性	专利的实施是否依赖专利许可，以及该专利的后续申请概率大小
	专利侵权可判定性	在他人侵犯该专利权时，是否容易发现和判断侵权行为的发生，诉讼维权时证据获取的难易程度
	剩余保护时间	专利权从评估日算起的剩余法律保护时间
	多国申请和授权	专利在中国以外的国家或地区的申请和授权情况
	专利许可和诉讼状态	专利的专利权人是否将该专利许可他人使用、该专利是否经历或处于诉讼状态

表2-8 深圳专利交易价值评估指南的指标体系（2）

指标类型	指标名称	指标说明
技术类因素	先进性	较本技术领域，该专利的技术领先程度
	所属行业的发展趋势	专利技术所属技术领域目前的发展方向，即是否处于上升或停滞或下降的某一阶段
	专利技术的应用范围	专利技术可以应用的行业和技术领域的范围
	配套技术依存度	专利技术是否可以独立应用到产品，或其实施须依赖于其他技术
	可替代性	在评估时专利是否存在解决相同或类似问题的替代技术方案
	专利技术成熟度	是否处于技术原理提出阶段、技术问题解决方案形成阶段、技术实验测试阶段、技术样品阶段、技术产品化阶段、技术产业化阶段等阶段之中的某一个阶段

表2-9 深圳专利交易价值评估指南的指标体系（3）

指标类型	指标名称	指标说明
经济类因素	市场应用情况	专利的市场应用现状和前景
	许可收益	专利通过许可方式获得的收益情况，包括历史收益、预期收益等
	市场规模前景	专利应用在理想状态下，市场产品或工艺带来的最大经济效益
	市场占有率	理想状态下，该专利所占的市场份额
	竞争情况	与该专利权所有人形成竞争关系的竞争对手的强弱
	政策适应性	专利是否为国家与地方政策所扶持、有无优惠政策可以享有

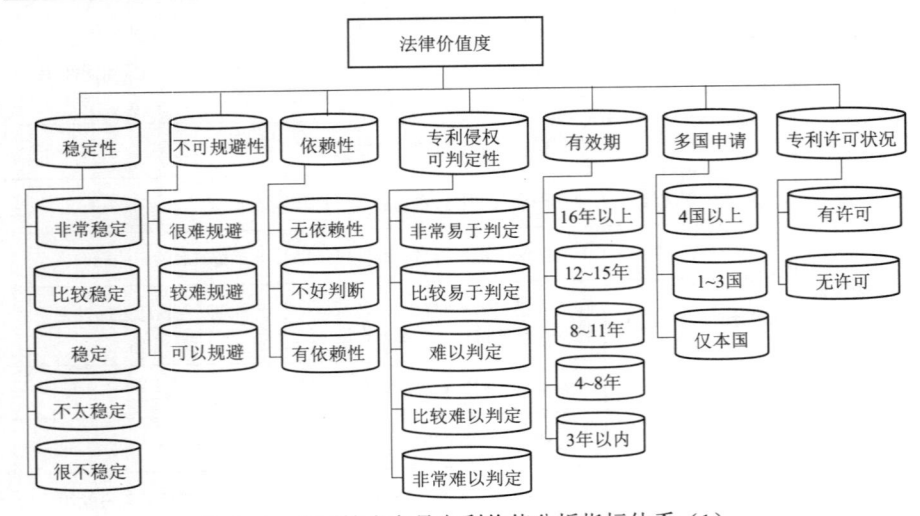

图2-4 中国技术交易专利价值分析指标体系（1）

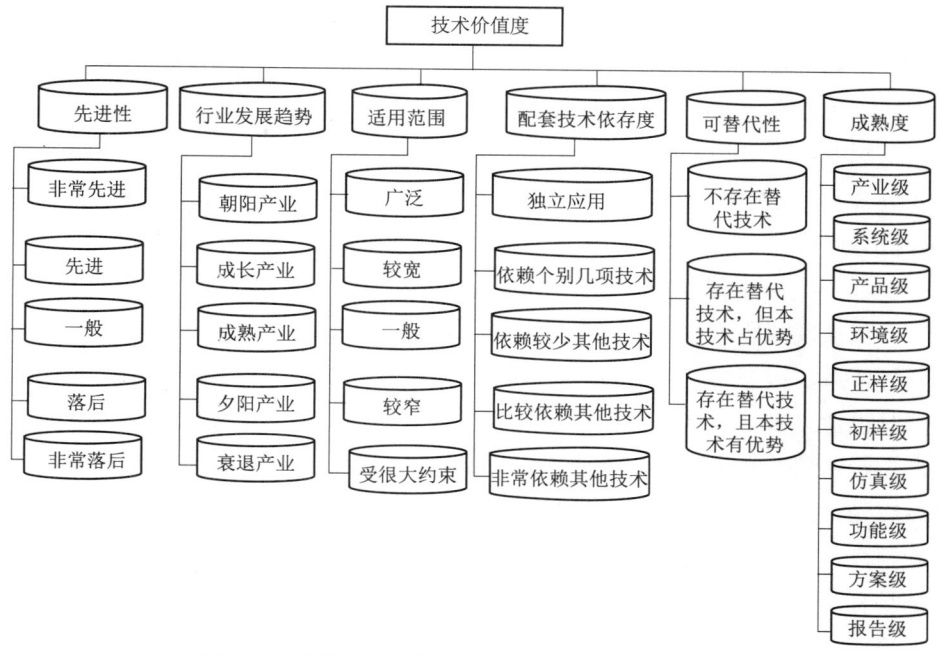

第二章　基于专利价值分析的电网企业专利管理

```
                          技术价值度
    ┌────────┬────────┬────────┼────────┬────────┬────────┐
  先进性   行业发展趋势  适用范围  配套技术依存度  可替代性   成熟度
    │         │         │         │         │         │
 非常先进   朝阳产业    广泛     独立应用   不存在替代技术  产业级
    │         │         │         │         │         │
  先进     成长产业    较宽   依赖个别几项技术 存在替代技术，但本技术占优势 系统级
    │         │         │         │         │         │
  一般     成熟产业    一般   依赖较少其他技术  存在替代技术，且本技术有优势 产品级
    │         │         │         │         │         │
  落后     夕阳产业    较窄   比较依赖其他技术              环境级
    │         │         │         │                   │
 非常落后   衰退产业   受很大约束 非常依赖其他技术            正样级
                                                      │
                                                    初样级
                                                      │
                                                    仿真级
                                                      │
                                                    功能级
                                                      │
                                                    方案级
                                                      │
                                                    报告级
```

图2-5　中国技术交易专利价值分析指标体系（2）

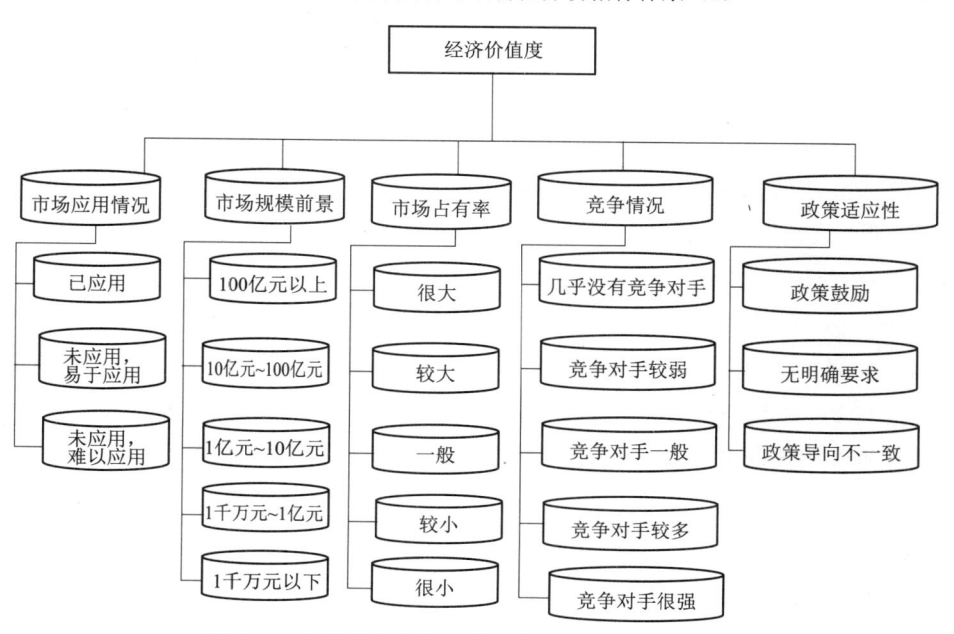

```
                          经济价值度
    ┌────────┬────────┬────────┼────────┬────────┐
 市场应用情况  市场规模前景  市场占有率  竞争情况   政策适应性
    │           │           │         │           │
  已应用    100亿元以上     很大   几乎没有竞争对手  政策鼓励
    │           │           │         │           │
 未应用，   10亿元~100亿元   较大   竞争对手较弱    无明确要求
 易于应用      │           │         │           │
    │      1亿元~10亿元    一般   竞争对手一般   政策导向不一致
 未应用，      │           │         │
 难以应用  1千万元~1亿元    较小   竞争对手较多
              │           │         │
          1千万元以下     很小   竞争对手很强
```

图2-6　中国技术交易专利价值分析指标体系（3）

（九）小结

本部分讨论各种影响专利价值的因素。不同的理论可以找出不同的价值影响因数，如无形资产评估理论大多从技术、市场、权利保护三个构面着手；而考虑专利本身指标变化的 Jonathan A.Barney（2001）则从授权专利的五个变数着手。找出影响价值的变数是评估方法的基础，本研究则尝试从现有的各种价值评估方法归纳出影响价值的因数，通过对各种因数与指标的分析，将各种因数与指标进行分类，提出主客观相结合的价值评估的理论体系。

但从现阶段看，国内讨论最多的价值评估模型是中国技术交易所的价值分析体系，该模型主要从技术、法律、市场三个因素对专利价值进行评估，同时也建立多个二级评估指标。从这个评估体系中，我们可以看到，该评估方法能够较好地说明，如果一件专利仅仅是某一方面的突出价值，并不能必然成为一件有较高价值的专利，它还取决于另外两个方面的价值。如果一件专利在某一方面存在缺陷，而其他两方面都还不错的情况下，到底这件专利是没有了价值，还是存在其他价值呢？例如，一件有着巨大市场前景，运用了先进技术的专利权，但是由于撰写的重大缺陷，存在被无效或被他人轻易规避的可能。这件专利显然是没有价值的，但是按照"指标体系"的计算方法，它仍然存在两个维度的价值，这就与实际以及我们的常识不相符合了。其次，如果我们深入"指标体系"的二级指标里面，就会又有新的发现了。

在法律价值度（LVD）解析部分，二级指标包括专利稳定性、实施可规避性、实施依赖性、专利侵权可判定性、有效期、多国申请、专利许可状态等。我们选取一个二级指标来讨论一下，例如有效期，在指标解释中，有效期是指基于一项授权的专利从当前算起还有多长时间的保护期，并给出了具体的指标。计算标准如下：如果待估专利的有效期还有 16 年以上，则计 10 分；如果待估专利的有效期还有 12～16 年，则计 8 分；依次类推，有效期在 3 年以内的，则计 2 分。实际上，对于已续存超过 10 年的发明专利，以及续存超过 5 年的实用新型专利的价值会远远高于有效期尚有 8～10 年的专利，但在该评估体系中其得分反而偏低。之前，我们对中国专利的平均存留时间做过抽样调查，发明专利的半衰期不超过 4 年，实用新型的半衰期不超过 3 年，这更验证了我们的看法。

再例如，技术价值度解析（TVD）部分，二级指标包括该专利的先进性、

第二章 基于专利价值分析的电网企业专利管理

行业发展趋势、适用范围、配套技术依存度、可替代性、成熟度等。我们选取一个二级指标来讨论一下，例如先进性，在指标解释中，先进性是指专利技术在当前进行评估的时间点上与本领域的其他技术相比是否处于领先地位。这里有两个问题需要说明，一是，该指标评价的是当前专利技术的先进性，需要与其他技术相比较，这就要求评审人员必须掌握目前所知本领域所有技术背景，至少应该看完本领域所有专利文献。二是，指标并未对什么是先进性的技术给出标准。大家知道，一项专利发明就是基于解决某个发明目的而形成的技术方案，如何比较各技术方案之间的先进性本身就是一个高难度的度量方式，或许可以读一个学位毕业了，这完全是一个相当主观的判断，如何在有限的评估时间内对此作一个合理的打分？这并不是最困难的，接下来，技术维度还有一个指标，行业发展趋势，即要求对待评估专利技术所在的技术领域目前的发展方向作一个判断和打分，并给出了朝阳、成熟、夕阳三个标准打分。朝阳行业的专利打分就高，这好比"开好车的就是好人"的判断，对此并不能认同。

我们还可以再看看经济价值度（EVD）解析部分，二级指标包括市场应用、市场规模前景、市场占有率、竞争情况、政策适应性等。同样，我们选取一个指标来讨论一下，例如市场规模前景，在指标体系中，市场规模前景是指专利技术经过充分的市场推广后，在未来其对应专利产品或工艺总共可能实现的销售收益。与此同时，我们还注意到，在经济价值度的二级指标中，还有一个指标叫市场占有率，其解释是，专利技术经过充分的市场推广后可能在市场上占有的份额。在指标体系的判断标准中分别有这样表述的：市场规模前景的计算方法是，理想情况下同类产品的市场规模乘以专利产品可能占有的份额；市场占有率的计算方法是，专利产品在其他类似产品市场占有的数量比例，如果专利产品还没有投入市场，则根据功能和效果最接近的成熟产品所占有的比例进行估算。[①]我们恍然见到了收益法与市场法在这里的附体，这还不是问题所在。我们觉得这样设置指标存在相当的隐患，这两个指标具有关联性，不符合指标的独立性要求，如果用这样的指标来评估难以获得科学、合理的参数。

---

① 参见付占海、杨扬："基于专利文献的专利内在价值评估指标数据挖掘"，载《中国发明与专利》2014年第1期，第31～32页。

三、电网专利二次多元主客观价值评估模式

针对国内外研究的现状，只用定量指标来分析专利价值考虑不够完善，用单一定量的专利客观指标考虑国内的专利价值还是有一定局限性。只用定性指标来分析专利价值考虑指标过多，人为因素较大，可操作性差，成本高昂，评估对象单一，无法对大量专利进行评估等缺陷。因此，综合考虑指标体系的实践性与客观性，采用客观定量指标与主观定性指标相结合的方法，可以弥补单纯依靠定量指标和定性指标的劣势，使专利价值分析更具客观性和可操作性。

$$专利价值 = 客观定量指标价值度 \infty 主观定量指标价值度$$

图 2-7　主客观专利价值评估模式

依据电力行业专利价值分布特点，首先明确专利价值评估对象，考虑国内外专利价值评估的局限性和可实施性等因素，采用主观定性指标和客观定量指标结合起来的专利价值评估模式，针对提案、审中、结案三个不同阶段，从主观定性到客观定量过渡，从主观专家评分到客观专利各指标打分，有针对性、有层次、有过渡地对不同分析对象的专利价值进行评估，并建立专利价值评估模型，确定分析指标和指标权重。最后，根据专利价值评估模型，对相应提案、专利或专利群进行评估，评估的结果，显示了提案、专利或专利群的不同特征和各个分析指标评分，依次给出专利价值评估对策，为国内电网企业的专利管理、专利布局和专利运营等专利战略和技术创新提供可靠的参考建议。专利价值评估流程如图 2-8 所示。

分析对象
- 项目需求
- 需求分析，确定研究对象

专利价值评估模式
- 主观定性指标
- 客观定量指标

专利价值评估模型
- 确定分析指标
- 确定指标权重

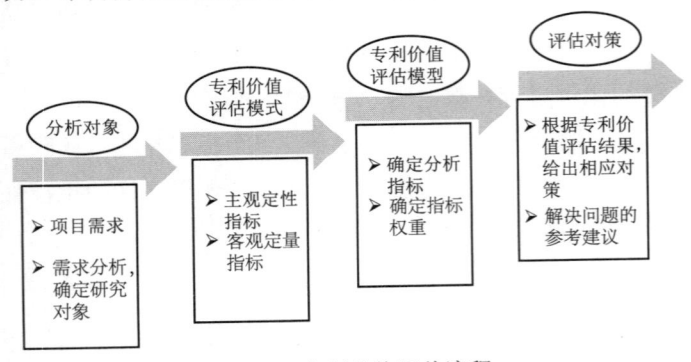

评估对策
- 根据专利价值评估结果，给出相应对策
- 解决问题的参考建议

图 2-8　专利价值评估流程

通过以上论述和电力行业专利价值评估流程展示，可以看出电力行业采用这种二次多元主客观评价体系，与以往的评估体系相比，具有自己的特点和优势。

（1）评估对象多样化。之前的评估体系只能针对单个专利进行人工打分，二次多元主客观评估体系可以依据需求进行分离评估，可以对单个专利进行评估，具体细分可以选择国内指标与国外指标体系；也能分别对竞争对手、公司内部、技术领域等专利群进行评估，满足评估各种需求。

（2）评估过程多级化。由于评估结果受到很多因素的影响，尤其是不同评估方法适用的情形是不一样的，评估过程一定要详细化，能够互相验证结果，同时进行调整体系权重或者选择相应合适的指标，因此应依据不同评估需要设计二级基础评估过程，把主观指标与客观指标分离，对申请前不容易获取客观指标采用主观评估得到申请前专利价值评估模型，审中和结案后专利的客观指标容易获取，通过容易获取客观指标对国内外以及电网企业的审中和结案后专利价值进行客观评估。

（3）评估指标多元化。以往评估方法主要借鉴的有形资产传统评估方法或者单一通过指标评估方法进行评估，现在从个案评估研究结果来看，根据评估目的，能够把评估方法和评估指标进行分类，依照专利价值分布特性进行评估，同时借鉴国内外有效的评估指标，评估的结果与预期的比较符合。

（4）评估体系信息化。现有评估体系人为因素介入程度较大，对现有专利评估并没有分对象，使得评估体系并不能对多个专利群进行有效评估，即使评估该专利群，评估成本较高，操作复杂，不利于评估体系推广。因此，二次多元主客观评估体系充分考虑评估的对象和目的需求，借鉴了现有国内外客观评估体系影响因素，在评估指标中分离出来可以自动化评估的指标进行模型运算，同时主观评价指标中参考了现有成熟评估指标，也尽量选择符合电网行业的定性指标，考虑专利评估分阶段以及分时间点，通过二者结合形成符合电网真实需求的信息化推广评估体系。

四、电网行业专利价值评估模型与指标

（一）电网行业专利价值评估模型

针对电力行业不同阶段专利的特点，可建立不同的专利价值评估模型，

如申请前专利价值评估模型、审中专利价值评估模型和结案专利价值评估模型三个阶段的专利价值评估模型。

采用主观定性指标、客观定量指标的方法分别对三种阶段的模型进行设计。从主观定性指标与客观定量指标相结合的专利价值评估模型更能反映出申请前、审中和结案不同阶段专利的特点，针对性强，具有时间和指标过渡性变化，科学合理并可靠性强。

依据专利申请前、审中和结案后三个不同阶段专利价值特性和有针对性的专利价值评估策略。第一阶段，采用主观定性指标构建申请前专利价值评估模型，对申请前的提案进行价值评估，筛选出价值较高的提案，并给出针对性对策建议。第二阶段，运用客观定量指标构建审中和结案后专利价值评估模型，包括国外、国内或电网企业自身的审中和结案后专利价值评估模型，以及不同电网企业的专利群价值评估模型。

（二）电网行业相关指标

1. 主观定性指标

本研究选择用行业专家打分的办法选取一些有代表性的定性指标，每个指标设置不同的权重值，根据打分结果，再进行计算。

指标选取的原则包括。

（1）可操作性原则。选取的指标有利于分析和打分，具有可操作性和横向可比性。

（2）独立性原则。应选取相互尽可能不存在关联、相互独立的指标。

（3）贴合性原则。选取的指标体系，能一定程度上弥补定量指标的不足。

根据指标选取原则，主要从法律、技术、市场等维度出发，全方位综合考虑选取一定程度上反映专利价值的主观性指标。综合分析后选取以下指标为主观定性指标（表2-10）。

2. 客观定量指标

国外研究的理论无非是从专利自身特性、专利自身包含的技术、法律等角度出发。因此本研究在国内外研究的基础上，综合分析专利特性、专利技术、法律等维度，尽可能全面选取客观定量指标。

第二章 基于专利价值分析的电网企业专利管理

表 2–10 主观定性指标

序号	分析指标	定义	评判标准
1	市场应用情况	专利的市场投放及其应用前景	专利产品上市与否
2	市场规模情况	理想状态下,专利产品或工艺的可期经济效益	理想状态下,专利产品份额与同类产品市场规模的乘积
3	竞争情况	技术竞争及其规模	专利持有人与竞争者的实力对比
4	专利侵权可判定性	基于专利权利要求的诉权是否容易实现,针对侵权行为的证据是否容易取得	权利要求特征分解—求侵权可判定性评分的平均值—得分
5	专利类型	专利的申请类型	发明/实用新型/外观设计
6	多国申请	本专利是否在除本国之外的其他国家提交过申请,或提案是否打算在其他国家申请	申请国家个数
7	技术重要程度	专利涉及的技术是否是关键技术	一般技术/一般技术中的关键点/关键技术
8	可替代性	同期替代技术方案的有无	可替代专利的检索,引用的背景技术检索,后续专利的检索
9	生命周期	技术从研发、应用、技术衰退的整个周期	根据电力行业技术特点,由行业专家判定
10	与公司关联度	技术与本公司的关联程度	与公司目前相关/与公司未来相关/不相关
11	先进性	同期,本专利在其技术领域的先进程度	科研项目种类/投入
12	应用性	技术产品或由技术生产的产品种类	技术涉及的产品个数
13	人才竞争力	技术人员投入或者行业专家投入	发明人数;是否合作申请;是否包含国内电力行业主要发明人;是否包含国内外电力行业高校、企业方面的专家;是否包含南方电网主要发明人

指标选取的原则包括:"第一,科学性原则,要求指标概念界定清楚、准确,有一定科学内涵,计算方式和范围明确,能够比较全面、客观、真实地反映评价对象;第二,相关性原则,要求指标必须与评价对象显著相关;第三,可比性原则,对于不同的单位或个人,不论时间是否相同,也不论是否处于同样的地域范围内,设定的指标都能对专利进行统一的比较和评价;第四,可行性原则,要求指标简明扼要,信息容量大,数据容易获取,易于分析运算;第五,完备性原则,要求指标尽量完善,能从各个角度全面反映评价对象。"[①]

---

① 万小丽:"专利质量指标研究",华中科技大学 2009 年博士学位论文。

根据指标选取原则，主要从专利基础、法律、技术、市场等维度出发，全方位综合考虑选取一定程度上反映不同阶段专利价值的客观性指标。综合分析后，本专利价值评估模型体系选取以下定量指标。

表 2-11　客观定量指标

序号	分析指标
1	说明书页数
2	说明书附图个数
3	布局层级（权利要求的层级）
4	代理所资质
5	发明、实用、外观
6	申请时长（申请日到授权日的时间）
7	二级分析指标
8	有效/公开/驳回/失效
9	是否涉案
10	申请后第 5~8 年是否维持
11	权利要求个数
12	独立权利要求个数
13	独立权利要求字数
14	是否 PCT 专利申请
15	同族专利数量
16	是否包含美日欧中申请
17	专利年龄（授权后的期限）
18	被引用
19	引用
20	专利奖等级
21	科研项目种类/投入
22	IPC 分布广度
23	发明人数
24	是否合作申请
25	是否包含国内电力行业主要发明人
26	是否包含国内电力行业高校、企业方面的专家
27	是否包含电网企业内部主要电力行业主要发明人

续表

序号	分析指标
28	是否存在许可
29	许可次数
30	许可收益
31	是否存在转让
32	转让次数
33	转让收益

3. 电力行业相关指标均值

电力行业专利指标在专业领域具有自身独特的意义，在专利价值评估过程中能反映出专利某方面的价值。另外，前述的客观定量指标也需要通过调研，进行统计并得到平均值，以此来了解电力行业平均状况，为后续专利价值评估体系的建立和专利价值评估的定量化计算提供参考路径。

为了解行业一般水平和构建专利价值评估体系提供计算依据，可以分别随机抽取电网行业的大型企业的发明专利数据，统计各个指标的平均值。平均值的计算方法是：平均值=指标数量总和/专利数量。

第二节 企业专利管理的实施与控制

国外电网企业纷纷制定并实施了相适合的知识产权战略来保护研发及管理成果，通过专利申请的方式在电网技术领域各自攻城略地。以智能电网技术为例，截至 2015 年年初，全球拥有最多智能电网专利数量的十大企业分别为：瑞士 ABB 集团（1085 个）、美国通用电气（923 个）、日本松下（882 个）、德国西门子（526 个）、日本东芝（406 个）、韩国 LG 电子（390 个）、美国埃创集团（280 个）、日本住友电工（188 个）、美国伊顿电气集团（150 个）、美国 Current 科技（146 个）。实施企业专利管理不仅是服从发展要求的需要，更是激发行内创新能力，防范市场化过程中的知识产权风险，进而开辟创造财富新渠道的需要。[1]李克强总理在 2015 年 12 月 9 日的国务院常务会议上部署促进中央企业增效升级，确定改革完善知识产权制度的措施，要

---

[1] 参见杨雄文："中资银行的知识产权保护问题研究"，载《扬州大学学报》（人文社会科学版）2010 年第 4 期，第 50～54 页。

求围绕关键技术发力攻关,发展"互联网+"等新业态。

为推动电网企业的全产业链能够"走出去",从现在开始,电网企业应着手进一步总结有关专利管理工作的经验、教训,吸取专家建议,在研究我国未来电网业专利利用和保护形势的情况下,尽快建立一套完整的专利管理体系,对于从检索、立项、开发、分析到成果应用等整个专利工作流程均加强管理。①

一、企业专利管理策略的选择

由于我国电网行业的垄断性较强,国内只有国家电网和南方电网两家企业,国外竞争者又很难进入国内电网市场。所以,南方电网公司所处行业竞争领域相对比较稳定,属于技术成熟、资本密集的企业。这一类企业的发展路线有别于一般的中小型企业。通过技术创新来降低单位生产成本,研发新产品细分市场以满足市场消费需求等来提高企业的竞争优势。该类企业的竞争优势在于产品的更新、市场的细分,同时也需要凭借技术创新削减单位生产成本、增加总体量能的支持。

电网企业涉及的产品与服务的领域较为单一集中,但是并不影响其根据自身所处的不同时期,选择合适的专利管理策略。在产品开发阶段,电网企业应以创新为导向,注重专利量的积累,注意技术的研发与产品市场的开发,从战略的角度讲,防止他人专利包围的最好方法就是拥有属于自己的专利池,这不仅需要有强烈的专利意识,还需要以专利为主包括商业秘密在内的技术保护体系工作的落实,同时,后续专利和"辐射"专利的布局也尤为重要。在产品成长阶段,潜在的竞争者进入市场,替代技术随之出现,此时应注意解决市场上出现的专利纠纷问题,并做好对工作经验的商业保密工作,形成商业秘密。在产品成熟阶段,市场竞争激烈、趋于饱和,此时的专利管理转向技术提升和周边布局,另外也要做好专利分析工作以降低侵权风险。在产品衰退阶段,产品销量衰退、利润大幅下降的情况显著,此时企业应积极将经验总结规范化、秘密化,基于前期专利布局采取攻击性动作,研发换代产品,丰富产品功能。

电网企业在制定自身的专利管理策略时,需要根据企业的经营和专利保

---

① 参见杨雄文:"中资银行的知识产权保护问题研究",载《扬州大学学报》(人文社会科学版)2010年第4期,第50~54页。

护的不同情况而制定。贵州电网企业目前正处于企业发展的上升期,该时期企业的产品多处在研发、成长阶段,其专利管理的重点在于掌握具有自主知识产权的核心技术,保障自身市场竞争,支撑跨国业务。这里所谓企业专利管理能力,是指企业在竞争环境中能够适应环境的变化实施专利的动态管理,充分利用企业内外部研究开发资源、市场资源、管理资源等实现其专利战略目标的能力。[1]由于电网业的特殊行业类型和背景,企业专利管理工作不仅要通过产业结构升级来满足国内市场的要求,还要在转变经济增长方式中注重国际分工,以高质量专利为业务利益分配收益率的提高保驾护航。这些重点都基于技术的发力。

二、实施电网企业专利管理

结合电网企业管理的核心范畴,制定出既具有前瞻性,又颇具实践性的电网企业专利管理规划,加大投入力度,有效地组织实施,并根据实施情况,建构电网企业专利管理的反馈控制机制。从日常管理上升到战略管理,从事务性管理上升到经营性管理,提升专利开发与运作的技术,增大电网企业专利收益的比重。[2]以此,有效地提高电网企业的核心竞争力,推进电网企业的良性运作。

(一)构建和完善电网企业专利管理机构

目前的电力企业大多数存在部门多、管理松散的情况,与专利管理有关的工作散见于企业的各个组织机构,不利于专利管理工作的展开。整合资源,构建和完善电网企业专利管理机构,如专利管理法律事务部等是电网企业专利管理的理想选择。

(二)培养电网企业专利管理高层次人才

企业专利管理需要高层次的人才支撑。人才可通过"引进"的方式广纳,亦可通过内部员工培养的方式生成。国内外知名高校及社会企业资深专利管理从事者等都是高层次人才的来源,科学院所和专业的专利管理企业等单位又是培养人才的优良基地。

---

[1] 冯晓青:"企业知识产权战略的构成要素论",载《科学与管理》2013年第3期,第39页。
[2] 甘成勇、王刚:"电力企业知识产权管理问题及对策",载《环球市场信息导报》2011年第10期,第47页。

（三）建构电网企业专利管理的激励机制

精神的褒奖和物质的奖励是激励的两项基本形式。良好的激励机制有利于激发企业员工技术钻研尤其是创新的积极性。企业在有条件的情况下可以建立自己的研发中心，并设立研发奖励基金。对待有成果的员工除了进行奖励外，还可以对其技术创新事迹进行传播报道，鼓舞其他员工的创新热情。

（四）构建电网企业专利管理的核心理念

电网企业员工，尤其是企业高管，务必强化专利管理意识，关注和重视专利管理，构建和强化专利战略管理和商务管理的核心理念，不断地调整电网产业结构，将电网企业专利管理企业的安全生产与经营管理有机结合，贯穿企业管理运作的全部进程，不断地鼓励电网企业技术创新，不断地提升电网企业的自主创新能力。[①]

1. 组建研究团队

通过项目研究，分析各国有关专利保护的法律、调研在电网领域具有先进代表性的国家的电网业专利保护情况、跟踪行业技术动态等，在此基础上提出研究报告，并为可预见性风险提供技术或法律意见。

2. 完善专利工作流程制度

设立统一协调部门，负责各部门协调工作。建立内部网络，专利工作"线上化"。规范流程文件，实行专利工作专业化。定期总结和通报各有关部门专利工作动态，使得专利管理定期化。建立预警机制，实现专利风险可预见化。

3. 开拓专利合作的新道路

电网企业之间建立起信息沟通机制、信用调查机制和同业联合维权工作机制。加强国家相关电网业主管部门和知识产权部门与电网企业之间的信息沟通，可设立多类型的专家咨询委员会，从专业的角度提供咨询和意见。通过与国外企业的合作，学习他们的优点和经验，实现"洋为中用"。[②]

[①] 参见甘成勇、王刚："电力企业知识产权管理问题及对策"，载《环球市场信息导报》2011年第10期，第48页。

[②] 参见杨雄文："中资银行的知识产权保护问题研究"，载《扬州大学学报》（人文社会科学版）2010年第4期，第50~54页。

三、实施电网企业专利管理的全方位控制

企业专利管理的控制模型的构建有多种方式，最容易让人理解并掌握的是以时间为线索按照专利的存在过程把企业的专利管理控制模型分为专利产出控制模型（图2-9）、专利流失控制模型（图2-10）、专利维权控制模型（图2-11）和专利收益控制模型（图2-12）。①并组建成电网企业专利管理控制总模型。

图2-9 专利产出控制模型

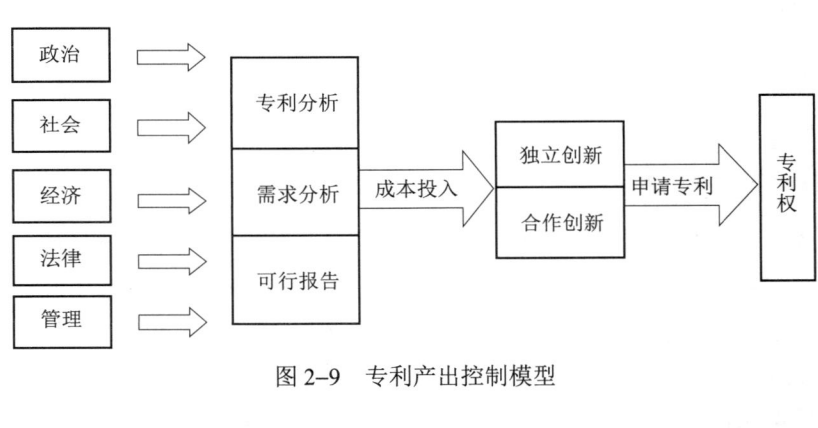

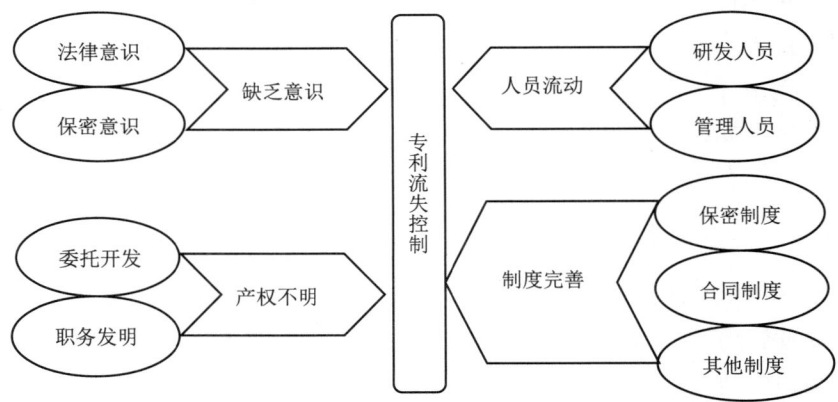

图2-10 专利流失控制模型

---

① 参见马睿涵："技术创新型企业知识产权控制与管理研究"，吉林大学硕士学位论文。该文章中简洁地将知识产权产出控制模型、流失控制模型、维权控制模型和收益控制模型表现为图2-9、2-10、2-11、2-12；亦可适用于电网企业专利管理控制模型。

图 2-11 专利维权控制模型

图 2-12 专利收益控制模型

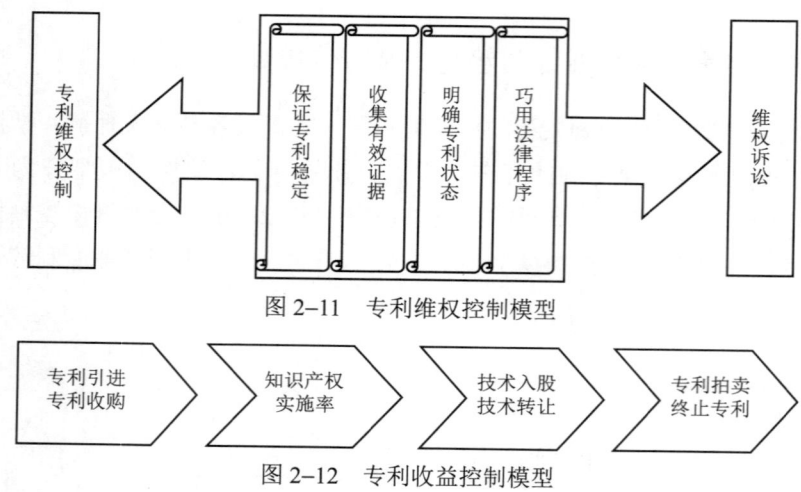

（一）专利产出控制

政治、社会、经济、法律和管理涵括方方面面，这些宏观层面的因素能够对电网企业专利工作的战略部署产生不小的影响。专利分析便于我们掌握相关技术的发展状态，快速找出相关技术的关键点，规避侵权行为；再结合企业需求，快速锁定急需研发或取得的专利技术；最后进行可行性研究，针对待攻克的技术内容、自身科研水平、资金投入和收益产出等方面作出可行性研究报告，为创新技术决策提供意见。自身可以攻克的技术，企业当然可以独立创新并申请专利，但是并非所有技术都是一己之力可为之，"合作共赢"一直是攻克尖端技术的常见手段。电网企业专利技术的研发离不开与其他技术关联企业、科研高校单位甚至政府的合作。

（二）专利流失控制

法律意识、保密意识的缺乏多发生在技术投放市场以后，由于技术人员或者企业管理人员的疏忽大意导致专利技术的泄露与流失，使得企业前期技术创新投入的资金、人力、时间成本成为沉没成本，给企业带来巨大的损失。针对能够接触到专利技术的工作人员，时刻要求其遵守保密协议、恪守保密制度，对人为造成专利流失的直接责任人和相关负责人追究法律责任。根据我国专利法和合同法的有关规定[①]，委托发明的权利归属遵循合同优先原则，

---

① 参见《专利法》第八条、第九条，《合同法》第三百三十九条。

第二章 基于专利价值分析的电网企业专利管理

未约定或约定不明的，法律作了对接受委托的一方更为有利的规定。[①]诚然，法律上预留了权利人可以通过契约形式自行处分的情形，从企业的角度讲，这也为企业专利的流失带来了风险。

（三）专利维权控制

针对专利侵权行为，专利诉讼是权利人诉权的实现。但是，诉讼过程有时间长、成本大、结果不确定的弊端。电网企业在保留诉讼权利的同时，更应当在诉讼产生前就做好专利控制的工作，以避免专利纠纷的出现或为专利诉讼提供诉讼支持。

电网企业的专利管理部门应保持专利信息和有关技术情报的更新，坚持专利技术资料的收集、记录和归档，保存好涉及专利产品的交易记录等。这些日常工作细节和措施，不仅能够有效地防止专利侵权纠纷，在遇到专利诉讼时，还能为其提供证据支持。

（四）专利收益控制

技术创新的捷径是改进创新。引进现有专利技术，在其基础上改进，提升技术难度，获取专利权。

技术一直是经济增长和生产率提高的引擎，其价值的大小依附于知识产权的转化实施能力。专利的交易可以帮助资源的合理分配，促使专利技术有效转化为生产力。由于后期专利维持费用较高，企业需根据专利的质量进行评估后再决定是否维持。

在技术入股、技术转让、清产核资等工作中，准确地对自己的专利权进行评估，不能仅仅把专利技术的研发费用、设备使用费用等当作专利权的价值，还应该把知识产权商业化的利润和预期效益，以及专利权的维护费用等等都计算进去，保证专利权转让后的收益。

第三节 企业专利管理的绩效评估

专利管理的实施效果需要通过科学的绩效评估，以便为员工创造工作平台与环境，让员工承担更重要的责任的同时，不断发掘员工潜力，提高个人

---

① 《专利法》第六条。

的业绩能力，以个人绩效带动整个组织的专利绩效，实现企业价值增加。贵州电网企业一直坚持建立以发展战略统领的绩效管理模式，完善以绩效为导向的管理制度和运行机制。

结合国家知识产权战略纲要的战略目标、战略重点以及战略措施等内容，在创建评估指标体系时，可从专利创造、运用、保护、管理四个环节设计指标。基于可操作性、数据可获取性原则，在专利管理策略中，将这四个环节作为第一级指标，并根据各环节的关键要素进行细分，得出对专利管理实施绩效评估的二级指标。第三级指标则结合专利权的内容，结合电网企业的特点，有选择地设立。[①]

一、创造环节绩效评估

在创造环节，各方面资源的投入情况对专利的获得影响重大。评估专利创造绩效，多采用投入、产出的分析方法，对产出效率进行评测。

表 2-12 创造环节评估指标

一级指标	二级指标	三级指标
创造	投入	R&D 人员数量
		R&D 人员在从业人员中的比重
		R&D 经费
		R&D 人员人均 R&D 经费
		R&D 经费比重
	产出	国内专利申请量
		PCT 申请量
		国内专利授权量
		国内发明专利授权量
		有效专利数量
		专利收入利税金额

R&D 人员数量：企业中从事研究与开发的工作人员数量。

R&D 人员在从业人员中的比重：研究与开发的工作人员占全体从业人员的比率。

[①] 参见关永红、李银霞："论企业知识产权战略实施绩效评估指标体系的构建"，载《中国集体经济》2011 年第 19 期，第 124 页。

R&D 经费：企业为研发所投入的经费。

R&D 人员人均 R&D 经费：R&D 经费/R&D 人员数量。

R&D 经费比重：R&D 经费/企业总支出经费。

国内专利申请量：测量企业专利产出的数量。

PCT 申请量：测量企业在一些主要国家申请专利的数量，反映出企业的国际竞争力。

国内专利授权量：测量企业专利的竞争力。

国内发明专利授权量：测量企业专利的质量及竞争力。

有效专利数量：测量授权专利的寿命。

专利收入利税金额：测量企业专利的经济收益。

二、运用环节绩效评估

在指标体系的设计过程中，考虑专利权的运用除了包括商业操作，如权利转移、专利权质押等，还应该涉及技术创新收益。

表 2-13　运用环节评估指标

一级指标	二级指标	三级指标
运用	实施	专利实施数量
		专利实施率
		技术转移合同数
		专利权质押量
	收益	技术转移合同金额
		专利权质押获贷金额
		专利权产品减免税金
		专利权产值占企业效益的比重

专利实施数量：测量企业专利实施与自主创新的能力。

专利实施率：专利实施量/专利数量。

技术转移合同数：测量企业知识产权所有权与使用权现状。

专利权质押量：测量企业使用专利权融资现状。

技术转移合同金额：测量企业专利技术转移收益。

专利权质押获贷金额：测量企业使用实施产权融资到的金额。

专利权产品减免税金：测量企业运用国家专利相关政策的程度。

专利权产值占企业效益比重：测量企业专利权收益对企业利润的贡献度。

三、保护环节绩效评估

针对电网企业专利战略实施绩效这一评估对象，可以设立与其密切相关的行政、执法、司法等指标。

表 2-14　保护环节评估指标

一级指标	二级指标	三级指标
保护	行政执法	行政执法专项行动次数
		专利纠纷受理量
		行政机关专利侵权立案数
		移送司法机关涉嫌专利权犯罪案件数
	司法	配套法规政策数

行政执法专项行动次数：测量企业专利制度的实施状况。

专利纠纷受理量：测量企业专利纠纷现状。

行政机关专利侵权立案数：测量企业专利实施过程中行政机关的管理现状。

移送司法机关涉嫌专利犯罪案件数：测量企业专利犯罪现状。

四、管理环节绩效评估

企业专利管理强调企业内外对企业内部的专利资源进行资助、规整和组织，目的在于提高企业专利资源的利用效益，如建立统计制度、制定专利信息检索和重大事项预警制度等。

表 2-15　管理环节评估指标

一级指标	二级指标	三级指标
管理	内部	专利信息数据库建设
		从事专利管理人员数
		专利信息情报分析报告数量
		专利预警应急机制

续表

一级指标	二级指标	三级指标
管理	内部	派员出国考察交流（专利）人次
		参加专利（知识产权）培训人数
		派员到其他单位交流（专利）工作的人次
		职务发明创造奖励比例
		企业专利的维护管理
	外部	专利资助金额

专利信息数据库建设：企业对专利信息数据库的筛选与使用情况。

从事专利管理人员数：企业内部管理专利相关事务的人数。

专利信息情报分析报告数量：测量企业专利管理力度。

专利预警应急机制：测量企业专利管理部门对专利预警机制的建立与利用状况。

派员出国考察交流（专利）人次：测量企业专利国际交流情况。

参加专利（知识产权）培训人数：测量企业专利培训力度。

派员到其他单位交流（专利）工作的人次：测量企业专利国内交流合作情况。

职务发明创造奖励比例：奖励员工作出发明创造的金额与其创造价值之间的比例，测量专利的激励力度。

企业专利维护管理：测评企业专利管理基础工作的开展程度。

专利资助金额：企业获得外部相关专利、技术政府资金资助的情况。

第四节 企业专利战略调整

电网企业应以促进电网技术的应用和产业化，推进政、产、学、研、用深度结合，增强产业自主创新能力，以产业标准为引导，建设技术研发平台和公共服务平台，加快形成技术领先、竞争力强的电网产业集群；积极推进电网领域的技术研究和产业发展，促进行业标准、规范的制定和实施；协调电网成员之间的专利许可行为，提高成员技术水平，增强成员竞争力；建立与国内外相关企业的联系，组织开展多种形式的知识产权合作和交流活动，促进成员开拓市场,提高品牌知名度。①

一、提升企业自主创新能力

企业若要在竞争中取得优势的重要因素之一是具有开发新产品的创新能力。如果一个企业创新能力较强,就能不断解决技术难题,开发新产品,提升利润空间。同时,创新能力、研发水平也会影响企业对于科学知识与技术的理解能力,影响企业拥有技术转移知识的程度,更会影响产学研合作成败与水平的重要因素。因此,创新能力强弱不仅直接关系创新活动的经济效果,还会直接影响产学合作效果,创新能力是产学研协同创新过程的核心保障力。企业只有提高创新能力,增强研发实力,才能为产学合作提供一个较好的能力保证。②

贵州电网作为国有企业,秉承"科技兴网,自主创新"的理念,一直努力提升企业的自主创新能力,积极布局核心技术和外围技术,开展一系列项目科研,逐步提升技术话语权。

二、建立联盟

决定一个企业革新能力的因素是它参与联盟的结合情况。某些结合可能会阻碍创新,某些结合则会激励创新。与之相关的是一个企业内部的技术组合和外部的投资组合,合作网络的关键因素和它们对于创新的作用,以及网络特性是否最佳使每个部分都有所不同。电网企业可以从产学联盟、企业联盟两方面入手,调整企业发展战略。

(一)建立产学研联盟

当今社会已是知识社会,随着知识变得越来越重要,科学与技术的结合也更紧密。对于现在的企业来说,仅仅依靠自身的技术研究力量有限,知识分享和技术合作是适合企业自身发展需求的常用的合作方式,事实上大多数企业与科研高校的研究合作也越发频繁,实效成绩也越发突出。如2015年,南方电网科学研究院与清华大学深圳研究生院合作完成了±800kV瓷和玻璃

---

① 倪冰峰、王静、王强:"打造'中国第一、世界一流'智能电网产业基地——江宁开发区智能电网产业全新崛起",载《华人时刊》(上旬刊)2011年第6期,第56~57页。
② 蓝晓霞:"美国产学研协同创新保障机制探析",载《高等工程教育研究》2014年第4期,第150页。

绝缘子钢脚电化学腐蚀机理及抑制措施研究，与华南理工大学合作完成了直流线路行波保护管控策略优化研究及应用和高海拔地区特高压直流复合支柱绝缘子伞裙优化研究。

由于公共政策和组织环境的改变，从"象牙塔"里出现的科学发明、学术研究更加集中在对科研成果的产业化和开发上。企业和大学合作各有益处，企业可以受益于一个公共组织中训练有素的员工，也能通过联合提高自身形象，大学可以得到研究的额外资金，也能有机会使其研究贴近市场，对大学生就业有促进作用。随着社会科技的发展，电网企业也深刻地认识到了协同创新对获得比较优势和核心竞争力具有极其重要的意义，这种开放的合作理念为促进产业界与高校建立创新联盟奠定了良好的思想基础。[1]

(二)组建企业之间的"前端控制"型专利池

高科技在知识产权范围内有一个新动向，那就是把专利技术和技术标准捆绑在一起，形成一些联盟。这些联盟掌握着某一个领域的核心技术、核心专利和其联合提出的一些标准，谁要执行这个标准就得用到他们的专利。如果我国的电网不使用这些标准，很可能将来会成为一块"孤岛"，最终在市场竞争中处于不利位置。[2]将来，我国电网业要在很多地方制定和实行标准，而在制定标准中起决定性作用的还是技术本身的先进性与合理性。

随着技术变得越来越复杂，分工越来越细，任何一个企业都无法拥有某一产业或某一产品所需要的所有技术和专利。电网企业要推进战略性的发展，绝不是依靠自己一个企业或者研究所就能完成的，需要集聚各界力量，全力合作系统推进。[3]电网可以与国内知名的专业研发生产输配电及控制设备的企业、发电设备制造企业，以及相关的其他机构一起，组建技术标准联盟，形成"新水桶效应"。"新水桶效应"是指企业不再仅仅考虑自己的一个"水桶"，不再仅仅着眼于修补自己的矮木板，而是将自己水桶中最长的那一

---

[1] 转引自蓝晓霞："美国产学研协同创新保障机制探析"，载《高等工程教育研究》2014年第4期，第149页。

[2] 参见杨雄文："中资银行的知识产权保护问题研究"，载《扬州大学学报》(人文社会科学版) 2010年第4期，第51页。

[3] 参见朱瑞博："战略性新兴产业培育的知识产权与标准竞争战略研究"，载《上海经济研究》2011年第4期，第85页。

块或几块木板拿去和别人合作，共同去做一个更大的水桶，然后从新的大水桶中分得自己的一部分。这种基于合作构建的新水桶的每一块木板都可能是最长的，从而使水桶的容积达到最大。[1]任何企业都只能在某些价值增值环节上拥有优势，在其他环节上，其他企业可能拥有优势。为达到"双赢"或"多赢"的协同效应，彼此在各自的优势环节上展开合作，并由此取得整体收益的最大化。比如南方电网公司与许继电气企业在电网自动化、继电保护及控制装置的专利研发上合作，借助许继电气在这方面的优势从而使企业的研发、生产和经营形成良性循环，使技术专利快速成为市场竞争中的事实标准。南方电网与东方电气企业在大型发电成套设备领域的专利研发上组成战略联盟，加快技术产业化和技术标准推广的步伐。

电网企业与各方面有优势的企业组成专利联盟，不仅能提高国内专利技术的标准，为国内企业取得市场竞争优势，而且随着国内"前端控制"型专利池的发展，能逐步抗衡国外专利池和标准组织的技术威胁。

另外，拥有标准并不能始终控制"话语权"。例如，特斯拉拥有独立的充电桩和充电站标准，自成体系，难为他人所用，同时也就意味着无法共享其他品牌公共充电设施。因此特斯拉与中国电网两大巨头——国家电网以及南方电网展开合作，为中国特斯拉车主建造完备的基础设施。可见，贵州电网想要掌握行业主动权，在战略目标上不仅要拥有行业技术标准，更需要有控制行业技术标准的话语权。

三、转变专利授权模式

封闭必然会落后，开放才能走向创新，这是现在商业市场的生存法则。从 IBM 公布其源代码开始，谷歌、特拉斯等企业纷纷效仿，在全球展开了一场开放式创新的浪潮，基于开放授权框架的知识产权战略对传统的知识产权战略提出了巨大的挑战。垄断与开放本来是格格不入的，每个企业对垄断的不断追求在现在开放式的市场竞争面前都必须克制，否则就会阻碍创新。谷歌通过开放免费的知识产权战略，鼓励上下游伙伴在他们的平台上开发配套应用，形成互补性的创新体系和相当的用户基础，成为移动互联网时代最大

---

[1] 参见朱瑞博："模块化抗产业集群内生性风险的机理分析"，载《中国工业经济》2004 年第 5 期，第 54 页。

的跨国企业。①

电网企业在专利管理上面也应该从封闭式垄断向开放式创新转变,可以通过专利授权的方式把专利提供给其他企业使用,这样友好和谐的标准合作也就代替了以前兵不血刃的专利竞争,形成了合作式的良性竞争,使大家生存在一个丰富与协调的市场环境中。这种向开放共享转移的知识产权战略,可能会对传统的竞争格局带来巨大的变化。以前的竞争对手变成互相免费共享专利的合作伙伴,合作企业通过协作加强他们在某一技术领域的竞争优势,进而提高了合作企业对外的整体竞争力。

电网企业在专利授权上也应重视从授权诉讼到专利费用筹划的转型。电网企业可以通过专利授权许可和诉讼增加收入,改善企业财务情况,但是这不是专利的核心价值。并且这样过分重视专利的短期收益也有一定的风险,电网企业应该设计好的知识产权战略来获取更大的商业收益。好的知识产权战略不仅是由利润的多少来判定的,而且应该将战略重心放在保证产品的销售自由,鼓励企业技术创新和增强企业竞争优势上。比如 2015 年微软就降低了每年向三星收取的专利费用,使三星在盈利上回升。电网企业如果把专利费用筹划放在重要的位置,可以创造更大的价值。专利费用筹划研究设计的范围不仅是专利授权许可费用,政府层面会涉及上到国家有关专利的政策法律,下到地方的专利资助,企业层面会涉及从产品、品牌、市场等方面的因素。专利费用筹划得当,不仅可以为企业节省大量的费用成本,提高企业的产品竞争力,而且可以为企业拓展海外市场铺平道路。电网企业作为专利授权人,要充分了解先养鱼再捕鱼的道理,给予被授权人足够的时间去休养生息,以便保证自己源源不断的收入。对专利被授权人来讲,通过科学合理的费用筹划可以降低企业整体运营成本,提升企业腾挪的空间。总之,专利费用筹划对专利授权人和被授权人来说是一个双赢的结果。

四、提高国际竞争力

从 TRIPS 时代知识产权保护范围扩大、知识产权国际保护水平提高到后 TRIPS 时代知识产权国际保护标准的一致性趋势,都在向我国企业释放出一种信号,进军海外市场必须立足于国际视角。

---

① 郭建军:"知识产权战略与商业生态系统",载《知识产权》2015 年第 7 期,第 5 页。

南方电网的战略目标是"成为服务好、管理好、形象好的国际先进电网企业"。2014 年南方电网"输变电设备基于特征要素的靶向管控技术研究与应用"申请专利 17 项，国内专家评价"整体达到国际先进水平，在输变电设备靶向管控技术及应用等方面达到国际领先水平"。2014 年南方电网"基于网络理论的 500kV 工频电压比例标准技术研究及自校系统、装备研制"项目被计量学权威专家张钟华院士评价为在某些方面取得原创性技术突破，达到国际领先水平。南方电网公司不仅研发水平在某些领域达到国际水平，而且也积极参与国际合作。

近几年，南方电网国际企业推进 GMS 区域的能源项目开发，开展了跨国（境）电网的规划和研究、境外火电和水电项目的投资，在全球范围内参与了 20 多个项目前期的研究与开发，与多家国内外知名电网企业建立了战略合作伙伴关系，并培育了一支国际化、专业化的人才队伍，打造成为具备高端工程管理和设备成套与进出口能力的国际能源项目投资商。这都表明南方电网的各级机构在响应时代与企业发展的潮流与发展战略中，要以全球化的视野和专业化的管理，争取在国际电网合作舞台上扮演越来越重要的角色，不断增强国际竞争力。

五、以专利为核心竞争力

管理大师德鲁克曾经指出，企业的功能大体包括市场营销与服务创新两个方面。知识在创新经济发展中地位的不断提高是社会进步的必然趋势，知识是当代经济增长最重要的因素。一个企业拥有知识产权的数量和质量决定了其在全球化经济中进行资源配置和国际分工的地位。专利权本身作为一种商品在市场中自由流通，对于以知识产品促进科技创新和经济发展，具有十分重要的社会意义。[①]

（一）提高保护专利的意识

企业在加强自主创新的同时，还要加强对专利的保护。据统计，我国每年国家级的重大科研成果 3 万多项，而申请专利的不到 1/3。每年几万件的科研成果，通过国际研讨会、期刊发表论文流失到国外，被外国厂商抢先申

---

① 刘群彦、刘艳茹："创新驱动视角下我国知识产权保护制度研究"，载《中州学刊》2015 年第 12 期，第 35 页。

请专利，大赚其钱，而我们反倒受制于人。另外，企业也要尊重他人的知识产权，尽量避免侵权，减少纠纷的发生。[①]电网企业大多已经意识到这个问题，也在知识产权保护方面采取了一定的措施。

另外，不是有了高数量的专利就可以的。专利也存在优良低劣之分，只有那些在行业产业中具有竞争力的专利，才是高质量的专利，也才能给企业带来显著的经济效益。而很多电网企业只考核专利数量，对专利质量未有要求。

（二）加强企业专利管理制度建设，构建信息平台

电网企业要结合自身实际，制定完善的企业专利管理的规章制度，如专利（技术、商业秘密）的相关管理、保密、保护、成果归档、劳动合同制度等，保证知识产权保护工作有章可循。尤其要加强对科技人员流动中知识产权的保护工作，针对企业的技术秘密，完善技术合同管理制度。另外，企业应注重知识产权数据库建设，定期对本企业的专利信息数据库进行更新，建立适合本企业的专利信息利用机制，防止重复研究，同时企业在产品投产和销售前进行专利检索，以有效避免侵犯他人专利权。[②]

（三）增强专利纠纷应对能力，积极应对知识产权纠纷

企业在遭遇专利纠纷时，应合理选择应对策略，如可借助行业协会等社会团体及各种诉前调解机制，尽量以和解方式化解知识产权纠纷。在处理专利纠纷时应准确把握整个知识产权诉讼的核心问题，积极收集证据。在企业正常运营过程中应强化证据意识，建立核心技术管理档案，保存有关专利研发过程、投入、实施情况等方面的原始记录和基础数据，以保证在诉讼中提供足够的证据材料。另外，电网企业也可以运用专利诉讼制度，维护自身合法权益，如通过诉讼保全来确保判决结果及时履行，通过临时禁令来威慑侵权人并防范损失的扩大。[③]

（四）加强企业在国际贸易中的专利保护

近些年电网企业不断参与跨国电网的规划、投资，不断向国际舞台延

[①] 转引自陈爽："中小企业知识产权保护的误区及对策建议"，载《科技管理研究》，2010年第22期，第201页。

[②] 黄静："企业知识产权保护策略探讨"，载《才智》2014年第9期，第237页。

[③] 同上。

伸，这也就涉及专利在国际贸易中的保护问题。为了保证在国际贸易中享有合法权益，电网企业应该积极采取相应的保护措施。首先，在向海外拓展时要深入全面分析其他专利权人相关的专利布局，注重自己在国外的专利申请。其次，应对在国外发生的知识产权的相关诉讼时，电网企业要善于用法律武器维护自身在海外应当享有的权益，避免企业在国外受到不应有的损失。

第三章

专利管理职责

管理是协调工作活动使之有效率和有效果的过程，是同别人一起或通过别人使工作活动完成得更有效率和更有效果的过程，也是管理者对管理对象加以计划、组织、协调和控制，使其发展符合组织目标的活动和过程。[①]所谓专利管理，就是企业结合自身情况和专利法律制度规定，对本企业进行专利战略规划，加大专利的创造、保护和运用，从而提高企业核心竞争力的活动。

电网企业专利管理在企业管理工作中重要性日益凸显，原因在于专利技术是企业重要的无形资产，专利可以为企业创造巨大的价值。电网企业专利管理涉及技术研发、技术创新、产品公关、企业形象等过程，完备的企业专利管理制度应当注重专利技术研发、保护与运营的全过程管理，在各个环节充分保护和利用好知识产权。电网企业拥有一套完备的专利管理制度有助于强化电网企业的知识产权意识，提高电网企业的专利产出效率，并进一步提升专利质量，促进电网企业的专利运用能力，提高电网企业的专利管理水平，完善专利管理组织或机构的规章制度，培养专利管理人才，夯实知识产权文化基础。

电网企业专利工作体系主要包括企业专利工作的方针、策划、目标以及管理机构四个维度。专利工作的方针是企业专利管理体系基础，是实施和改进企业专利战略的方向和动力。专利策划关乎企业知识产权管理的各项制度，是企业知识产权管理各项程序良好运作的基础。专利工作的目标是企业落实和实现企业专利工作方针的具体体现，是评价企业专利管理体系有效性的重要标准。专利工作的管理机构是企业进行专利管理工作的主体。为保障

---

① [美]斯蒂芬·P. 罗宾斯、玛丽·库尔特：《管理学》（第 7 版），孙健敏、黄卫伟等译，中国人民大学出版社 2004 年版，第 21 页。

企业专利管理工作的顺利开展，企业应明确专利工作的管理机构，明确机构人员的职责。专利工作的方针和目标体现的是企业的市场定位，决定企业的市场表现。而专利工作的政策和机构明确了企业专利管理工作的组织架构，是企业的组织资源。良好的专利管理机构和政策有助于企业在市场竞争中获得竞争优势，为企业开拓市场打下基础。

第一节　专利方针

方针是指导事业前进的方向。企业的发展也应当具有一个明确的方针，只有在正确的方针指导下企业才能具有长足性的发展。

专利方针是企业经营管理总方针的重要组成部分，是企业专利管理活动的重要指导思想，电网企业专利方针贯穿企业专利获取、维护、运营和保护全过程，企业专利工作目标的制订、策划以及管理机构都是在专利工作方针的指导下进行的，可见专利工作的方针是整个知识产权管理中最重要的一环，应当具有明确的指引力和号召力。

专利方针的制定应结合每个企业实际的商业战略和生产经营特点，灵活统筹，具体而言制定企业专利方针可以考量的因素有：（1）与企业的规模、经营范围、产品或服务的性质相适应；（2）符合国家、地方和行业有关政策和法律法规要求；（3）符合企业生产经营的战略安排；（4）与企业文化理念要求一致。电网企业专利方针的制定也应当结合企业自身的特点，现根据对电网企业专利管理情况工作的实际考察，拟提出电网方针制定的"六个注重"。

一、注重鼓励技术创新

在设计电网企业服务与产品时，第一要考虑的是该服务或产品是否足够安全，是否会有安全隐患。而安全性能的保障根本的在于技术创新。因此，在电网企业专利管理中，应当注重鼓励技术创新，提高电网安全性能，增强驾驭大电网的能力。

无论是普通居民的生活用电，抑或是工厂工业用电，都不开电网系统，随着经济的发展，社会用电需求的不断增加，电网系统开放性和复杂性也不断提升，随之面临的电网安全隐患也更多更严峻。再者，由于智能电网的启用，而智能电网具有比一般电网更广阔的开放性，可以实现和外界的互动，更容易受到外来侵扰，所面临的安全隐患也更加突出。智能电网由于广泛使用了各类智能传感网络等无线通信技术和大量智能表计以及移动作业终端，导致可能受到的攻击也更加多样化；同时智能网络更加延伸至用户，会导致用户侧的安全威胁增加，影响电网安全。电网从一般网络向智能网络转化过程中，电网的安全一直都是电网企业核心的问题，电网安全关系国计民生，责任重于泰山。

降低电网安全隐患，最有效的措施是鼓励技术创新，电网企业应当通过不断创新的技术手段防范和降低电网安全风险，以最大可能地降低电网安全风险为行动目标。技术创新是电网企业发展动力之源，技术创新可以保障企业电网的安全，提高电网的综合效益，企业应当树立企业的发展必须依靠技术创新的理念，应当认识到企业之间的竞争在于人才的竞争，实际层面其实就是企业员工能为企业创造的技术价值。站在专利管理的立场来看，电网企业应当注重培养员工的科技创新能力，为员工提供多样化的学习平台，辅助员工进行专利研发，并通过物质和精神奖鼓励员工不断地进行技术创新。

二、注重贯彻国家方针政策

电网企业专利管理过程中，应当注意贯彻国家有关方针政策，以国家方针政策指导企业专利管理实践，以国家知识产权战略纲要为指导，完善企业专利管理制度。

2008年6月，国务院颁布实施《国家知识产权战略纲要》（以下简称《纲要》），《纲要》是指导我国知识产权制度的纲领性文件，是提升我国知识产权创造、运用、保护和管理的指导方针。《纲要》分析了国家知识产权战略纲要制定的背景，明确了指导思想和战略目标，强调了战略重点，针对专利、商标、商业秘密等领域提出专项任务，并制定了具体的战略措施。《纲要》以凝练的语句体现了科学发展观的思想。在《纲要》实施六年之后，2014年12月国务院办公厅又颁布了《深入实施国家知识产权战略行动计划（2014—2020）年》（以下简称《行动计划》），《行动指南》肯定了我国基本实现了《纲要》确定的第一阶段的五年目标，提出了2014—2020年我国知识产权战略实施工作主要预期目标，明确了该阶段主要行动。在"主要行动"中，强调要促进知识产权创造运用，加强知识产权管理，拓展知识产权国际合作。电网企业在制定企业专利政策时，应结合《纲要》和《行动计划》中有关精神，以国家战略为支撑。

电网企业的根本社会责任就是保证电网供应，同时也要认识到电网企业是能耗型企业，为了资源可持续利用，电网企业应当树立科学发展观。坚持科学发展观，根本着眼点就是要运用新的发展思路实现电网企业更快更好又能可持续的发展，这就对企业技术创新提出了更高的要求，在技术创新时，不仅要考虑到技术的实用性，还要考察该技术是否能促进资源的合理利用，是否会对环境产生危害，只有在认定该技术不违背科学发展观的前提下，该技术才是值得推广使用的。企业只有坚持科学发展观的指导，才能更好地统筹电网企业专利管理工作的建设，统筹外延发展和内涵发展，统筹企业专利发展和人的发展，统筹社会效益和经济效益，促进电网企业的全面协调可持续发展。

三、注重将专利作为企业重要无形资产

电网企业专利管理工作中应当注重形成专利是企业重要无形资产的观念和意识，注重保护企业专利，积极应对专利侵权。在抓好企业专利管理的工作中，更加注重社会效益。

专利是企业重要的无形资产，一项好的专利技术可以为企业带来巨大的经济效益，这种经济效益既可以是技术创新本身所导致的企业的产品性能和效益的提升，进而间接为企业带来利润，也可以是将专利通过转让、许可或质押融资等形式为企业带来直接的经济效益。后者主要存在知识产权价值评估难的问题，知识产权价值评估难其实是一个国际性的难题，不过我国一直努力在知识产权价值评估上制定指导意见，我国已经在国际无形资产评估规范的基础上，分别制定了专利、商标、著作权资产评估的指导意见。2016年1月18日，中国资产评估协会发布了《知识产权评估指南》，该指南从经济行为的角度为我国知识产权评估提供指导。知识产权资产评估将逐步规范化和专业化，可以预见未来知识产权价值评估将日趋成熟，知识产权将成为企业越来越重要的资产，可以通过各种形式为企业带来经济效益增值。

当然，在注重电网企业专利的经济效益时，社会效益也不容忽视。固然经济效益是企业的不懈追求，但是电网企业的服务对象是百姓和社会，其产业特点决定了电网企业在提高经济效益的同时，还要更加注重社会效益，千方百计地保证用户的生产生活用电，保障社会正常运行。电网企业专利管理

必须花大力气参与到电网所辖区域的各项经济社会发展的具体活动之中，提供优质服务，实现企业的经济效益和社会效益的双赢。

四、注重科学管理企业专利

管理是一门学问，专利管理更是一门学问。电网企业专利管理应当结合企业自身特点科学、有效地管理，不断提高专利管理的能力和水平。

企业的运行与发展离不开科学的管理制度，专利作为电网企业重要的无形资产，更加不能缺少科学的管理。通过科学的专利管理手段，可以有效地整合企业专利资源，增强专利的经济价值。电网企业机构庞大，全球范围内存在多家子公司或分支机构，如果各机构不能有效整合专利资源，会造成专利资源的巨大浪费，有效地对企业的专利进行整合，能减少企业专利的管理成本，提高企业专利利用效率。电网企业应当在学习其他优秀企业先进的管理经验的基础上，树立适合企业生存发展实际的专利管理理念，强化专利管理出效益的意识。电网企业应当以科学的专利管理手段，计划、组织、协调和控制专利资源，实现专利的有效利用，最终实现电网企业的组织目标。

五、注重专利全球化战略布局

电网企业做大做强不可避免地会将触角延伸到世界各地，为需要电网服务的国家或地区提供相关产品和服务。此时，就要注重专利在全球范围的布局，为企业知识产权保护赢得主动权。

企业在全球的分、子公司专利管理历史沿革、发展状况差异较大，特别是企业管理方式、经营理念、企业文化等各有特点，因此全球领域的专利布局首先需要解决的是专利管理的冲突问题。企业要整合专利资源，加快专利管理的融合，形成全球专利管理统一的核心价值观，形成专利管理共同的价值追求，体现专利整合的价值优势。

在全球开展服务，为应对来自世界各国可能面临的专利侵权风险，电网企业应当在全球专利管理中特别注重专利的全球化战略布局，电网企业应当有专门负责企业知识产权管理的人员，负责对企业专利的申请、答复、谈判和诉讼等，通过全球化的专利布局，加强专利申请、技术研发和市场需求的契合度，提高专利申请的质量，形成严密高效的专利保护网，在增强公司抵御知识产权风险能力的同时，促进公司专利商业价值的实现。

六、注重培养高素质专利管理人员

企业专利管理活动由专利管理人员展开，专利管理人员的能力和水平直接决定了企业专利管理的效果，因此企业在专利管理工作中要更加注重专利高素质专利管理人员的培养。

电网企业的发展根本在于人的全面发展，提高员工参与创新工作的积极性，企业只有实现了人的全面发展，企业才能有长远的发展，才能实现最大利润，才能实现其组织目标。

电网企业技术专业性强，企业专利开发、运营、保护与管理工作要求专利管理人员有一定工科背景，了解相关技术，同时专利的管理还需要具备一定法律基础，所以专利管理人员一般要求理工科和法律复合型背景，既能灵活应对专利纠纷与诉讼，又能准确把握行业国内外技术与产品的发展动态。

为培养高素质的专利管理人才，电网企业应建立完善的人才培养机制，抓好专利管理人员的选拔、任命和考核，构建科学的培养体系，企业要充分利用内部资源和聘请外部讲师，为专利管理人员进行教育和培训，同时，企业也要以多种途径积极引进外部优秀人才，提升企业专利管理综合实力。

第二节 专利策划

完备科学的专利策划将有助于提升电网企业在市场经济中的竞争力。专利策划可以从策划的原则、策划的具体内容、关键业务领域以及策划的阶段四个维度来展开论述。

一、专利策划的原则

（一）策划效益原则

策划效益原则是指专利策划活动必须遵守策划效益大于策划成本的原则。由于专利的经济价值具有不稳定性，专利所产生的价值既有可能十分丰厚，也有可能效益很少，甚至有可能为企业带来负效应。譬如产品畅销时，产品的核心专利技术能为企业带来丰厚的效益，然而当产品不被市场所接受或已经退出市场时，其专利技术无法产生经济效益，却还需要缴纳专利年费，那么该专利就是一项负资产。所以，对于电网企业专利策划者而言，根据专利所能带来的经济效益，科学合理地对专利进行策划十分必要，专利策划者必须遵循策划效益原则，为电网企业创造收益。

（二）依法策划原则

依法策划原则是指专利策划必须根据相关法律依法策划。依法策划可以从两个层面来理解。一是专利策划要遵守一般性的法律法规，如刑法、民法、经济法、商法等，专利策划和一般策划的要求一样，不能违背一般性的法律；二是专利策划还不能违背知识产权法律法规，这是专利策划不同于一般策划的特点之一。与专利相关的法律法规数量庞大，体系也比较完备。在专利策划过程中，应当注意不违反一般性法规以及与知识产权相关的特定法规，特别是对于正在积极进行海外业务拓展的电网企业，专利管理的全过程都要遵守海外国家、地区相关法律法规以及国际公约的规定。

（三）系统策划原则

专利策划不只是在某一个特定的阶段才需要，还应当存在于企业的各个阶段。同时，专利策划构成了企业管理的一个重要组成部分，企业的专利策划必须服务于企业整体的发展，所以企业的专利策划应当贯穿企业的产品开发、市场营销、内部规章制度建设的各个过程。在研发阶段，专利策划至少包括在研发立项前以及研发过程中的专利检索、侵权规避设计、专利技术方案的评估、防范专利风险的预警机制等；在专利权的获取、维护、使用和保护阶段，专利策划应当包括权利的获取流程、检索流程和维护流程的制定和制度规定，使用过程中专利权的转让和许可，以及对专利价值的评估的规定。专利管理还应当包括出现专利侵权情况下的法律救济措施。

（四）遵循价值规律原则

市场经济中最重要的规律之一就是价值规律，专利的价值也离不开市场的评估。专利策划过程中应当遵守市场的价值规律，重视价值规律的引导。在专利权的转让、许可和质押的过程中，要根据市场合理评估专利权的价值，充分利用价值规律为专利权保驾护航。在对专利权进行价值评估的过程中，要合理分析各种影响价值的因素，通过科学的价值分析方法评估专利权的价值。在了解了专利权的价值规律后，通过恰当的方式促进专利权价值的保值增值，适当提高无形资产占总资产的比例，提升企业的竞争优势。

（五）功能策划原则

功能策划原则是指专利策划必须遵循保护专利权、促进科学技术进步和文化传播的原则。专利策划应当是一个对专利权人、对电网企业以及对整个社会技术创新都有利的过程，企业专利策划时要考虑到专利权人、企业和社会三者之间利益的平衡，处理好三者利益的冲突，专利管理应当以保护专利权人的合法权益，鼓励企业员工发明创造，积极推动发明创造的转化与应用，提高企业创新能力，促进科学技术进步和经济社会发展为目标。

二、专利策划具体内容

（一）专利策划

电网行业是技术密集型行业，其知识产权主要集中在专利这一领域，因而专利策划是电网企业知识产权策划中最核心的部分。从过程来看，专利的策划包括专利的获取、专利的维护、专利的运营等过程。

对于电网企业而言，专利策划中的一个重点在与标准有关的专利建设上。"三流企业卖苦力，二流企业卖产品，一流企业卖专利，超一流企业卖标准。"随着知识经济的发展，标准对企业的作用日益凸显。专利被纳入标准后，企业可以迅速地扩展市场，从而迅速盈利。将企业的专利纳入标准已成为当前各大企业提升竞争优势的重要手段。因为电网行业是基础行业而且与国计民生密切相关，企业的专利一旦纳入标准将极大地提升企业在电网行业的话语权，将极大地促进企业的发展。

电网企业在专利的策划中应当重视与技术标准相关的专利的管理。一种技术标准最初涉及的专利技术为数众多，但只有少量的专利最终能够纳入标准体系中成为标准必要专利，而标准必要专利是企业在遵循相关国家标准、行业标准或地方标准时必须应用到的专利技术。电网企业在标准必要专利的管理策划中，首先要积极参与各级标准的制定，使企业的技术能占领主导地位。其次，电网企业应当积极了解标准的动态，并积极参与到国家标准、行业标准、地方标准甚至是国际标准的制定过程中，把握市场发展的动向。

（二）商业秘密策划

商业秘密是重要的无形资产。一项技术成果采取商业秘密抑或是专利进行保护，是企业知识产权保护的重要战略。众所周知，可口可乐的产品配方一直作为商业秘密来保护。在130多年的时间里，全世界众多化学家和竞争者花费不少精力也没能解开可口可乐中占比不到1%的神秘配方，可口可乐对技术配方商业秘密保护堪称典范。随着信息化的发展，对关键技术措施进行商业秘密保护越来越引起重视。

技术成果用专利还是商业秘密保护，是基于企业对两种保护方式优劣的考量。很多时候一项技术成果是采取专利和商业秘密两种方式共同保护的，对于核心的专利技术，企业往往选择通过商业秘密来保护，电网企业在保护技术成果时也要灵活运用这两种保护方式。

商业秘密是企业发展的根基，电网企业对商业秘密应当采取严密的保护措施，使商业秘密能得到多重保护。一是捆绑销售。企业研发的技术最好是通过与硬件捆绑销售，减少技术被轻易破解的风险。二是交叉保护。通过对技术成果采取专利和商业秘密交叉保护的形式，对那些较容易通过观察就能侵权的通过申请专利保护，对那些难以通过反向工程看到的成果，可采取技术秘密进行保护。三是项目分解。在产品开发时，可以将项目分解，一个项目可以由多个项目组共同完成，这样全部的技术信息就不容易被单个人知道，有利于对商业秘密的保护。

三、专利策划关键业务领域

《国家知识产权战略纲要》第四条规定："实施国家知识产权战略，大力提升知识产权创造、运用、保护和管理能力，有利于增强我国自主创新能力，建设创新型国家；有利于完善社会主义市场经济体制，规范市场秩序和建立诚信社会；有利于增强我国企业市场竞争力和提高国家核心竞争力；有利于扩大对外开放，实现互利共赢。必须把知识产权战略作为国家重要战略，切实加强知识产权工作。"在对纲要的介绍中，时任国家知识产权局局长的田力普指出：知识产权战略的指导思想是"激励创造、有效运用、依法保护、科学管理"的十六字方针。[1]结合《国家知识产权战略纲要》及其介绍，电

---

[1] 田力普："全面贯彻实施国家知识产权战略纲要"，载《中国发明与专利》2008年第7期。

网企业的专利管理在策划过程中重点也应当放在专利的创造、运用、保护和管理四个重点领域。

（一）专利的创造

电网企业技术的特点是智力密集和知识密集，每一项科研成果的实现，都必须投入大量的人力和财力，且伴随高风险和高收益，一般都是在科研成果的基础上再在工程建设中将成果商品化真正成为一项技术。因此很多电网企业也往往成为新技术产业发展的开拓者，这就意味着研发阶段的专利管理对电网企业是至关重要的，也就是说专利的创造是企业专利管理工作中最为基础的工作。

专利的创造管理包括两个层次：一是对技术创造活动的引导，通过各种激励机制促进员工的创新；二是对创新性成果进行筛选，确定属于能以专利权保护的客体。通过对创造活动的事前和事后两个层次的管理，最大限度地保护专利的创造，为专利管理的后续活动奠定基础。

（二）专利的运用

专利的运用是对企业已有的专利进行利用并创造价值的过程。企业对专利的运用除了企业自己使用专利创造价值外，还包括通过许可、转让他人使用，以及将专利权作为一项无形资产进行投融资。专利运用的目的就是为企业提供信息，创造价值。专利得到有效利用，就会为企业带来巨大的价值，市场潜力巨大。

电网企业专利的运用同样是企业专利策划的重要业务，对专利的运用能力直接决定了电网企业专利权的价值。电网企业在专利运用过程中应当重点关注专利信息的调查、获取、分析和利用，对专利权利用途径进行比较，判断专利权价值取得最大化的情形，通过选择合适的专利运用途径实现专利的价值。

（三）专利的保护

电网企业在拥有专利权这一无形资产后，除了要合理运用专利权获得效益外，还应当在专利权被侵犯时通过恰当的方式进行保护。专利权作为一种私权，在权利被侵害的时候可以通过自力救济，也可以通过法律所规定的公力救济的形式进行保护。电网企业的专利管理部门应当根据专利被侵犯的各类情形，建立一套专利保护制度，最大化保护企业专利权。电网企业专利保护要把握两个维度，一是主动出击，加强专利保护；二是被动防御，应对专利诉讼风险。主动出击主要方式是积极申请专利，通过检索等多种方式考察专利是否被侵权，侵权出现时要主动寻求保护；被动防御是通过设计专利预警机制和规避制度，最大限度地降低专利诉讼的风险。

（四）专利的管理

专利管理是企业管理活动的一个重要方面。企业知识产权管理是对企业的知识产权创造、运用、保护等活动的统筹、计划、组织、控制和反馈，是基于企业商业目标而对知识产权进行规范的专业活动。[1]专利管理在对企业专利的各项工作进行管理的同时，也存在对专利管理自身的策划。

企业专利管理的基础是知识产权制度的建设。电网企业应当根据知识产权保护管理相关内容的要求，制定本企业各项专利保护管理规章制度，使电网专利管理工作有章可循。

在开展专利保护管理工作过程中，不仅应通过市场调研、研发、培训和维护增加对企业与知识产权相关的经营活动的资金投入，同时还要减少各种不必要或盲目的投入，使有限的资源能够发挥最大的经济效益，提升企业知识产权的运营水平。

四、企业专利策划的阶段

专利策划是一个从无到有、从小到大动态的过程。电网企业专利策划应当遵循各个阶段专利技术的特点，在专利方针和目标指引下，树立循序渐进的阶段性思维对不同专利管理的阶段进行个性化的策划。

（一）导入阶段

在导入阶段，电网企业的主要任务是通过宣传和培训，使企业形成知识产权保护的意识，使企业的管理人员能在专利方针的指导下管理企业的专利事务。导入阶段是专利建设的初始阶段，要为专利工作的展开创造硬件条件，譬如建立起具有良好硬件基础的专利管理操作平台，为专利策划建立纲领性制度和基本操作流程，同时专利策划工作的软件条件也要做好准备。电网应

---

[1] 曾德国：《知识产权管理》，知识产权出版社2012年版，第54页。

当重视对专利人才的培养以及团队的建设,并成立专利策划机构。要为专利积累做准备工作,通过申请专利进行专利权利初始积累。同时应当认识到电网的知识产权是以专利为核心的,企业应当将更多资金投入到专利的研发和申请中。

(二)成长阶段

当专利策划阶段进入到成长阶段时,说明企业专利工作已经步入正轨。此时,企业还应当继续加强专利基础知识培训,提升企业知识产权保护意识。同时企业还应当重点对员工进行专利专业技能的培训。员工专利技能的提升可以为企业开展知识产权活动奠定基础,企业专利的申请量会迅速提升。

在专利策划的成长期,电网企业应加强专利管理人员的管理工作,如研发过程中的专利检索和专利文献的阅读以及专利的分析,专利申请过程中专利申请书的撰写、专利的审查,专利申请获权后对权利的维护工作,等等,这些过程都与专利密切相关。成长期是企业专利意识形成的重要时期,此阶段专利管理的最主要目标是使专利管理工作进入常态化。

(三)成熟阶段

专利管理经过导入期和成长期两个阶段后就会进入成熟期。此时企业已经完成对知识产权的一定积累,并且企业专利的产出数量也相对稳定,员工专利管理能力趋于成熟。成熟期应重点关注企业专利方面的人才,防止人才的流失,把握形成企业知识产权文化的重要时期。

成熟阶段企业专利管理在各方面趋于完善,此时电网企业要注意对已经形成的专利管理方针政策和规章制度进行总结和固化,形成企业的共识。成熟阶段知识产权管理的流程应当做到:例外事项例行化,例行事项流程化,流程事项标准化,标准事项 IT 化。[①]成熟阶段对专利管理制度和流程的固化是对前期专利管理活动的总结,具有一定的科学性。企业今后的专利管理都可以根据该固定化的制度和流程走,节约人力物力。

(四)整合阶段

整合阶段是对企业所拥有的全部知识产权进行整理,形成完整的知

---

① 曾德国:《知识产权管理》,知识产权出版社 2012 年版,第 61 页。

识产权链，专利储备已经较为强大，在防范侵权和主动进攻方面粗具实力的时期。整合阶段专利内部管理已经较为完善，此时，企业应开始做好专利外部运营的准备。因此企业除整合内部专利资源外，还应当重点关注影响企业专利运营的因素，了解与技术有关的市场环境，对影响专利运营的因素进行整合，并进一步优化专利管理的流程，为专利运营做好准备。

（五）运营阶段

当专利策划进入运营阶段时，企业专利已经成为企业经营活动的一部分，专利效益开始展现。该阶段专利管理部门的主要任务就是在整合知识产权资源的基础上选取专利进行运营。专利运营的方式有很多种，除了企业自身使用外，可以通过许可或转让给他人使用，以及通过进行专利投融资等形式，为企业创造收益。专利运营的效果是专利管理效果最直观的展现，运营是为企业创造巨大利润的重要途径，因而专利运营阶段是电网企业应当重点关注的阶段。

第三节　专利目标

电网企业追求的愿景是要建设成为一个经营型、服务型、一体化、现代化的国内领先、国际知名企业。在做好有形资产运作的同时，也应重视专利资产运作。电网企业专利策划的最重要任务就是开发电网企业专利权益，挖掘专利权所蕴含的巨大商业价值，以达成策划的目标。

电网企业的专利目标应当体现其专利方针的精神，以服务于电网发展的总目标为宗旨。目标横向上应当尽可能定量化，如果无法定量，至少要保证明确定性；纵向上专利工作的目标最好分解到各个部门，制订各部门具体的工作计划。制订具体的专利目标将有助于企业迈上快速发展的轨道，提升企业的竞争优势。

电网专利目标制订的总体原则是鼓励创新、研发和新技术应用，同时也要完善管理体系。专利目标的实现应当发挥各部门协同作战、共同促进，不能局限于一个或一些业务部门。一般来说一项专利技术的应用与推广，涉及专利研发部门的规划与研发以及生产部门的生产、市场部门的营销等，整个目标的实现跨越了多个部门,需要各部门的共同支撑,所以,电网企业要注重集成创新,科学管理专利。在于外部合作研究时,要认识到"国际化"不仅是"走出去",也包括"引进来",通过与外部的项目合作实现与国际接轨。

在坚持电网总体的战略目标和专利方针下,电网企业应当坚持以下专利目标,以提升电网专利的价值,进而增强自身的竞争优势。

(一)鼓励科技创新,提升创新效益

电网行业是专利密集型行业,只有加强专利建设,电网企业才能取得持续性的发展。加强专利建设,首先就是要鼓励科技创新,促进专利运用。对于短期内无法拥有的核心专利,电网企业可通过引进、消化、吸收、再创新的模式,开发出一批围绕原核心专利的应用技术专利、组合专利、外围专利,实施核心专利的"包围"工作。[1]形成对核心专利的包围网之后,企业可以通过交叉许可的方式,实现对核心专利的使用。这种包围式的策略其实就是考虑到投入与产出比,合理利用现有资金,促进专利效用的最大化。当然电网企业应当以开发核心专利技术为目标,占据核心专利所创制的指导地位。电网企业在加大科技创新时,要有全局眼光,分析和把握市场动向,有效利用资金,不使用的专利可以许可他人使用,促进专利的流动和扩散,通过专利的有效运营为企业保值增值。

(二)推动专利成果转化

技术专利的创新只有转化为成果后才能为电网企业带来经济效益,因此企业在强调专利的数量时,更应当注重专利本身的质量,质量高的专利才有可能为企业带来经济效益。因此现代企业不能一味强调专利申请的数量而忽视了专利的质量,电网企业为推进企业专利成果转化首要的就是提高专利申请的质量。

推动专利成果的转化离不开企业对专利管理工作的鼓励和支持,电网企业应当始终坚持鼓励创新,建立对企业员工的创新激励制度。科技成果转化生产后,按照《专利法》《促进科技成果转化法》等相关法律法规的规定,在税后净利润中提取一定比例,奖励成果完成人,尽可能地激发员工创新潜力,推动技术成果专利化。电网企业还应当明确专利权的归属,区分专利权

---

[1] 莫青、张启明:"电网科技知识产权战略思考",载《国家电网》2012年第12期,第92~93页。

归个人所有或企业所有的情形，避免出现因归属不明引起争端的情况发生。通过一系列制度安排，鼓励员工积极申请专利，提升企业在知识产权领域的影响力和竞争优势。

（三）推动专利技术向标准转化

企业在加速科技成果产业化的同时，还应当重视技术的标准化转化。企业应当注重专利创新，把握专利领域的话语权，积极参与到标准的制定中，争取将企业内部的标准上升为行业标准、国家标准乃至国际标准。纳入标准后企业的相关技术就会在更大范围内被使用，为企业带来丰厚利益。通过将专利与标准相结合，将专利纳入标准中，形成标准必要专利，目前已成为各大企业进入和扩大市场的重要砝码。电网行业作为技术密集型产业，其专利技术的标准化显得尤为重要，专利被纳入标准将有利于其市场的进一步拓展。电网企业应当积极参与国家标准、行业标准的制定，积极参加各类与电网有关的行业协会和学术科研会议，积极推进企业的专利被纳入到标准中。

电网企业可着力关注特高压输电、智能电网、大电网安全稳定、新能源新材料等领域众多国际标准正在逐步形成的契机，争取政府政策支持，力争成为标准制定发起人，全面参与作为国际标准基础的国家标准的制定，将企业拥有专利的技术纳入技术标准，推动企业标准的国际化步伐。[1]

（四）专利国际化发展

电网企业是国内率先实现"引进来"和"走出去"的电网。在"引进来"和"走出去"的国际化发展过程中，必然会面临专利权的侵权与保护问题。

注重专利的国际化发展，一是要在电网企业的优势领域申请一定的国外专利，提升自身在国际技术领域的话语权，为电网企业在海外拓展市场赢得先机；二是要重视国际专利运营，通过国际市场推动电网企业专利的开发和利用。电网企业在国内市场占据一定份额后，目前应当放眼国际市场，加强与其他国家电网业方面的合作，积极在全球开展重点领域专利布局，为我国电网企业国际化发挥重要作用。

---

[1] 杨芳："让知识产权迈出国门"，载《国家电网》2011年第8期。

（五）不断强化电网企业专利信息资源的分析利用

专利强调创新性，因此在技术研发的过程中，对相关专利的信息收集和检索是一项基础性的重要工作。专利策划有一个重要目的，就是通过包括科研指导信息监测、专利申请信息监测、专利运营信息监测、专利维权监测等多方面的渠道对专利信息进行收集、整理并加以分析，以确定与专利保护相关的法律状态。专利检索的重要意义在于通过专利技术情报收集与分析工作，挖掘相关行业产品需求，准确判断竞争对手的研发能力及研发趋势，充分利用专利文献的指引作用，使技术研发与市场需求相一致，占领更多的细分市场。①

据世界知识产权组织的调查证明，充分利用专利文献可以缩短60%的科研周期，节约40%的科研经费。②充分利用专利信息的检索，一是可以防止侵犯他人的专利技术，二是可以对已经失效的专利免费使用。电网企业应当联合相关单位，整合原"全国电网文献服务网"，从专利战略的高度，构建协作网络，开展电网专利信息的开发和应用的建设，深入开展推动电网专利信息服务模式研究，使之成为推动电网行业技术创新的重要支撑。当然电网企业还要加强自身专利检索系统和专利数据库的建设，提高企业内部专利检索的效率。

（六）积极开展重点领域专利布局

对于电网企业而言，应当始终强调对重点领域专利布局，对基础性、重点性领域的专利加大资金投入，始终坚持重点领域专利的研究与开发。在技术发展前期加大装置和原理的原始创新专利申请，在技术发展中期重视产品构件和测试专利申请，在工程实施阶段挖掘工程配套专利的申请。③为不断巩固重要电网科技产业的市场竞争优势，电网企业应当构建一个以重点领域专利为核心，其他专利为外围的完善专利网络。不容忽视的是，电网行业是与国计民生密切相关的基础性行业，专利的标准化将为企业的发展带来极大的经济效益，电网企业应当重视推动专利纳入各级标准中。

---

① 张之川："电网企业知识产权保护分析"，载《吉林电网》2015年第5期，第32页。
② 李蔚君、王秀亭："电网专利信息开发利用的服务模式探讨"，载《中国电业》（技术版）2012年第2期。
③ 莫青、张启明："电网科技知识产权战略思考"，载《国家电网》2012年第12期，第92~93页。

电网企业的专利管理人员需要根据对现有标准政策的分析，预测将来可能被纳入到电网标准中的技术，并将这些技术分解为专利项目，产出尽量多的专利，并尽可能地推动这些专利成为标准。[1]这是使企业的专利尽可能多地出现在标准中的方法，通过此种方法，可以实现对标准化专利的合理布局。

（七）强化专利运营以提高专利运用能力

国外跨国企业知识产权战略的实施表明，企业以专利为主的知识产权的生产不是目的，产品和技术的创新也不是目的，只有当知识产权能够为企业带来实际利润的时候，知识产权才是有用的资源。[2]现今对专利的运营也是为企业知识产权增值的重要部分，电网企业应通过对专利的价值进行合理的评估，通过一系列手段使专利权保值增值，提高专利的运用能力。

电网企业应当分析并归类自身所有的专利进行技术，制作出企业的"专利网"，根据专利分布情况坚持核心专利的开发与研究，同时开展外围专利的研发工作，通过主动地专利布局形成自身对于电网产业的专利壁垒。形成完善的"专利网"后，电网企业应当尝试对自身所拥有的专利权进行无形资产运营，企业应当对企业产品中不再应用的专利技术进行转让或有偿许可，通过收取专利许可费的形式，实现企业利润的最大化；对涉及他人侵犯专利权的应积极行使诉讼权利，维护企业利益。

第四节 专利管理机构

为促进电网企业自主创新，规范电网企业专利行为，必须通过有效的计划、组织、指挥、协调和控制对专利有效地实施管理，促进企业形成自主知识产权，推动并强化对专利的有效研发与保护。实现上述目标需要一套成熟的且符合本企业情况的专利管理机构。

---

[1] 韩建伟、梁丽超："电网行业专利布局及专利产出的一些思考"，载《中华全国专利代理人协会·2013年中华全国专利代理人协会年会暨第四届知识产权论坛论文汇编第四部分》2013年第6期，第1页。

[2] 罗建华、翁建兴："论我国企业知识产权战略管理体系的构建"，载《长沙交通学院学报》2005年第2期，第92页。

企业过去不重视专利的管理，导致很少设置专门的专利管理机构并配备专门的专利管理人员。企业一般会将涉及的专利事务交由法务部或技术部代为处理，如广州供电局目前的专利管理工作主要由科技部的科技管理人员进行兼管。然而无论是交给传统的法务部门抑或是技术部门处理都会存在一定困难，传统的法务部一般难以处理好涉及技术的专利事务，而单纯处理技术的技术部在管理专利相关问题时，又会因为法律知识的欠缺而存在不足。因此专利管理如果只是依靠传统的手段不能达到专利利用的价值最大化，不利于电网企业知识产权的保护。

专利管理机构是电网企业为有效管理、保护和运营专利资源而建立的管理平台，是电网企业顺利开展专利管理工作的组织保障。现在企业的竞争逐步转变为专利等无形资产价值的竞争，为使企业在市场经济竞争中处于技术领先地位，以先进的技术带动企业发展，在组织架构上电网企业应建立健全专利管理机构。企业专利管理机构的设置并不是彰显荣誉的事情，而是企业市场竞争的需要。在确定专利管理机构时，应当明确两方面：一是专利管理机构在企业组织机构中的地位，二是专利管理机构的内部组织设计。

一、电网专利管理类型

随着专利管理的作用和地位逐步引起重视，很多企业都设立了专门的专利管理部门。在设置企业专利管理机构时，首先就要明确企业专利管理机构在企业组织架构中所处的地位，确定其职责和权限，进而高效、科学地管理企业专利工作。

依据知识产权部门在整个企业管理事务中的地位，可以将知识产权管理机构分为几种类型。[1]专利管理机构也是如此。

（一）直属企业总部型

直属企业总部型指专利管理部门直接隶属企业总部的情形。这种模式就是企业专利机构在最高管理者的直接领导下开展专利管理的工作，负责管理整个企业的专利事务，专利管理工作应当向最高领导者负责。譬如贵州电网的专利管理模式就属于这一类型。

---

[1] 朱雪忠：《企业知识产权管理》，知识产权出版社 2008 年版，第 24～29 页。

第三章　专利管理职责

这种情况下的专利管理机构是企业技术部门和经营部门工作的一个支撑，与企业的研发部门、法务部门、营销部门共同构成同级组织管理机构。在这种模式中，专利管理部门是一个独立的管理部门，它与企业的技术部门和法务部门等共同发挥作用。在技术研发的过程中，专利管理部门对研发人员需要进行必要的专利知识指导，比如，如何避免他人的专利限制，为研发人员提供专利检索的信息，处理专利纠纷等。在专利申请相关法律实务中，专利部门会在法务部的协助下完成相关事项。

这种模式中，专利管理机构处于企业组织架构中较高层级，由企业总部直接领导，便于专利管理人员与企业总部的专利信息传达和事务沟通，充分发挥专利管理人员在专业管理方面的突出作用。然而这种模式中由于专利部门和研发部门以及法务部门不存在隶属关系，不

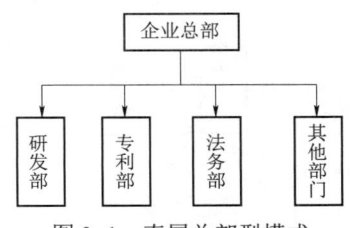

图 3-1　直属总部型模式

利于企业专利管理人员与技术研发部门和法务部门的沟通，不利于直接指导企业的技术研发，不利于研发成果的及时保护。

（二）隶属企业法务部门型

该类型将专利管理部门设置为隶属于法务部门的一个相对独立的下属机构，专门负责企业专利管理有关的工作事项，同时要与企业的相关部门进行协调。

这种隶属于企业法务部门的模式有利于企业专利的申请、维护和保护，能够在有效利用法务人员，在法务人员的帮助下审核与专利相关的合同，防止侵犯他人专利权，维护专利权，在发生专利侵权纠纷时，能及时地进行处理。这种模式的缺点是由于与企业研发部门的交流不紧密，不利于指导企业的技术研发，专利管理人员在企业重大决策中

图 3-2　隶属企业法务部门模式

的话语权也不大。

（三）隶属企业研发部门型

该类型中专利管理部门隶属于企业研发部门，企业研发的专利管理作用

得到提升。专利管理部门还可以与法务部、营销部等部门协商沟通解决相关知识产权的问题。

该模式有利于企业的技术研发与专利管理密切结合,使企业专利管理指导企业的技术研发,促进科研成果向专利的转化,从而有利于提升企业的竞争优势。然而,这种模式一是由于不是直接隶属总部,会导致不利于专利管理人员与总公司总部领导者的沟通和专利管理工作情况的汇报,不利于专利管理机构参与企业战略的制定;二是和法务部门联系不够紧密,对法律事务的处理会存在一定妨碍。

企业中知识产权管理机构设置主要是以上三种模式。经过上述分析可知,以上三种模式各有利弊。电网企业应当采用哪种模式,需要结合企业的具体情况、行业特点进行分析和考量。

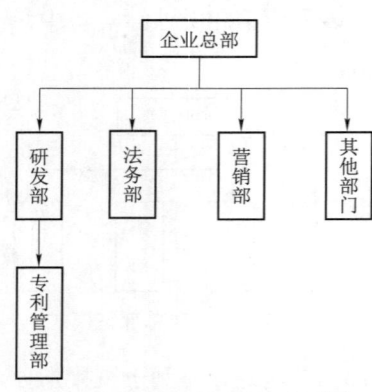

图3-3 隶属企业研发部门模式

二、电网企业专利管理的内部结构

上述对于电网企业存在的三种专利管理类型的分析,是知识产权管理机构的外部考察,另外,有必要对电网企业专利管理机构的内部结构进行分析,从而确定电网企业应当在内部采取何种结构。专利管理的内部组织机构是指企业员工为实现企业目标而进行分工协作所形成的结构体系,它的目的就是发出指令协调企业员工的行动以实现企业的目标。[①]一般情况下,可以根据电网企业专利管理机构的内部结构的不同分为集中管理模式、分散管理模式以及行列管理式三种管理模式。

(一)集中管理模式

集中管理模式是指由企业专利管理部门内部机构管理企业全部与专利相关的事务,专利管理总部门统筹负责,内部执行统一的专利政策制度。集中管理式结构也被称为直线形结构,这种结构的架构一般由管理层和执行层构成,一般是在企业专利最高管理层下设若干下一级的管理层,各个

[①] 格里芬、摩海德、唐宁玉:《组织行为学》,北京:中国市场出版社2010年版,第381页。

管理层下又设若干执行层，总体上呈现一种自上而下的金字塔形结构，每层均从事综合性的专利管理工作。[①]集中管理模式一般大型企业集团采用，企业的专利部对企业的所有有关专利的事务进行统一集中的管理，企业的专利管理机构遵照企业的总体战略和总的工作方针和目标进行运作，开展专利管理工作。

这种集中式的管理模式的优点是机构简单、权责分明，便于专利管理人员直接和最高管理者传达事项。缺点是不利于专利管理机构与研发部门的沟通，不利于企业研发的产品向专利权的转化。

（二）分散管理模式

分散管理模式就是专利管理总部统一将内部事务授权其下属机构进行管理的一种体制。这种管理模式一般是需要结合企业的其他部门共同完成对企业的专利管理。一般情况下，专利本部需要与事业部、研发部门的下属机构共同组成一个专利管理机构。

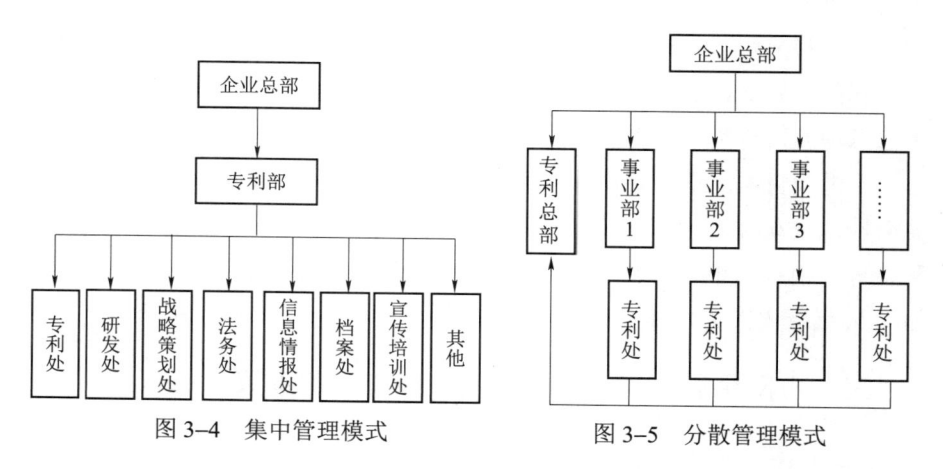

图 3-4　集中管理模式　　　　图 3-5　分散管理模式

分散的管理模式的特点是各个事业部均在企业总部的统一授权下，管理本部门的专利事务，各事业部分别设有单独的专利部门管理专利事务。事业部一般按产品来分，每个事业部都拥有充分的自主权。

---

① 张涛："企业知识产权管理体系的组织设计要素及原则"，载《现代管理科学》2007 年第 2 期，第 54~56 页。

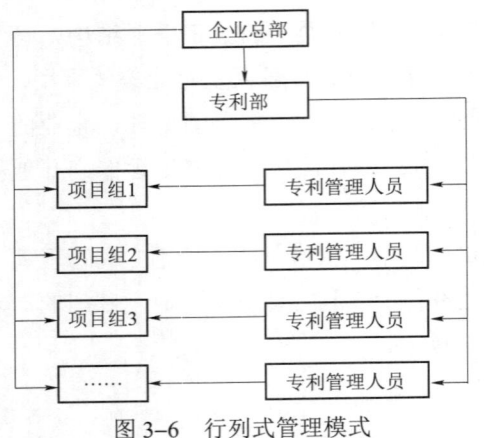

图 3-6　行列式管理模式

分散管理式的优点是各事业部根据产品特性控制专利申请件数，决定专利工作的预算，取得专利权后，相关专利事务则由专利管理总部统一管理。缺点是由于各事业部各自为政，缺乏横向沟通与交流，容易造成技术的重复研究，浪费企业科技资源。①

（三）行列式管理模式

行列式管理模式指的是专利管理机构依照技术类别和产品类别等行业来划分专利管理的内部机构，根据行业的不同而适用不同的专利管理制度的模式，又被称为矩阵式模型。它将以职能为中心的直线形组织与以项目或产品为中心的横向直线形组织实行交汇，形成矩阵形结构，打破了"一个人只能有一个上级"的传统组织原则。②在进行产品开发的时候，企业的研发部门、专利部门、销售部门等会抽调部分员工组成一个项目组，该项目接受多个部门的领导，这种模式加强了各部门之间的横向协作与配合，能有效促进信息沟通，有利于提高工作效率。矩阵式的管理模式的项目组以产品为核心，通过项目组的跟踪管理，能确保企业知识产权管理的及时性、严密性和灵活性，推动技术创新活动的开展。③不过由于每个项目组都包含研发、专利管理、销售、市场分析等方面的专业人员，使企业对工作人员的需求增加，从而造成人力成本的增加。

三、电网企业专利管理机构的选择与相关建议

（一）建立并完善电网企业专利管理机构

企业专利管理机构是电网企业专利策划与实施的基础，也是企业专利制度得以实施的载体和平台。企业专利管理机构的设置，须与企业产业特点及

---

① 姜军伟：《高新技术企业知识产权管理体系构建研究》，江苏科技大学 2013 年硕士学位论文。
② 杨胜：“论企业知识产权管理组织结构模式及选择”，载《改革与战略》2007 年第 7 期。
③ 邱晓燕、张杰军：“创新型企业知识产权管理的现状、问题及对策——基于部分创新型企业的案例分析”，载《中国科技论坛》2011 年第 4 期。

企业规模相协调，根据企业专利管理的总目标，把企业专利管理的各要素配置在合适的位置上，形成相对稳定和科学的知识产权管理体系。

企业专利策划与实施的前提条件就是建立一个功能完善的专利管理机构，为企业专利管理提供组织保障。结合电网企业的专利管理实际情况，借鉴国内外相关管理经验，专利管理角色应处于企业管理层核心位置之中，与技术管理部门、市场经营部门密切联系，加强专利管理部门与企业总部的联系，也就是说目前电网可以采取直属企业总部型的管理模式。而对于专利的内部管理模式的设计上，为加强专利管理部门在项目开发时与其他事务部门的联系，可以采取矩阵式的管理模式。

当然为了加强专利管理，电网企业还可以考虑在条件成熟时组建专利委员会。这可以支撑企业对研发成果进行技术评价、战略谋划和布局规划，指导企业进行研发成果保护、重要领域专利布局、专利自主产业化和资本化选择等。[①] 专利管理机构要配备专门的专利管理人员，包括技术、法律、管理和营销人员等，对企业内部自身的经济、技术和经营状况等多方面进行综合分析，同时还要放眼外部，通过专利信息检索等多种途径，追踪最新专利法律发展动态，结合企业实际提供电网行业专利分析报告和法律风险警示，建立一套完备的专利保护制度和程序，使得企业对专利的保护制度化。

（二）电网企业专利管理机构的主要工作任务

企业专利管理机构的主要任务：第一，对企业专利权归属的认定和管理。明确电网企业专利权的归属可以减少由于归属不明而产生的争端；第二，制定对企业专利权的使用和保护制度，这是专利管理的基本任务；第三，对企业专利纠纷以及诉讼的处理。当出现专利侵权或被侵权情形时，专利管理机构如何有效应对；第四，制定对员工发明创造的激励和奖励制度。员工的发明创造离不开企业的物质和精神奖励；第五，对企业员工进行专利知识的教育和培训，企业员工的知识产权保护意识可能会存在偏差或不足，企业应当提供各种形式的教育和指导引导员工养成知识产权保护的意识。做好以上五点要求，电网企业对专利管理与运营水平将能得到极大提高。

---

① 莫青、张启明："电网科技知识产权战略思考"，载《国家电网》2012年第12期，第92页。

（三）专利管理人员绩效考核方法

专利管理人员绩效考核结果是电网企业对专利管理人员薪酬、年度调薪、职务晋升、岗位调整、续聘的直接依据。为了促进相应专利管理人员工作能力和专业技能水平提升，充分调动专利管理人员的工作积极性，提高其工作效率和质量，对专利管理人员进行绩效考核显得非常必要。

企业专利管理人员可按工作态度、工作能力以及工作业绩三方面进行考核。

（1）工作态度考核，包含对其对专利工作的认真程度、执行程度、服务态度和考勤等是否达到要求进行考核。

（2）工作能力考核，包含担当职务所需的专利知识能力、业务能力、学习能力等考核。工作能力考核主要考核可以根据业务重点划分为技术、市场运营、管理和法律几个方面内容，具体而言，偏技术领域主要包括专利技术的开发、申请和维持以及是否为职务发明的审查；偏市场运营的领域主要包括专利价值的评估以及专利资产以转让、许可和投融资形式的运营；偏管理领域的主要包括企业专利技术档案管理和专利技术相关人员活动的管理规范；偏法律事务方面的主要包括专利权的保护以及处理专利侵权和诉讼的相关事项。

（3）工作业绩考核，可通过工作目标完成情况、工作效率和工作质量的情况，对本职工作、上级交办的其他工作的完成情况进行考核等。

专利管理人员绩效考核可采用预考核和终考核相结合的方式，通常而言，采用季度预考核和年度终考核的方式。考核可采用自评结合上级领导评议方法，最后由知识产权部门高管进行最终评审。为保持公司专利管理队伍的稳定性，原则上应该当对员工进行正向激励，对考核结果不理想的专利管理人员要加强教育和引导，促进其下一阶段顺利并积极开展各项工作。

第四章

专利信息分析

专利信息是指以专利文献作为主要内容或以专利文献为依据，经分解、加工、标引、统计、分析、整合和转化等信息化手段处理，并通过各种信息化方式传播而形成与专利有关的各种信息的总称。[①]主要可以分为法律信息、经济信息、技术信息、著录信息和战略信息。当前世界上的发明创造，大多数是通过专利信息快速地传播开来的。专利信息中包含的内容经过世代的累积成为人类进行发明创造的宝贵财产。根据世界知识产权组织调查，通过有效运用专利信息，可平均缩短研发时间 60%，节省研发费用 40%，在世界研发平均产出中，与其他活动相比，专利的经济价值超过 90%。[②]在知识经济时代，企业研发人员充分运用专利信息文件，可以借鉴前人研发成果，了解某些领域的技术发展水平，提高研发效率，确定企业未来的发展战略方向。同时也能有效规避侵犯他人在先取得的知识产权，降低企业在市场竞争中面临的风险。研发方向参考、寻找合作对象、寻找科研人才、发现竞争对手等内容都可以通过专利信息查询，它已成为企业自主创新过程中一个重要的知识宝藏。深入挖掘专利信息，充分利用专利信息中的内容，是为了成为创新型企业取得竞争优势的重要保证。

专利不仅包括了技术的信息，也能直接反映企业的研发创新活动成果，作为必须向公众透露的信息内容，专利技术的申请量、授权量反映出不同企业、区域技术研发创新活动活跃程度。[③]同时，对企业拥有专利进行分析，

[①] 黄贵宁、梁友珍："专利信息在企业发展中的作用"，载《中国科技资源导刊》2009 年第 3 期。

[②] 云洁、王健："浅谈专利信息分析在企业技术创新中的重要作用"，载《中国科技信息》2011 年第 4 期。

[③] 高欣："电力行业专利合作网络及结构演化研究"，华南理工大学 2015 年硕士学位论文。

挖掘行业核心技术，了解企业创新活动的技术领域，专利中包含的技术信息能够为企业专利保护提供法律依据，同时为专利运营提供基础，进而为行业专利技术发展提供建设性的指导意见。

专利信息分析需要具有多学科背景专业技能的人组成团队一起完成。包括技术研发人员、掌握专利法律人员、熟悉行业和市场状况的人员。通过对行业技术现状、特定技术发展历史、相关竞争对手技术动态等信息进行采集，借助一定的工具方法进行深入与全面的分析，根据分析目的选取合适的专利信息分析项目，从中提炼出相关技术的法律信息、技术信息、投资动态、发展趋向等，进而对专利技术发展规律趋势进行研究。

专利信息在企业中的具体用途主要体现如下。第一，专利分析可以追踪技术的发展轨迹和未来趋势，从不同方面了解企业的技术创新活动以及研发产出、专利量、技术发展水平及其相关产业和技术领域的整体状况、发展趋势、行业技术创新热点及专利保护特征。第二，专利分析可以展现竞争态势，可以表现出竞争对手在不同地域或国家的市场活动，了解竞争对手的技术实力及专利布局情况。通过对现有专利的权利要求点进行分析，了解该项技术的权利空白点与技术创新点，进行新技术的二次开发，研发时还可不断调整技术研发的方向，以避开他人的专利地雷，尽快研发出优于现有技术产品的创新产品，尽早抢占市场先机，建构企业完整的知识产权战略。第三，专利分析可以追踪技术发展路径，了解企业的技术创新活动以及研发产出、专利拥有量、技术发展水平及其在国际技术与经济竞争中的地位。第四，通过了解竞争对手和合作伙伴的研发方向，以及竞争对手在不同地域不同国家的市场经营活动，专利分布、市场占有份额和技术水平，可以展开企业、地区间的交流与合作，以生产合作的方式，减少相互之间的专利纠纷。通过对现有专利的权利要求点进行分析，可以寻找该项技术的权利空白点，研发时还可不断调整技术研发的方向，规避有效的专利，尽早发现本项目可利用的现有技术，通过对现有技术的有效利用，确定最佳的知识产权战略。

专利检索是整个专利信息分析的第一步，也是基础步骤，检索的质量直接影响后面信息分析的进行和结论的客观性和使用价值。[①]错检或漏检将会对认识产业现状产生错误认识，导致企业在制定发展战略时出现错误。第二步是

---

① 陈旭、彭智勇、刘斌："专利检索与分析研究综述"，载《武汉大学学报》2014 年第 3 期。

对检索得到的结果进行数据清洗和整理,这是专利信息分析中的重要步骤。首先是除杂,即去掉不相关专利,接下来通过数据清洗对检索式进行重新调整,检索后再对所得的数据进行整理。这样可以获得全球专利申请/授权量、PCT 申请量、本产业国际上领先的竞争者等信息。

根据专利的申请分布情况,可以看出相关技术的总体发展历程,包括专利逐年申请总量以及 PCT 申请数量变化情况。对于技术成熟程度的判断,除单纯考虑申请数量外,还可以综合考虑每年的申请人数量,结合竞争者对产业前景的预期考量因素,可以更好地预测技术发展趋势。

分区域动态控制专利分析也是产业专利信息分析中的重要部分,包括国家间对比和国内省市区域间对比。[1]以图为例,可以确定全球专利申请年代分布、全球专利申请国家和地区分布、全球专利申请人排名、专利法律状态等。通过对分区域动态控制的专利技术的整理,可以对相关领域的审查起到一定的促进作用。通过对专利申请人和专利权人的分析可以得出世界和国内在本产业上领先的竞争者,了解拥有先进技术的国家、地区以及权利人。如果以产业扶持为目的,应该厘清在国内本行业中拥有比较好的专利基础的创新企业,应当具有一定的专利量,才可以获得财政扶持。确定重点专利权人、专利申请人不能仅根据申请数量,还要结合拥有的专利的被引证次数,以及手工标引的特定分类,申请文件的撰写质量等指标综合考量。[2]同时通过搭建产学研平台,推动产业升级,促进行业技术快速发展。

专利信息分析在企业技术创新中,第一是可以应用专利分析了解竞争对手的发展动向。通过将收集到的行业全部的专利信息,对本企业的主要竞争对手进行了解,评估主要竞争对手的研发重点及技术实力,准确判断竞争对手的技术发展策略及发展方向。[3]通过研究竞争对手的专利法律状况,包括专利申请权、专利权的授予、专利权的无效宣告、专利权的质押情况,通过以上内容可以去推断技术的发展状况,分析这些专利未来的市场潜力。根据不同需求来制定企业知识产权策略,该行业的技术领先者所持技术一般被竞争对手所引用,这类型的企业注重自我技术的延续和创新,

---

[1] 陈荣、李建辉、孙济庆:"基于专利信息分析的区域技术创新能力研究",载《科技与经济》2013 年第 2 期。

[2] 谢小勇、王雷:"专利信息分析在行业产业分析中的应用",载《中国发明与专利》2007 年第 12 期。

[3] 同上。

重视研发创新工作；而行业跟随者一般是引用其他企业的专利，采用技术跟随策略，主动向技术领先者学习和效仿，通过向技术领先者购买专利技术，支持企业的发展。

通过专利分析，可以预期评估某领域的技术演变过程，预测新的研发动向，判断技术的发展路径，为研发人员进行技术创新提供新的思路，对现有技术中存在的问题进行改革，并提出新的解决方案，形成自主专利权。将不同的趋势指标一起分析，可以为判断某项技术的生命周期提供帮助，通过了解技术新兴期、成长期、成熟期、衰退期的变化历程，客观帮助企业了解技术未来发展的趋势、技术研发的新方向和该技术未来的市场发展前景，为企业制定发展战略提供决策依据。通过专利分析，企业可以提前制定出适合自身发展的专利战略和竞争策略，确定市场开发方向。[1]通过对专利信息所反映出的技术内容进行分析和比对，可以全面了解该技术领域在世界各国的最新发展和变化，对各种技术革新方案进行比较，对市场前景进行预测，如果企业自身重视并有能力进行研发投入，明确研发的重点将有助于企业开发出领先国内同行的创新产品。专利法律状态是根据专利法及其实施细则的规定在出版的专利公报中公开的法律信息，对专利信息进行法律状态分析，可以在技术引进中及时了解某些专利的法律状态，有针对性地避开国外企业设置的专利封锁，科学应对专利壁垒，避免企业陷入累诉中，通过利用该专利的无效宣告、通过反诉等方式积极应对诉讼。通过解读企业的专利文献，可以了解国内外主要竞争对手的最新的技术创新水平、技术研发重点，选择正确的创新路径，为企业制定自身的专利战略和竞争策略提供参考依据，避免低水平地重复研究造成资源浪费。

随着科技的进步发展，经济水平不断提高，电网行业也越发竞争激烈，技术发展活动日趋丰富。通过对专利文献中的申请时间、公开时间、授权时间、专利权人（专利申请人）、专利权人地址、专利法律状态、同族专利数、专利 IPC 代码、专利引文等有用的技术经济信息进行收集整理，把国内外电网行业企业专利数据进行检索、获取、分析应用，可以研究我国电网行业的专利发展现状，同时能够为未来电网行业战略发展规划提供建议。[2]随着世

---

[1] 乔林红：“基于专利信息分析的企业预警研究”，载《现代经济信息》2012 年第 3 期。
[2] 郑金、张驰、文毅：“我国电网行业专利质量研究及发展建议”，载《中国发明与专利》2014 年第 1 期。

界知识产权制度的发展与完善，专利技术发展越来越快，对专利的分析研究也越来越多，越来越精细与深入。

第一节　专利信息分析流程

关于专利信息分析的工作流程首先是确定技术主题，进行技术资料的收集，确定技术分类标准；其次是选择专利数据库，确定技术关键词和 IPC 分类号，确定专利检索策略，通过编写检索式，对检索结果的清洗整理，保证查全率和查准率；最后通过对专利信息进行统计分析，形成专利分析报告。专利信息分析流程主要分为三个模块，即专利采集模块、专利信息分析模块、专利信息应用模块。[1]专利采集模块主要是通过确定专利检索策略和检索式，对专利文献进行搜索、整理、筛选、分类，然后存储到专利数据库。专利信息分析模块主要完成专利文献的信息分析，形成专利管理图、专利技术图和专利权利图，最后形成专利分析报告。专利信息应用模块，是根据专利分析报告进行技术创新、侵权比对和回避设计，对某一技术领域的后续工作提出指导性意见和建议。专利信息分析流程通常分为三个阶段，即准备期、分析期和应用期。

一、准备期

（一）准备期的主要工作

准备期的主要工作首先是明确分析目标与主题，组建具有经济、技术、法律等学科的专利信息分析队伍，接下来对项目相关技术资料、专利文献进行收集，进行项目小组讨论，同时选定专利数据库及分析工具。准备期是做好专利分析的基础阶段，这个阶段需要尽可能广泛地收集到所需要的文献资料，才能为分析期精准地获取情报提供帮助，如果此阶段收集资料不全，很可能导致分析阶段出现偏差和失误。

首先是要组建一个好的专利分析团队，这个团队应该由具备复合知识型人才组成，这些人员包括相关领域专业技术人员、法律专业人士等，在条件

---

[1] 刘璐、朱东华、赖院根：《专利信息分析的理论方法及其实证研究》，载《商业时代》2007 年第 1 期。

允许的情况下，人员的构成最好包括相关领域的专利审查员。[①]接下来要明确分析目标，一般分析目标包含了对行业专利现状分析、竞争对手专利分析、解决技术问题的专利分析、可专利性分析以及侵权比对分析。最后要选好专利分析工具，选择好专利信息源。专利分析工具一般包括数据清洗、数据挖掘、数据可视化、网络数据可视化、信息可视化、文本挖掘等工具内容。目前，常用的专利分析软件包括：Innography、WIPS、大为 PatentEX 专利信息创新平台等。常用的专利数据库例如中国专利检索数据库、美国专利商标局专利检索数据库、日本专利检索数据库、国际专利数据库（PCT）以及欧洲专利局世界专利数据库等。这些信息数据库是用户专利信息采集的主要信息资源，几乎涵盖了全世界的专利信息。通过这些数据库，能够检索到专利权人、发明人、许可信息、诉讼信息等相关内容。由于不同专利数据库的数据资源、数据的加工处理方式和程度，国内外专利的法律状态、引证信息、同族信息都存在差异，因此在选择专利信息源时，应当结合研究目标选择适合的数据库。

（二）电网企业专利运营现状调研

本部分以电网企业专利运营现状调研为例，介绍调研工作的基本做法，以期为其他调研提供参考。

1. 调研目的

电网企业专利运营现状调研目的总的方面在于了解电网企业及其分、子公司在专利运营方面的状况以及专利运营的基础，根据这一总的目标，在实际的操作中，需要进行细分处理，以便在电网企业内部进行相关工作的执行与推进，主要的细分目标包括：

（1）了解电网企业各分、子公司的专利管理组织架构，以及各分、子公司对专利管理模式的需求；

（2）了解电网企业各分、子公司的专利人员情况，包括研发人员（发明人）、专利管理人员等；

（3）了解电网企业各分、子公司的专利管理流程；

（4）了解电网企业各分、子公司的专利费用管理情况；

（5）了解电网企业各分、子公司的专利申请及授权情况；

---

① 陈燕、方建国："专利信息分析方法与流程"，载《中国发明与专利》2005 年第 12 期。

第四章　专利信息分析

（6）了解电网企业各分、子公司的专利规划与布局情况；

（7）了解电网企业各分、子公司的专利信息平台使用情况，以及各分、子公司对专利信息平台的需求；

（8）了解电网企业各分、子公司制定的专利管理制度；

（9）了解电网企业及其分、子公司对专利运营的需求；

（10）了解电网企业及其分、子公司已经发生的专利运营状况；

（11）了解电网企业及其分、子公司的专利运营管理制度；

（12）了解电网企业及其分、子公司的专利运营流程；

（13）了解电网企业及其分、子公司在专利运营相关工作的投入，如专利价值评估、专利梳理等状况。

2. 调研对象

对电网企业以及各分、子公司具体的调研对象应当根据双方实际沟通确定，可以是电网企业以及各分、子公司，也可以是具有典型分析意义的部分公司。

3. 调研方式

可采用调研问卷和现场座谈会的形式进行调研，简单问题通过问卷收集信息，复杂问题通过现场座谈会与相关人员了解具体情况。

4. 具体调研内容

在调研项目中，需要明确的一点是，专利运营属于专利管理的一部分。因此，针对专利运营的调研，实际上也是一次针对管理状况的调研。

根据调研目标，制定以下具体调研内容。

（1）专利管理组织架构，以及对专利运营模式的需求：① 电网企业的专利管理模式；② 电网企业负责管理专利事务的职能部门（如生技部）；③ 电网企业管理专利事务的部门的具体工作职能；④ 电网企业与其他的电网企业及其下属公司之间的专利事务如何对接；⑤ 电网企业专利运营工作开展流程和方式；⑥电网企业对未来专利运营模式的需求和建议。

（2）专利人员情况：① 电网企业的管理层对知识产权的重视程度；② 电网企业管理专利事务的人员配置情况；③ 电网企业的专利管理人员（涉及专利事务的人员）与技术研发人员（发明人）的人数、比例；④ 电网企业的专利管理人员、技术研发人员的专利认识程度、专利意识水平、专利信息利用水平、专利培训需求、专利运营需求和水平。

（3）专利管理和运营流程：① 专利提案管理流程；② 专利申请管理流

程；③ 专利事务（文档、时限、权利维持等）管理流程；④ 专利代理管理流程；⑤ 专利奖励管理流程；⑥ 绩效考核（涉及专利事务）管理流程；⑦ 科研项目（涉及专利事务）管理流程；⑧ 专利许可/转让管理流程；⑨ 其他专利运营（如标准制定、市场准入等）管理流程。

（4）专利费用管理情况：① 电网企业的专利费用管理情况，其中专利费用指专利申请费、专利维护费、专利奖励费用、专利代理费、培训服务费等；② 电网企业的专利费用预算、审批和考核情况；③ 专利运营费用的预算与管理；④ 与专利运营相关的奖励费用管理。

（5）专利规划与技术/市场布局情况：① 电网企业的专利规划目标和布局方向；② 电网企业的重点科技研发领域；③ 电网企业的优势技术领域；④ 电网企业未来5~10年的重点科技研发方向；⑤ 电网企业未来5~10年的市场布局方向。

（6）专利信息平台使用情况：① 电网企业现有专利信息平台、管理系统的使用情况；② 电网企业现有专利信息平台、管理系统的软硬件配置情况。

（7）专利管理制度：① 电网企业现有专利管理制度收集，包括专利申请管理制度、专利奖励管理制度、专利费用管理制度、专利绩效考核管理制度、专利代理机构管理制度、专利培训管理制度、科研项目管理制度、专利运营制度（如单独有）、其他管理制度（涉及专利事务）等；② 电网企业现行专利管理与运营制度的不足与改进建议。

（8）专利运营基础：① 已发生的专利运营记录；② 已制定的专利运营管理制度；③ 已制定的专利运营流程；④ 已开发的专利运营信息化平台；⑤ 已提出的专利运营需求。

二、分析期

通常把分析期分为数据采集和数据分析两个阶段。专利分析分为定量分析和定性分析，专利定量分析是通过专利文献的外表特征进行统计分析，也就是通过专利文献上所固有的著录项来识别相关信息，然后对有关指标进行统计，最后用不同方法对有关数据的变化进行解释，以取得动态发展趋势方面的情报，其中包括申请年份、专利权人、技术构成等。[①]分析环节是重要

[①] 赵亚娟、董瑜、朱相丽："专利分析及其在情报研究中的应用"，载《图书情报工作》2006年第5期。

的，结果的准确性直接影响了专利信息分析结论的准确性。

（一）数据采集阶段

根据上述的统计，可以了解电网企业及其分、子公司目前已经进行相关专利运营工作的公司的占比、已有的公司专利运营的状况、制定了专利运营流程或者专利运营管理制度的公司的占比、已经切实具有专利运营需求的公司的占比等。并对目前已经建立的专利运营制度、专利运营流程以至专利运营的信息化平台的状况进行了解，从而，可以从整体把握电网企业及其分、子公司在专利运营方面的需求程度、意识程度和已有的工作开展程度，为后续提出适合电网企业的专利运营模式提供了现实的出发点。

而其中专利数据采集阶段主要完成针对研究对象的数据的采集，包括确定技术领域、明确技术主题、选择专利数据库、锁定技术主题词和IPC分类号、建立检索策略、编写专利检索式、进行专利信息分析。首先是确定技术领域，根据确定的分析目标，细化所需分析的行业、技术领域、产品或竞争对手等。其次是拟定专利检索式，基于了解产品技术构成的前提下，组合关键词等技术领域术语，根据多次修改调整的检索式，在所选择的专利检索数据库进行专利检索。专利检索过程可以细化为初步检索，通过阅读初步检索中的多篇专利确定IPC分类号，寻找主题词的近义词、同义词、外文表达等，找出误检或漏检原因，再继续调整最初编写的检索式，检索式一般需要重复多次修正才能最终确定。最后是专利数据分析，是指通过最后确定的检索式，在专利数据库检索获得的分析数据的结果。在得到检索数据后，有时还需要进行一个必要的筛选，这个过程也可称作"去噪"，数据量很大的情况，一般先使用批量筛选，在数据量不大的情况，一般选择逐一筛选。

（二）数据分析阶段

通过对电网企业，尤其是知识产权管理方面相对较为成熟的企业调研，可了解其知识产权管理模式，对开发出符合电网企业的知识产权管理模式提供借鉴。前面的调研尽管充分掌握电网企业及其各分、子公司、直属单位的知识产权管理事实基础，但对于专利信息分析的成功而言还不足够。在已经达到了明确现状、提出问题的基础上，同样以严格的结构化分解问题的调研点，简化逻辑树，重点放在需要解决的问题上，选择有目标参照意义的企业，进行有效的调查研究，是寻求问题答案的一种有效的帮助手段。考察对象建议选取一些在知识产权管理上经验丰富，在企业管理上也卓有成效，并且与电网企业较为接近的企业进行，如国家核电、中国石化、国家电网、南方电网、贵州电网等公司。

专利信息的分析是整个过程的核心，其中专利数据分析是对大量零碎的专利信息进行加工、整理，利用图表、数据的形式将相关专利数据情报表现出来，其过程包括数据处理整合、利用图表等可视化内容形成专利情报及撰写分析报告等。在分析过程中，寻找新的研发方向，积极申请外围专利。

数据处理也就是对数据进行加工和整理，其中首要的是清洗分析样本数据库中的数据，一般通过定量评价，从经处理的检索结果清单中抽取一段数据进行评价，看检索的信息是否完整。一般是对数据样本使用随机抽象从大数据集合中抽取一部分作为检验对象。

如果分析样本中的数据覆盖度较高，接下来可以借助分析软件，生成各种可视化图表，可视化图表一般以表格、地图、图形等形式展示出来，其意义就在于以形象化的方式把比较难理解的抽象信息直观、简要地表达出来。可视化图表以直观和清晰的方式，使枯燥的数据转换为色彩丰富的图表，使信息的传达艺术化与直观化，使研发人员能够快速了解所需要的信息。完成专利报告，是为下一步企业制定专利战略提供参考，分析报告应该直接明确反映行业技术的发展现状和趋势。分析报告一般包括研究目的和方法、企业的经营现状、专利的法律信息（例如专利申请的技术领域、专利族和覆盖国家、专利申请量等情况）、专利交易的主要技术领域等内容。根据检索分析得到的可视化图、数据表等内容，结合报告的要求，将分析成果展示出来，一般涉及申请人的专利布局情况图、专利技术主题分布图、专利申请、转让、许可状况图等，专利数据图在一份报告的撰写中起着穿针引线的作用。

最后是对报告进行分析、解读，需要注意的是我们不能只考虑技术本身的问题，还需要结合该技术的行业及相关产业链，糅合造成专利数据变化背后的国际环境、政策导向以及区域经济变化等综合因素，才能得出一个全面客观的分析结论。

三、应用期

专利信息分析的主要是为了将专利情报应用于实际工作中，在研发工作中有效利用专利信息，是企业生存和发展的需要。通过对专利技术文献的分析，可以协助企业快速把握相关领域的最新进展与发展趋势，正确判断及时的市场前景，客观评估企业面临的机遇与风险。

（一）分析报告评估

专利信息分析研究报告必须经过严谨分析，具有条理性、系统性、合乎逻辑。分析报告一般由图表、文字构成，具体内容包括了技术全球专利布局、主要国家专利申请趋势、主要国家申请人排名、专利诉讼技术领域分布、专利诉讼 IPC 分布、专利运用态势分析、重要专利许可人排名等主要内容。一份质量好的专利分析报告不仅数据采集得较全面、准确，而且能够全面梳理产业的发展状况，能以专利数据为主要切入点，揭示出该产业领域的主要创新主体，专利申请、转让、许可、诉讼，关键技术点等情况。

（二）制订相应的专利工作方案

制订相应的专利工作方案时，应当充分利用专利信息分析报告的研究成果，与企业的实际情况相适应，形成能够满足与企业总体发展战略的专利工作方案。工作方案应当以企业的知识产权战略规划为基础，以相关规范制度为依据，包括《专利管理制度》《专利奖励管理办法》等，根据制度完善具体的工作方式，使专利工作常态化、制度化。具体方案内容应包括挖掘技术创新点、组织技术专家人员对创新点的可专利性进行评估、新立项技术的侵权分析、技术分析、规避设计、竞争对手分析、设定适当的奖励机制等。

第二节　专利信息分析方法

专利信息分析主要用于分析和企业所属领域联系紧密的专利文献，一般还要与其他技术文献、情报结合使用，主要是为企业创新研发提供支持。专利信息分析的方法比较为常用的有定性分析法、定量分析法和拟定量分析法。[①] 定性分析，主要是对专利文献信息的具体内容运用数据挖掘等手段而获得情报，利用专业技术进行分析、解读；定量分析是利用科学计量等方法对数量特征、数量关系变化的分析，主要是通过对专利文献上所固有的著录项目来识别相关文献，以不同的方法对有关数据的变化进行解释。专利拟定量分析

---

① 刘璐："专利信息分析的理论方法及其实证研究"，载《商业时代》2007 年第 1 期。

是专利定量分析与定性分析相结合的分析方法。在专利信息分析中，可以从三种维度入手，一是对专利信息进行初步挖掘，按照有关指标分别进行统计；二是对专利权人、专利数量、专利申请时间以时间、空间的模式进行排序；三是综合空间、时间、分类等多种因素得到有关联的技术发展状况。分析的目标决定了分析内容、深入程度的不同，有些分析内容既包含数据层面的分析，还需要技术、战略层面等系统层面的分析。专利信息分析中常见的定性分析图表有：矩阵表、清单图、组分图、技术发展图、问题与解决方案图等。常见的定量分析图表有：排序表、散点图、数量图、技术发展图、关联图、雷达图以及引文树等。

一、专利信息分析方法种类

（一）专利信息定性分析方法

专利信息定性分析是以专利的技术内容来评估专利的质量，结合专利技术主题，通过对专利技术内容进行分类、归纳和演绎、分析与综合以及抽象与概括等分析，了解和分析某一技术发展状况的方法。专利定性分析是按照专利特征进行归类，与定量分析有区别，一般的分析方法包括技术动向分析法、发展重点分析、专利群分析、技术功效矩阵分析法，以专利说明书、权利要求、图纸等技术内容来分析专利。[1]根据专利文献提供的技术主题、专利国别、专利发明人、专利受让人、专利分类号、专利申请日、专利授权日、专利引证文献等技术内容，广泛进行专利信息搜索，同时对收集的专利文献内容进行阅读、摘记等。在此基础上，进一步对这些信息进行分类，通过比较分析、加工整理，整合有关联的信息，找出专利信息之间潜在的相互关系，形成专利技术的描述分析与对比分析。由于专利的解读工作具有很强的技术专业性，专业技术人员需要配合技术专利工作人员完成。

（二）专利信息定量分析方法

专利信息定量分析是对专利信息的外部特征按照指标进行统计的分析，它是建立在统计学等学科的基础之上，通过专利文献上所固有的著录内容来了解有关信息，以图表、地图等方式，从不同角度推断其技术研发

---

[1] 马建霞："专利情报分析软件的现状和趋势"，载《现代图书情报技术》2006年第1期。

动态，对数据变化进行解释，获取专利文献中记录的技术、法律和经济等信息。定量分析方法是将专利信息中的专利分类、专利权人、申请人、发明人、申请国家、专利引文等内容进行科学统计分析，从中提取有用的、有意义的信息，并将个别零碎的信息转化成系统的、完整的、有价值的情报。这种量化的形式科学反映技术的商业价值，获得技术领域竞争程度信息，揭示发明人或权利人的技术研发重点方向。这种分析方法不仅能够有效评估一定区域的技术研发重点，还能够预测该技术的发展趋势。应用在专利信息分析中的定量分析方法主要有专利技术生命周期法、专利引文分析法、专利地图。

（三）专利拟定量分析方法

专利拟定量分析是专利定量分析与定性分析相结合的分析方法。将两者结合起来应用，可以更好地研究相关对象。专利拟定量分析通常由数理统计入手，然后进行全面、系统的技术分类和比较研究，具体分析方法包括相关分析法、决策方法、层次分析法、内容分析法、数据挖掘法等，再进行有针对性的量化分析，为了使分析过程逐步深入，由宏观到微观进行高度科学抽象的定性描述。专利信息中比较常见的拟定量分析方法有专利引文分析方法和专利数据挖掘等方法。

（四）专利地图分析

专利地图是一种专利分析研究方法和表现形式，是对专利分析结果的可视化表达，以定性分析和定量分析相结合。它为企业提供技术发展方向，通过总结技术分布态势，将专利情报所包含的技术、经济、法律信息等进行数据处理整合，以可视化图表形式反映技术热点等内容，监控竞争对手专利技术分布情况，为决策提供更直观的情报支持。[①]专利地图一般可以分为专利管理图、专利技术图、专利权利图。

1. 专利地图类型与特点

根据制作目标的不同，专利地图可以分为专利管理地图、专利技术地图和专利权利地图。[②]专利管理地图的绘制和分析，主要包括历年专利动向图、

[①] 李晓锋、祝艳萍："基于专利地图的企业专利战略制定方法及实证研究"，载《中国科技论坛》2010年第11期。

[②] 李艳："我国技术竞争情报的理论与实践研究"，载《图书情报工作》2008年第10期。

专利比例分配图、分析图等，主要服务于经营管理。能够揭示产业技术领域内国家、企业、发明人等专利申请数量、申请方向的发展趋势，反映某一领域整体经营状况，确定领域主要竞争对手、找出技术发展瓶颈、把握行业主要研发重点等。专利技术图主要服务于技术研发，从技术层面了解某专利技术的发展状况，决定着研发发展策略。通过对专利技术地图的绘制，如专利技术/功效矩阵图、专利技术发展图等，有利于避开该技术发展的技术密集区、地雷禁区，挖掘尚未开发及有利可图区等，方便进一步进行挖洞技术。[1]通过归纳出重要专利文献的技术类别和功效类别，推断各竞争企业在该技术领域上的实力及其主要技术分布，并进行技术追踪，从而为拟定企业未来的专利战略布局奠定基础。[2]

2. 专利管理图

专利管理图一般为企业经营管理服务，主要包含历年专利动向图、各国专利占有比例图、公司专利平均年龄图、IPC 分布分析、企业定位综合分析表等内容。

历年专利件数动向图一般用折线图表示。横坐标表示专利申请年度、授权年度，纵坐标表示年专利申请、授权件数。该图统计的专利包括世界各国或某个特定国家。通过对一段时间内某项技术专利申请数量进行统计，可以判断技术的研发时间、申请时间以及专利的申请、授权数量变化，从而判断技术的现状、发展趋势。

各国专利占有比例图一般用饼图表示。饼图中的每一个扇面代表一个国家，扇面积的大小则代表该国专利所占的份额。由该图可判断该技术的具有竞争力的国家实力。

IPC（国际专利分类）分析图常用长条图表示。长条表示国际专利分类号，长条的高度表示该技术领域专利数量的多少。通过对该技术领域的专利按国际专利分类号进行统计，可以得出该技术主要分布的部类，以及各部类专利在该技术领域中所占的比重。此外，对主要竞争企业的专利进行 IPC 分析还可发现这些企业热衷申请的优势领域，这些领域通常是企业重视且研发经费投入较多的领域，一般为技术密集区域，其他投入少的空白区域也可以由企业判断是否有投入研发的必要。

---

[1] 李国春："中国企业专利预警系统的构建研究"，天津大学 2006 年硕士学位论文。
[2] 王晋刚："专利地图引导企业专利战略"，载《企业专利》2008 年第 5 期，第 55~57 页。

企业定位综合分析表通常以表格形式表示。企业定位综合分析主要根据该技术领域的企业专利拥有量、专利引证量、专利被引证量等指标进行确定。根据不同的技术来源，企业一般被定位为五种类型之一，即进攻型、自主开发型、防御型、跟随型、过渡型。通过进行企业定位综合分析，可以对同类型企业竞争者进行排名，明确行业的技术领导者与跟随者。

企业专利年限图常用长条图来表示。一般用横坐标表示各企业，纵坐标表示各企业专利年限。企业专利的平均年龄可以作为判断专利活跃度的依据，专利年限长较于专利年限短的对其他企业有更大的约束和限制作用，对自己企业来说年限长的专利被利用的时间更长，可以通过经营等方式为企业带来更丰厚的收入。

3. 专利技术图

专利技术图主要是为企业的技术研发提供服务，主要包含专利分析摘要、技术生命周期图、专利技术/功效矩阵表、专利发展路线分析图等。

专利分析摘要表主要是将专利文献中的重要专利信息摘要出来。通常是针对某一特定技术领域的主要专利文献而为，该表通常包含如下信息：专利号、专利名称、发明人、申请人、申请日、公开日、发明目的、技术手段及技术效果等。这些信息主要为了解创新要求、研发方向、技术关键及技术效果提供重要参照，因此其可对某项技术领域有详尽完整的把握，从而掌握关键技术与发展趋势。[1]此外，它还可为后一阶段的技术分布图和技术/功效矩阵做准备。

技术生命周期图常用折线图表示。由专利数量与申请人数（或发明人）在各时期的增减情况，可了解技术所处的起步阶段、发展阶段、技术成熟阶段、衰退阶段、再发展阶段。

专利技术功效/矩阵分析图表常用表格表示。通过对专利数据源逐篇标引技术类型和功效，进行统计，横栏以功效、纵列以技术类型绘制成表格，通常以气泡图的形式表现。通过对技术功效/矩阵分析图进行分析，可看出技术聚集区、地雷禁区，以及技术空白区域，对于帮助企业规避专利壁垒，发现新的研发方向开展专利布局有重要作用。由矩阵表中各区域的密度分布，分别找出这些区域所在位置，并根据上述情况进行"挖洞"技术或进行技术创

---

[1] 李国春："中国企业专利预警系统的构建研究"，天津大学2006年硕士学位论文。

新。对于专利雷区，应该尽可能地使用规避设计法，如果对专利技术不得不利用，通过解读竞争对手专利中的技术方案来挖掘新的替代方案或考虑通过与其他权利人进行交叉许可，即关注竞争对手、寻找合作伙伴。对于专利技术空白区域，需要厘清技术空白出现的原因以及如何填补技术空白等问题。相比技术发展路线图，技术功效/矩阵分析图表现的信息更加深刻、全面，是企业寻找技术研发重点的重要依据。专利技术发展路线是对企业技术发展脉络进行梳理的一种方法，是了解企业现状和发展趋势的重要手段。基于对核心专利的删选以及专利之间相互的引证关系将技术本身的发展脉络清晰地呈现出来，对行业某一技术的技术现状和发展趋势进行宏观的分析，各行业可以此为基础寻找有关的技术和市场定位，减少低效率的重复投入，实现跨越式发展。综上通过对于专利地图的类别介绍我们可以看到，专利地图的使用对于专利布局有强烈的推进作用，所以专利地图成为专利确权与获取中的十分重要的一个步骤，与专利提案、专利检索、专利挖掘与专利布局一起实现专利全过程管理的目的。

二、专利信息分析方法在企业战略制定中的应用

（一）外部分析

对企业的外部环境进行分析是企业制定战略的基础。在进行外部分析时，应确认影响企业经营的关键因素，企业应能够对这些因素做出进攻性或防御性的反应。外部分析揭示了企业所面临的主要机会与威胁，从而可以使管理者用适当的战略，利用机会回避威胁，降低企业损失。[①]外部环境因素需要就企业定位、竞争同行实力、市场供需情况、政策环境掌握相关内容。正确评价外部环境能够使企业能够制定明确的任务，设计实现长期目标所需要的战略。专利分析方法能对技术因素和竞争因素提供有价值的情报信息。

1. 技术因素

技术的进步直接关系着企业的生存发展，了解本领域的最新技术发展趋势，对技术进行跟踪分析能够帮助企业进行自身的专利布局，计划好应对措施。在企业开始技术研发过程中，专利信息分析能帮助企业充分了解相关技术领域中专利技术目前的发展状况，预测本领域的技术发展趋势。当企业在

---

① 宋巧枝、方曙："专利信息分析方法在企业战略制定中的应用"，载《现代情报》2007年第10期。

完成研发之后，可以追踪相关技术发展动态，通过跟踪相关技术领域的主要竞争对手和潜在对手，可以了解竞争对手的技术优势、技术实力、企业规划的整体专利布局、市场规划策略等信息，为企业自身制定专利对抗战略提供有利的依据。

2. 竞争因素

通过利用专利信息分析竞争对手的情报时，能够准确有效地收集相关竞争对手的信息是非常重要的。为了制定竞争策略时提供正确的建议，需要准确地掌握竞争对手信息，不仅要了解竞争对手研发进展，还要关注行业新进入者的威胁，做好同业竞争者分析。其中一些专利信息可以作为推断竞争对手经营战略的依据，例如对方在海外的专利布局情况、专利申请量、主要申请国家等信息，通过这些信息，可以发现竞争者涉足的技术研发领域。但有时候，企业的竞争策略是为了迷惑或干涉对手，例如竞争对手向某国申请专利，并不是处于占领该国市场的目的，只是为了从技术上控制对手，在该国形成技术垄断优势，使其无法生产出与自己竞争的产品，以使自身处于有利地位。[①]竞争对手在进行某种技术时，最初从一个小领域出发，随着技术的成熟与经费投入的增多，开始逐步扩大研发领域，并与其他相关部门合作，探求应用的途径，因此，应紧密跟踪竞争对手的潜在市场，尽早监测竞争对手的市场策略。为了更好地在市场上立足及扩大发展，有密切关系的企业之间也会通过专利许可、转让等方式谋求合作来应对激烈的市场竞争。

（二）内部分析

对于一个企业来说，通过内部分析主要是为了明确企业的优劣势，以更好地将人力和资金汇集到最需要的部门，提升企业实力，以更好应对竞争对手。一般具体评估主要从企业研发能力、技术创新能力、企业专利战略的制定与实施等方面来进行。

1. 研发能力

研发活动直接影响着企业的创新能力，研发能力的强弱直接决定了企业在市场的地位，不容易被竞争者所超越或模仿的优势称为企业的核心竞争力。研发实力对于公司竞争力有直接影响，研发能力间接地体现了企业的自主创新能力。通过专利分析取得的数据对预测企业的技术发展趋势有着重要

[①] 刘焕成："专利信息在分析竞争对手中的作用"，载《情报科学》2001年第4期。

的作用。专利申请量越多的企业说明对于科研成果的保护更为重视,获得专利授权的公司越多,说明企业的研发能力更强。

2. 技术创新能力评估

企业创新能力一般从科技成果转化能力、企业成长性、研发组织管理水平等方面进行评价。在专利授权、许可或转让,企业上市、合并、股份入股,专利诉讼、技术融资时,都需要考察企业的技术创新能力。技术创新是一项新工艺、新产品从研究开发到投入市场再到应用等一系列行为的总和,是一个企业科技创新和产业升级的关键。通过对专利申请数量、成果转化等情况进行跟踪分析,可以评估自身技术水平及研发团队创新能力。

3. 制定企业专利战略

企业专利战略是依托法律制度建立的,主要运用技术、法律支持对专利进行有效的管理以获得竞争优势。由于不同企业所处发展阶段不同,所处的竞争环境与技术发展水平各不相同,一个企业应根据自身规模的大小,分别制订长期和短期的目标。企业对专利战略的有效运用,不仅能保持自身技术上的优势,还能保证产品、服务和收入。企业专利战略一般包含体系、布局、标准、保护四个要素,具体到专利战略大致可以分为进攻型战略和防御型战略。

(1)进攻型战略。进攻型战略一般是为了使企业在激烈的市场竞争中取得主动权,积极主动地获取产品专利权,以提高企业现有产品的竞争地位。进攻型战略涵盖了外围专利战略、专利转让战略、专利收买战略。当前市场的竞争就是技术的竞争,进攻型战略表现形式之一就是赶上或超过竞争对手,技术竞争就是专利的竞争。产品研发在进行立项或投资前,需要进行专利信息采集与分析,在竞争对手市场份额较弱的区域进行专利布局,给竞争对手设置专利障碍,使竞争对手不得不通过专利交叉许可对于经济实力较强、在技术上有优势的企业,可以采用进攻型战略,通过利用核心技术的专利优势排除市场上的其他竞争者,使企业获得可观的经济收益。(2)防御型战略。防御型战略是在企业应对市场可能给企业带来威胁时,采取的保护或巩固现有市场的一种战略。防御型战略一般适用于企业受到竞争对手的强有力的挑战,产品的市场需求大幅度下降的情况。紧缩阶段企业通过减少成本与资产,缩小经营规模或重组企业,以扭转销售额的下降。当完善管理制度,提升管理水平后,重新调整市场营销策略,维持现有市场的稳定。防御型战略的目的是为了防止受到其他竞争者的攻击,减小其他竞争性行动对企业经营的负面影响。企业常用的防御型专利战略包括交叉许可防卫、专利诉讼防卫，通过影响挑战者从而使他们的行动瞄准其他竞争对手。同时在企业的日常运作中，从研发、制作到销售要避免专利侵权，主动避免和减小风险，但如果被诉，也要积极应诉，在诉讼中寻找机会，主动证明不侵权。

4. 专利战略实施

专利战略的实施主要是为了强化企业服务，构建专利运营服务体系，完善专利人才培养体系。在制定专利战略的过程中需要结合不同产业的生命周期制定具体的策略，这样才能在产业发展的相应阶段抢占先机，获得市场的竞争优势。同时企业针对不同的专利选择性地以与其他企业合作或独立使用自己的专利。

因此，专利分析为企业的战略制定提供了基础了参考。参考相应的专利指标，企业明确了技术研发的方向与竞争对手的情况更准确地制定本企业的专利战略。

三、专利信息分析工具

随着专利信息分析要求的提高，数据挖掘与分析工具也是越来越多，主要应用在专利信息分析领域的工具包括数据采集、加工、清洗工具、专利检索分析、文本挖掘可视化、文本挖掘工具。[①] 选择何种类型的工具主要是依据用户的需求，包括需要做什么样的图表、分析怎样的数据、产生什么样的结果。

（一）数据监测、采集、清洗工具

首先，通过向各国专利局的数据进行数据采集，用户在进行检索后将所搜索到的专利收集到本地，一般初步采集的数据准确率不会很高，需要经过数据清洗步骤，对检索式不断进行调整以精准地查询所需要的信息。一般的专利采集加工工具有 Patent Ex、HIT-恒库、BizSolution 等。

（二）专利检索分析工具

专利检索分析工具平台的提供者主要集中在发达国家，这些平台包含了丰富的专利数据资源，拥有比较先进的数据检索、文本挖掘及可视化技术。

[①] 张群："文本挖掘技术及其在专利信息分析中的作用"，载《现代情报》2006 年第 3 期。

用户以大型企业、科研院所为主,一般的专利检索分析工具有 Innovation、Innography、Total Patent、WIPS 等。

（三）文本挖掘可视化工具

这类软件工具的主要特点在于分析数据源为结构化、非结构化文本数据，表现形式以网络图、聚类图为主，这种工具收费高，用户群多为科研院所与高校科研人员。文本挖掘可视化工具包括 Thomson Data Analyzer、Omini Viz、Clear Forest、True-Teller 等工具。

第三节　专利信息可视化

一、专利信息可视化分析系统相关技术

面对数量庞大、内容繁杂的专利数据，通过开发专利信息可视化分析系统，能够帮助研发人员有效、快速地掌握专利状况，缩短研发时间与成本。因此对企业来说，开展专利信息可视化分析，是企业进行专利分析必然需求。国外的专利信息可视化工具包括 PatentLab-I、Thomson Data Analyzer、Aureka 等工具软件，国内的专利信息可视化工具主要包括大为 Patent Ex 专利信息创新平台、广东省专利信息中心专利信息分析系统。

（一）专利数据平台建设

专利信息可视化的实现要依赖于专利数据平台，数据库一般包括专利和非专利文献，一般单一领域的专利数据库不多，以包含各领域的综合数据库为主。专利数据库主要是为用户提供专利检索，同时可以生成各类分析表或图形，能够使查询者清晰地获得所需要的情报，帮助用户浏览、获取大规模数据。我国目前的专利信息服务工作还处于初级阶段，因为专利数据可视化对设备要求比较高，一般都是国家级研究中心、高水平大学及大公司进行运用，和国外先进水平的软件还有较大的差距。[①]

数据仓库，是为企业所有级别在进行决策制定时，提供有关数据支持的战略集合，大部分数据仓库还是用数据库进行管理。数据仓库分为四个层次即数据源、数据的存储与管理、联机分析处理服务器、前端工具。数据仓库

---

① 赵焕芳、朱东华："信息可视化在技术监测中的应用"，载《情报杂志》2005 年第 12 期。

中存储的数据不是实时更新的，而是历史的数据，以只读格式保存。数据仓库将所需数据从原来的数据中抽取出来，是面向主题的，通过加工合成为决策分析提供数据。

1. 专利数据库

专利数据库是存储专利数据的一个数据库，以互联网为平台的专利信息服务系统，在这个数据库中存储了大量的专利信息，为专利战略研究、企业技术研发提供支持，专利数据库能够跟踪竞争对手的研发，发现创新热点，监控专利风险，预测技术的发展趋势。以 IncoPat 专利数据库举例，该数据库收录了全球 102 个国家、地区的专利数据，能够查找国内外专利的同族信息、引证信息、法律状态。同时这个平台还有各种分析模板，除了常规的统计分析图表，还有气泡图等其他可视化表现形式。

2. 主流的数据库管理系统

数据库管理系统是一种操纵和管理数据库的软件，可以用于创建、应用和维护数据库并操纵和管理数据库，该软件能够实现数据定义语言，数据操作语言，数据库的运行管理，数据组织、存储和管理，数据库的保护，数据库的维护等功能。按功能划分，数据库管理系统可以分为模式翻译、应用程序的编译、交互式查询、数据的组织与存取、事务运行管理、数据库的维护六部分。主流的数据库包括 SOL Server、MySQL、PostgreSQL 等。

（二）专利信息可视化分析模型

1. 商业智能

商业智能的核心是对信息进行整合利用，通过运用云计算、可视化、大数据等技术，为决策制定提供数据化支持。主要包括了传统的商业智能报表、数据仓库建模、ETL 等流程，可视化数据分析，为了作出更加准确的决策，一般是在实际的商业活动过程被应用。在传统商业智能中，为了应对大量级数据，需要 IT 部门对一些指标和功能进行建模，如果指标发生变化，就需要重新构建模型，难以满足终端用户多样化的需求。商业智能通常被认为是一种将组织中现有的数据转化为信息，并使信息产生价值，为企业提供有价值的业务经营决策的工具。专利管理所涉及的数据主要包括来自专利数据平台的数据、专利代理数据等。商业智能能够对既可以是操作层的也可以是战术层和战略层的业务经营决策提供辅助。一个商业智能项目的落地对于促进企业内部数据规范化、体系化、信息化都有很好的促进作用。

2. 商业智能 SaaS

除了传统的商业智能，在 2013 年到 2016 年，新型商业智能也在快速发展。新型商业智能主要能够降低产品采购成本，缩短项目周期，降低人力成本，使 IT 驱动逐步走向业务驱动。区别于传统的商业智能，新型商业智能具备可视化分析、移动商业智能、业务驱动自助分析等特点，传统的数据仓库建模方式逐步淡出，通过表之间的关联关系进行可视化数据分析成为新的方式。商业智能发展的趋势是云端化，例如可视化商业智能分析 SaaS 模式，它是指所有的服务器、相关硬件、网络设施、软件的维护与升级都是由服务商提供，用户只需要通过互联网就可以享受到非常便利的硬件、软件和维护服务。SaaS 能够实现异地、协同办公与合作，所有内容都保存在云端，不需要额外的维护，在家和办公室都可以完成工作的同步。

3. 商业智能体系架构

为了将数据转化为知识，整个体系架构中包括了终端用户查询和报告工具、数据挖掘软件、数据仓库和数据集市产品、联机分析处理工具等。终端用户查询和报告工具是用来支持初级用户的原始数据访问，数据预处理是企业运作系统的数据中提取出有用的数据，并进行数据处理。数据仓库的建立，包含了数据源、数据存储与管理、数据的访问几部分。一个企业的数据仓库系统包括数据源、数据的存储与管理、数据的访问，数据源是整个系统的构建基础，数据仓库的存储主要由元数据和数据的存储构成，数据的访问由联机分析处理、数据挖掘、统计报表、即席查询等部分构成。

二、专利信息可视化分析系统

专利信息可视化是将原始数据变成可视形式的过程，为我们揭示数据深层的联系和规律。专利信息分析一般以表格形式、图形形式表达，可视化是对事物建立心理模型或心理图像，可视分析是由交互可视界面支持的分析推理的科学，从动态、海量的数据中合成信息，根据用户的现实需要，软件开发人员会对调查阶段获得的资料进行全面的分析，对收集的资料进行整理、评估，再根据之前的知识，将收集到的信息重构为新的知识，并且可以进行数据整理、清洗，并寻求解决的办法。

（一）专利信息可视化分析系统的建设目标

专利信息可视化分析系统是把商业智能应用于专利分析的一个操作型项目，可视化数据分析是位于商业智能的最顶端，引入专利分析指标，需要了解这些指标的用途，用户不需要知道专利指标的计算方式，就可以利用系统得到分析结果。[1]建立多维度分析系统，专利分析的维度可以分为专利态势分析、专利技术分析和申请主体分析，态势分析一般包括申请趋势、技术构成、地域分布、申请人排名；专利技术分析图表一般包括技术功效分析、技术路线分析、重点产品分析；申请主体分析图表主要包括研发团队、技术合作、专利诉讼、企业并购。通过可视化信息了解竞争对手的核心技术领域，对于确定专利战略有重要意义。

（二）需求分析

需求分析过程是一个人机交互的过程，需求分析的可视化分为动态和静态的类型，动态技术的主要目的是通过需求分析的显示，让用户感受到系统的用户界面，静态技术主要是为了对需求分析的概念进行定义。设计软件的时候要满足用户需求，当运行环境、操作方式、数据要求发生变化时，需要做出相应的调整。安全性需求是按照用户对系统提出的等级要求，根据威胁选择的安全功能组件进行筛选，再由安全需求分析人员考虑具体技术和安全策略，将最终选定的安全功能组件描述成安全概要规范。用户界面的友好性一般要求界面的显示信息清晰，界面操作简洁方便，能够使用户方便快捷地使用系统，能够使用户快速学会操作系统。软件响应时间控制在用户心理可接受的时限之内，响应速度不能太长，属于普通人可以接受范围，并给予提示。可靠性需求是为了确保输出结果一致，输入结果错误会出现相应的提示，让用户的操作都能有指示，同时对于相关内容可以进行备份。

整个信息系统的开发过程是一个建模的过程，而需求分析过程是一个不断需要调整，不断改进用户界面的过程。维度建模需要在用户需求和数据源事实之间进行平衡，一般需要围绕流程来构建维度，维度建模包含一种逻辑设计技术，维度建模是可预测的标准框架，允许数据库系统和查询工具在数据方面生成强大的假设条件。其次维度建模具有好的扩展性，允许高性能存

---

[1] 杨忠："专利信息可视化分析系统构建研究"，湘潭大学2013年硕士学位论文。

取,以便需要增加分析维度和事实时,不需要重新编码与重载数据。可视化检索功能是将选择的关键词及大数据关联的相关词语,将冗长复杂的专利文献和文字段落,拆分重组,最后使检索过程简单化、清晰化。专利申请时序分析用来预测未来的专利发展趋势。多维数据分析即多角度分析数据,专利可视化分析系统可以从专利申请时间、专利公开时间、专利代理机构、专利申请区域、专利权人、专利发明人、专利分类号、专利授权、专利失效、专利类型十个维度进行分析。这些维度不是毫无关系的,用户可以选择任意的维度进行组合分析。

三、专利信息可视化分析系统数据仓库构建

数据仓库的设计规划包括概念模型设计、逻辑模型设计和物理模型设计,概念模型主要是用于分析领域主题和用户需求,逻辑模型构建主要是考虑事实与维度、量度与粒度的关系,维度建模对终端用户来说能够快速完成的数据结构化的设计方法,维度表示分析角度,量度表示分析结果,粒度表示分析细度。物理模型主要用于存储结构、存储优化和索引结构等,物理模型的实现需要考虑数据库存储的存取时间、物理空间和维护代价。

专利数据的处理困境包括数据的异构性、非完备性困境、时效性困境、安全保障性困境、企业软硬件资源基础设施的困境。异构的专利数据要放入数据仓库需要先对专利数据进行 ETL,ETL 作为传统数据仓库的底层技术组件,是对数据进行抽取、清洗转换后下载到目的端的过程。在抽取前期需要弄清楚数据来源,是否存在手工数据和非结构化的数据。在清洗转换阶段,需要过滤掉不符合要求的数据,对不完整的数据、错误数据和重复数据进行清洗,经过前面两步的处理后就可以加载入数据仓库中。数据仓库中数据的质量,从而影响到联机分析处理和数据挖掘结果的质量。

四、专利信息可视化分析系统模型构建及实现

(一)专利信息多维分析模型的维度构建和实现

SSAS 是 software as a service 的简称,即软件即服务,通过互联网提供软件的模式,主要是建立、组织多维数据库,所有的硬件、服务器、软

件及相关设施都由服务商提供，用户在互联网上就能直接享受到便利的硬件、软件和维护服务。SSAS 是云计算的一种模式，它只需要投入较低的成本，就能实现异地协同办公，具有较高的工作效率。SSAS 数据库的扩展能力包括数据挖掘、权限和访问接口，需要大的储存能力和数据作为支持，市面上出现的 QQ 企业邮箱、百度云盘、有道云笔记都是 SSAS 的应用模式。

（二）专利信息多维分析模型的多维数据集构建与实现

专利信息多维分析模型存储在联机分析处理数据库中。联机分析处理的核心思想是建立多维度的数据立方体，以维度、度量为基础，结合元数据实现直观的数据体验。联机分析处理的用户一般是企业高级管理人，主要功能是做分析决策，对来自大型数据库或交易系统的汇总数据的多维结构的咨询。它通过对信息的多种可能的观察形式进行快速、稳定一致和交互性的存取，允许管理决策人员对数据进行深入观察。联机分析处理数据库能够提高查询性能、提高处理性能、优化服务器资源，系统能够管理大量历史数据，提供汇总和聚集机制，并在不同的粒度层上存储和管理信息。该系统最大的特点是能快速、灵活地进行大数据量的复杂查询，处理来自不同单位的信息，由于数据量巨大，联机分析处理系统的数据存放在多个存储介质上，数据最后以一种直观而易懂的形式将信息呈现给决策人员，以便他们准确掌握企业的经营状况，了解对象的需求，制订正确的方案。

（三）专利分析指标的构建与实现

构建专利分析评价指标体系，主要涉及加强专利评价指标体系的通用化和标准化，对专利各项指标的评价结果可与可视化的专利组合分析模型相结合。[1]专利分析的关联指标包括专利家族的构成数量、IPC 分类号数量、权利项的数量等事项。

用户首先选择需要的指标，在已有的专利模型基础上创建各种专利评价指标。一般可以将专利评价指标体系中的指标分为数量类、质量类和价值类三类。指标体系应当全方位关注专利各方面的要素，并形成对专

---

[1] 于晶晶、谭思明："专利组合分析评价指标体系的构建"，载《现代情报》2009 年第 12 期。

利进行衡量的一种标准化统一度量。形成了科学而严谨的评价指标的分析方法后，还需要严格地把握操作程序，形成一整套专利价值分析操作标准化流程。

（四）数据挖掘模型构建

目前行业内有比较成熟的数据挖掘方法论，标准化的主要有 PMML、OLE DB for DM、CRISP-DM 等，数据挖掘是为未知的信息模式而研究大型数据集的一个决策支持，使用自动方法分析数据，来辨识隐藏在数据中有益模式的过程。数据挖掘的目的是通过模式发现数据挖掘算法，并找到解释这个算法结果的业务知识相结合的方法，同时数据挖掘算法揭示的问题不是人工可以直接认识到的。在专利分析方面，数据挖掘算法提供一种超越人类以正常方式探索模式的能力。这些需求的解决就需要用到数据挖掘，数据挖掘应用到专利数据分析中最重要的意义在于从海量的专利数据中去发现模式，数据挖掘步骤一般包括数据准备，生产最终的数据集后，在此基础上建立模型，对产生的模型进行比对验证、准确度验证、支持度验证等以确定模型的价值，进而进行下一步的聚类分析，最后为专利战略的制定提供决策支持。

（五）数据预测模型构建

数据预测模型建立分为了几个阶段，第一步数据描述性分析占用了大部分时间，基准模型需要确定分类和数值特征，识别缺失值；第二步是数据预处理；第三步是数据建模；第四步是性能预测。在选择模型时，会组合多个性能良好的模型预测结果。预测模型可以减少每次计算任务所需的成本，减少浪费容量，通过使用预测建模，为数据中心的设计、建造和运营方式带来变革。

（六）专利信息可视化分析系统实现

在专利信息可视化的实际运用中，一个好的应用系统，不仅可以多角度地展示信息，使海量的数据表达条理清晰，而且还能够进行信息的对比与交互，表现出数据之间的内在联系。可视化通过利用合理的设计方式分析并组织数据和信息，是艺术和技术的完美结合，借助图形化的手段，清晰有效地表达信息，将专利信息统计、分析、挖掘的结果快速直观地传递出来。DI Inspiro、Insights、Innography、Ambercite 这几个具有代表性的可视化工具都是以能够提供生动多样化的可视化分析图著称。

五、专利信息可视化分析系统应用

（一）数据分析层次上的应用

数据是关于客观事物的抽象描述，可视化使得对客观数据完成较好的认知理解变得可行，数据可视化被使用在多个领域，随着数据可视化在商业上广泛运用，只有通过必要的数据分析，才能找到产生问题的源头，形成解决问题的方法。数据分析的核心不是数据，而是通过设计有用的数据指标，通过可视化系统分析实现价值增量的过程。

（二）专利数据挖掘的应用

专利数据挖掘的应用是专利信息可视化分析系统应用的重要功能。这里主要从专利文本挖掘、专利聚类分析、专利申请预测展示系统的应用。

1. 专利文本挖掘

专利文本挖掘，是从非结构化文本中提取出能够体现专利技术信息的结构化知识进行挖掘。与具有特定结构的数据不同，文本数据是非结构性的。

在方法体系层面上设计出的框架包括基于合作、基于引用和基于技术主题三个方面。这个框架适用于专利权人关联网络分析的社会网络分析方法体系。其中，基于合作的专利权人合作网络分析方法包括全球规模、特定学科主题、特定专利权人和自我中心网络四种类型；基于引用的专利权人引用网络包括直接引用、专利共引和专利文献耦合网络三种类型；基于主题的专利权人主题关联网络包括专利分类号共现、分类号相似度计算和主题词共现三种类型。

2. 专利聚类分析

专利聚类分析是指将聚类分析方法对专利文献信息进行分析的过程。聚类分析是根据物以类聚的道理，将抽象对象的集合分成由类似的对象组成的多个类的过程。文献聚类分析的软件包括 Thomoson Innovation、TDA、STN AnaVist、PatSnap 等。文本聚类主要是依据聚类假设即同类的文档相似度比较大，不同类的文档相似度比较小。目前开展的专利聚类分析主要是针对专利说明书中的内容。文本聚类能够对文档集合进行有效的组织，作为一种定性和定量相结合的数据分析与挖掘方法，需要引入数学工具—数值分类学。

文本聚类方法是先利用空间模型把文档转变成高维空间中的向量，然后对向量进行聚类。在聚类工作开展前，需要对文本数据进行预处理，主要包括分词、词性标注、停用词过滤的工作，被聚在一起的专利通常被称作一个主题，这种主题相比专利 IPC 分类号有更加小的粒度，能够提供更为细致的分析结果。[①]聚类结果通常采用专利地图来表示，将专利文本根据相似距离映射到二维平面上，采用等高线刻画专利数量形成地形图，地图中技术主题聚集的地方形成山峰，一个主题中专利数量越多，其山峰将越高。[②]

在对专利信息进行聚类分析时，分析的内容主要针对文本信息。文本信息包含了标题、摘要、权利要求、说明书等内容，文本聚类分析中主要针对的技术内容包含了技术术语、技术特征等。通过文本聚类分析，可以了解专利技术布局，掌握专利技术发展态势，指导技术路线规划。由于专利聚类分析是基于内容的挖掘与分析，是从概念和内容的角度对专利文献中包含的技术特征例如技术术语、关键词等进行更深层次的分析，从横向分析可以测度不同专利文献间的相似性与关系，从纵向分析可以发现各领域技术间关系的演变和发展趋势，进而引导出新的预见和决策依据。聚类处理的对象一般是高维的数据，在聚类结果可视化方面，主要以专利地形图、气泡图、一维因素关系图、交叉参考关系图等形式表现出来。专利聚类的处理流程主要包括相似度计算、专利聚类、可视化三部分。聚类方法包括层次聚类、非层次聚类、智能聚类法，同时未来专利聚类中很重要的研究方向还有如何将专利聚类结果进行精细的组织以及合理的展示。

3. 专利申请预测

专利申请数据预测是指在运用理论指导，根据统计资料进行定性分析的基础上，采用定量方法，对未来专利申请数据状况和结构等发展趋势所做出的分析、判断和推测。[③]通过历史申请数据的累计，可以实现区域专利申请预测，用户可以通过预测模型、区域、周期进行选择。专利数量已经成为衡量企业原始创新能力的重要指标，专利申请预测可以为企业开展知识产权工作，制定发展战略提供依据，能够通过指标量化激励企业进行技术创新和产

[①] 江洪波、安勇、毛开云："专利聚类分析方法在技术预见中的应用探索"，载《第七届全国技术预见学术研讨会文集》。

[②] 陈旭、冯岭："基于技术功效矩阵的专利聚类分析"，载《小型微型计算机系统》2014 年第 3 期。

[③] 袁有楼、成思："广东省专利申请数据预测与分析"，载《科技管理研究》2007 年第 8 期。

业升级。同时，为了提高专利管理部门工作效率，活跃专利代理服务市场，通过分析专利申请量和授权量的比例可以完善相应的工作。

第四节 商业秘密管理

在这个信息高度发达的社会，掌握在各国手中的信息已经成为促进经济发展的强大动力，这种通过不为公众所知悉、能为权利人带来经济利益，具有实用性采取保密措施的经营和技术信息，就是商业秘密。①尽管商业秘密是一个企业发展的核心竞争力，然而，在中国较初级水平的知识产权管理工作中，企业最关注的是专利管理，全国大多数企业对商业秘密的关注度是很少的。②在知识经济飞速发展的今天，企业更应该重视商业秘密的管理，商业秘密作为企业发展的重要经济资源，对企业参与竞争有极大的促进作用。百年老店可口可乐一直以商业秘密作为保护配方的方式，也是使其在世界各地市场都处于领导地位的原因。③

一、商业秘密的概念与特征

（一）商业秘密的概念

1993年的《反不正当竞争法》是中国正式规定的保护商业秘密的法律，《关于禁止侵犯商业秘密行为的若干规定》对工商行政管理机构查处侵犯商业秘密行为确定了具体的规则。商业秘密首先是一种技术信息和经营信息，它具有期限优势，保护期是不确定的，无地域性且非公开的，商业秘密的独占性不需要依靠法律，而是依据保密措施而实际存在，具有创新性、保密性和经济价值等基本属性。其中创新性是指商业秘密并不为人所周知的公共领域，它具有新颖的特点，是一些人通过个人努力才能创造出来的成果；保密性就是这些商业秘密权利人要对这些成果进行保护，防止别人窃取自己的劳动成果；经济价值则是可以给个人或集体带来商业利益。国家工商局令《关

---

① 从法律的规定来看，商业秘密并不属于专利，但考虑到商业秘密与专利之间存在着密切关联性，因此本书亦将商业秘密的内容纳入其中。

② 刘华："甘肃省企业知识产权管理问题初探——谈我省企业商业秘密管理的问题和对策"，载《科学经济社会》2011年第2期。

③ 孙慧："论现代企业制度下的商业秘密管理"，载《法制与社会》2010年第6期。

于禁止侵犯商业秘密行为的若干规定》中明确商业秘密的界定范围："科学技术、制作工艺、管理技巧、程序设计、货源情报、招标书、合同等涉及企业正常运转的信息。"从我国目前商业秘密的立法情况和国际管理水平上看，商业秘密的保护呈现了广泛性的特点，而且范围将不断扩大。

（二）商业秘密的特征

1. 秘密性

《反不正当竞争法司法解释》第九条指出有关信息不为其所属领域的相关人员普遍知悉和容易获得。既包括"从公开渠道可以获得"的信息，也包括"不能轻易被获得"的信息。公众如果知悉便不具有秘密性，不论知悉的是少数还是多数人，无须经过太多努力就可以获得的经营信息不具有秘密性。在司法实践中，秘密性的具体表现是秘密点的寻找，受保护的秘密点应该能够涵盖侵权者使用的经营、技术信息，并且无法通过公开渠道获得。

2. 经济价值性

商业秘密的经济价值性是指商业秘密能为权利人带来现实或潜在的经济价值或竞争优势。商业秘密可以理解为是权利所有人因掌握商业秘密而具备于未掌握该商业秘密的竞争对手的竞争优势。价值性要求商业秘密是能为权利人带来经济利益，提升竞争优势的，有助于企业减少生产成本，提升经营管理绩效。商业秘密是权利人的一项财产，凝聚了权利人的各项劳动，商业秘密价值也体现了它是企业客观存在的一种无形资产，在确定某些信息是否商业价值时，需要将权利人的劳动、资金、时间的投入考虑进去。商业秘密的性质是属于无形财产，如果商业秘密如果符合新颖性和创造性的要求，就具有专利权的性质，都可纳入专利权所属的保护范围内。

3. 实用性

商业秘密的实用性要求信息必须是客观有用的、具体的、确定的，商业秘密的实用性要求商业秘密必须转化为可以具体实施的方案或模式。实用性要求商业秘密应该是具有可操作性的方案或阶段性技术成果。实用性和价值性是密切相关的，实用性是价值性的基础。

4. 权利人采取了合理的保密措施

合理的保密措施，拥有商业秘密的主体采取了必要的保护措施，防止他人以非法手段获得商业秘密，对涉密信息的知悉范围进行了限定，对涉密信息载体采取了防范措施,对于涉密信息采用了密码或代码等。因此对商业秘密采取保密措施,才构成商业秘密的保护,也是权利人要求法律保护和司法救济的前提。没有采取任何合理的保密措施,就不能构成商业秘密的保护,就不能得到法律的保护。

二、商业秘密的种类与权利归属

商业秘密大致可以分为技术与经营信息,技术信息是指应用于工业目的的没有得到专利保护的、主要为有限的人所掌握的技术和知识,即符合商业秘密的非专利技术,技术秘密一般与产品生产和制造有关的秘密信息。内容包括:设计图纸、技术设计、应用实验、技术样品、工艺流程、技术诀窍、工业配方、化学配方、制作工艺、制作方法、计算机程序等。作为技术信息的商业秘密,也被称作技术秘密、专有技术、非专利技术等。技术信息可以是具有特定完整的技术内容,也可以是技术或产品中的部分技术要素。经营信息是指符合商业秘密定义的有关经营管理方面的方法、经验和策略。内容包括:定价策略、采购资料、竞争方案、管理诀窍、客户名单、货源情报、生产销售策略、产销策略、财务状况、进货渠道、投融资计划、标书标底、谈判方案、财产担保及涉讼纠纷等方面的信息。经营信息在表现特征上同技术信息一样,可以是一个完整的经营方案,也可以是经营方案中若干相对独立的经营要素,经营秘密一般指与产品生产和制造有关的秘密信息。

《反不正当竞争法》第10条在定义商业秘密时,使用了"商业秘密的权利人"的称谓,但没有对"权利人"的范围或者含义进行说明或者解释。英国的法律倾向于保护雇主的权益,美国的立法在法律规定的某些情况商业秘密成果归属雇主,我国台湾地区对商业秘密的归属是以约定优先。在我国企业中,商业秘密的权利人一般可以从雇佣关系下、委托合同关系下、合作开发关系下来看。首先,雇佣关系下职务技术成果的归属,根据《合同法》第326条,职务技术成果属于单位所有,由单位拥有并行使技术成果的使用权、转让权。非职务技术成果指技术成果与职工的工作任务和责任范围没有直接关系,而且不是利用本单位的物质技术条件完成的技术成果。非职务技术成果归属于职工个人,其使用权、转让权由完成技术成果的个人拥有和行使。委托合同关系下,如果没有约定或约定不明的,委托人和被委托人都有使用和转让的权利，也就是说由当事人共同拥有。但是，被委托人在向委托人交付研究成果之前，不得转让给第三人。另外，除当事人另有约定以外，委托开发中完成的技术成果的专利申请权属于被委托人。合作开发关系下，如果没有约定或约定不明的，归全体合作人共同拥有，共同行使使用权、转让权和专利申请权。

三、电网企业商业秘密保护

（一）存在的问题

目前一些企业对商业秘密的保护意识不强，成长中的一些企业对国际国内市场的技术、经营信息缺乏认识，从而把本应属于商业秘密的技术信息和经营信息，看作一般信息，没有使用某些保密措施加以保护，除了正规的资料、文件，存在于废旧电脑磁盘、办公废纸的商业秘密经常被工作人员遗忘忽视，在规章制度和保障落实方面没有加强对文件资料的整理和保存。[1]掌握企业相关商业秘密的骨干因为离职原因，把内容透露给别的企业，只有劳动合同而没有签订保密条款，或者是企业在对外接待活动中，允许别人参观、拍摄一些重要生产工艺和流程及场所无意中泄露商业秘密。企业缺乏关于商业秘密的规章制度，在对员工的行为约束上存在空白，保密措施的实施不力直接导致企业无形资产的流失。而一些企业尽管有商业秘密保护意识，也只局限于形式上的保密约定，笼统粗略地进行了规定，把合同附随义务和单纯的竞业限制约定作为商业秘密的保护措施，没有真正发挥应有的作用。一旦发生商业秘密的泄露，在报案或诉讼过程中，诉讼和相关的鉴定程序可能也会导致秘密二次泄露。

（二）商业秘密保护的对策

为了加强企业关于商业秘密保护意识，应当在企业管理中包含商业秘密管理部分，才能在市场竞争中保持自身的优势。第一，企业应该完善商业秘密管理机制，根据商业秘密流通环节，让相关业务、技术人员自觉地管好自己工作范围内的秘密，履行职责和义务，或者将这项内容做成信息安全手册，在员工入职时就进行培训教育。第二，加强保密宣传培训教育，提高企业职

---

[1] 罗明安："浅谈商业秘密保护存在的问题及对策"，载《中国电网教育》2008年（S3），第112～114页。

工保密意识，使商业秘密泄露问题防患于未然，让企业职工意识到保护商业秘密的重要性和必要性，具体可通过与涉密人员签订保密协议、在劳动合同中增加保密条款等方式实现对商业秘密的保护，对保密内容和范围、双方的权利义务、协议期限及具体违约责任等必要内容进行明确细化。第三，对密级资料设置必要的保密措施，同时建立好信息安全维护的危机应对处理机制，一旦资料泄露，采取何种手段将损害降低到最小。同时，企业法务人员应当知晓商业秘密侵权的救济措施，在民事诉讼中应明确秘密点并积极进行证据的收集，包括企业作为权利人持有商业秘密的证据、采取相应保密措施的证据、嫌疑对象使用与诉争商业秘密相同或相似的信息的证据等。第四，关于涉密信息的设备按照不同密级进行采购、存储、登记，在使用、管理、维修、销毁等环节加强保密管理。第五，根据相关岗位负责人掌握商业秘密的具体情况，签订在某期限内不准利用商业秘密为外单位服务的保密协议。通过保密通知，告知保密义务及法律责任。通过最小授权，严格用户登录身份管理以及其涉密信息知悉范围。第六，企业要强化信息资料的管理。信息资料是商业秘密的载体，确定相关资料的密级和保密期限，并做好标识。第七，企业涉密网络运行维护服务外包的，应当签订好涉密合同，加强保密管理，选择有涉密系统机制的公司合作。

第五章

专利全过程管理

企业对于知识产权的管理大部分都是局限于对于项目的管理与项目的开发内容。较少的企业能够结合企业的整体发展来进行知识产权的管理,缺乏一种全局的观念,不能综合全局实现知识产权灵活管理。[①]所以需要强化专利全过程管理,让电网企业的专利保护体系更加健全。

首先从专利的获取与确权出发,通过专利提案为专利申请做出准备,然后通过专利检索提前对相关市场中已有的类似专利进行排除,然后再对企业中有机会申请专利的发明技术进行专利挖掘,然后通过对大环境中的各种因素进行专利地图的制作,从而对整个行业进行专利布局,最后完成整个专利获取与确权的整体过程。然后再从专利维护的角度出发,通过分析专利价值评估的方式以及对于专利分级管理两者结合来对申请专利后的发明创造进行维护。此外还要处理专利的标准化与专利投融资与企业重组以及专利交易多个层面对于申请专利后专利的运营问题。最后要强化风险预警与出现问题后的危机处理。

第一节 专利获取

一、专利提案

在进行专利获取的第一步,我们需要对专利进行专利提案。专利提案包括提案申报和提案评审。

---

① 张之川:"电网企业知识产权保护分析",载《吉林电网》2015 年第 5 期,第 31 页。

（一）提案申报

提案申报包括提案、专利及奖金分配，运用专利管理系统可实现提案、专利、奖金的管理。在提案申报过程中对于整个过程实现实时监控。提案申报部分通过授权控制，只有发明人才能看到这一部分。

1. 新提案

发明人提供填报新提案申请的时候需进行新提案提交。在专利管理系统中提交提案流程如下。在系统进行新提案的提交的时候是将新提案申请专利的《申请中国专利申报书》以及新提案申请专利的《中国专利申请审批单》信息提交。在发明人填写完这些相应的信息之后，选择保存操作，将案件以草案的形式保存，方便之后重新打开然后进行相应的更改等编辑活动。在进行专利评定审核之前，可以提前先提交给在接下来审核步骤的这一个审核批准人进行专利审批，但是在审批过后就不能再进行编辑与修改。提案管理的内容包括是否通过评审以及是否需要退回然后进行相关内容的补充等问题。同时，在管理系统中可以实现对于需要补充的内容进行补充，在查询的时候也能够自动地将新提案的内容进行排序。

2. 专利提案信息

从提案中可以看到与专利相关的文件、费用、任务等信息，以及专利的详细信息。这样便于电网企业对其内部的发明人做出的发明创造进行专利申请以前的详细整体的了解。

3. 奖金

在奖金的分配方面，可以对拿到申请号或是授权号的专利提案的奖金与只是做出提案却仍没有获得专利发明的奖金分别设置不同的标准，在提案部分就让企业的发明人能够享受到相应的福利，这样可以彰显电网企业对于发明创造的激励。

（二）提案评审

提案的评审分为未审批提案和已审批提案，分别按照以下流程进行操作。评审流程主要是企业中负责评审的人员完成评审操作，并可以跟踪已经评审过的案件情况。由于不同的企业会有不同的审批需求，有的会有涉外专利提案的评审、PCT进入国家的评审、专利的维持评审、奖金评审等，因此单独作为一个部分便于后续的需求扩展。①

1. 未审批提案

在系统中以列表的形式列出所有流转到当前用户需要评审的案件,列表中可以查看提案当前的评审流程,评审操作的日志,针对单个提案打开评审页面,在页面中会列出提案人填写的所有信息,最终给出评审意见:同意、不同意、退回补充等,同时也会给出审批的意见和建议。提交后案件会根据评审的结论流转到下一步。这样比较清晰的电脑操作系统可以帮助电网企业成体系地完成提案评审环节的管理与监控。

2. 已审批提案

在电脑的列表中列出所有当前用户审批过的案件,针对这些案件,可以方便地查看到当前的审批情况。在这个系统中能够针对符合条件的提案进行查询操作,查询的内容包括:提案名称、提案编号、提案人、发明人、提案日期、提案机构等。电网企业在这样的系统中对已审批的提案可以实现更好的管理。

二、专利检索

(一)专利检索的重要性

专利检索是企业进行专利管理的一个基石。因为企业只有通过专利检索与专利分析才能够实现对一个行业的专利权的一系列的了解,从而使得企业在获得一项技术的同时能够获得该技术的自主专利权。所以企业应当在进行技术开发与专利布局之前就进行整个行业的专利检索来调节整个企业的研发方向。同时通过专利检索可以减少由于重复研发已经有专利权的一些技术从而浪费大量的人力与财力。通过专利检索,一是企业可以根据专利申请答复中的内容,对保护范围等内容进行适当的调整。二是企业还能够对整个行业的专利信息进行整合,从而建立起整个行业的专利信息库,能够为企业在进行科研前提供一定的方向,将企业专利与整个行业相关技术内容结合起来管理,通过专利检索可以使得企业资源能够最大化、最优化地利用到还没有专利布局的领域。此外在建立起了整个行业的专利信息库以后,企业能够根据整个专利信息库来进行技术的扩展,根据专利信息库进行补充,补充

---

① 丁伟波:"大型企业专利管理平台设计与实现",华北电力大学硕士学位论文。

专利信息库中所没有的内容，从而申请得到更多的专利，为整个企业的发展方向进行规划。最后，在专利检索过程中还能发现在该技术领域比较先进的专利技术。在这一领域较弱企业暂时没有能力研发出同等级别的技术时，可以通过专利检索与分析了解到在这个行业拥有这类专利最多而且引用次数最多的专利，从而使得企业进行专利转让与专利许可的过程中，比较容易找到这个行业比较好的企业进行专利转让与专利许可。总之，通过专利检索与专利分析从全方位对企业的专利进行管理与布局。

（二）专利检索主要任务

专利检索的两项主要任务是：通过前期的大量专利文献的阅读判断技术主题的 IPC 分类号和检索发现技术点与效果点的关键词。

不同的专利检索数据库进行检索的过程中使用的方法不同，但基本上所有的数据库都有的两类检索方式就是与《中国专利数据库检索系统》基本检索与专家检索相类似的简单检索与高级逻辑检索。

在基本检索中，与百度搜索这样的搜索引擎使用方法大体类似，就是对于具体的一些类目下如：专利申请号、专利公开号、申请人姓名、专利名称、专利代理机构等这些内容输入一些单个的关键字来进行检索，这样的检索一般都比较简单易懂，方便操作，没有接触过专利检索的人群也能够很好很快地适应其使用。

在专家检索中，也就是高级逻辑检索，就是用一系列的关键词来概括这个技术的关键技术点或者是效果点等内容，然后通过"AND""OR""NOT"这些逻辑连接词来将这些关键词连接。

综上我们可以看到有两种检索的方法可以相互结合实现检索，看起来好像并不是十分复杂，似乎非业内人士也能够完成，但实际操作远不是像写出来的那样简单，在进行检索之前要充分了解该项技术的技术体征，从而才能总结出该项技术的关键技术点与效果点，然后再写好用逻辑词连接而成的检索式以后还要进行检全率与检准率的查询，争取最后获得的检索式的检全率与检准率的最大化。

由上述内容可知，专利检索需要完成的两个重要内容分别为：一是完成检索然后判断技术主题的 IPC 分类位置；二是完成检索并发现技术主题的主题词。

1. IPC 分类号

首先应当在一些搜索引擎与一些学术网站上对该类的内容有所了解，从而找出一些与技术密切相关的技术点与效果点关键词进行搜索，在搜索到的众多文献中进行阅读找出最为契合需要找到的技术分类与技术点的内容，从而导入专利检索软件中的自己建立的数据库，然后再用专利数据库进行分析，分析可以得到找到的这些较为准确的专利集中于哪些 IPC 分类号，然后再针对这些 IPC 分类号在《国际专利分类表关键词索引》中进行查阅，删除一些与我们需要检索的行业无关的 IPC 分类号。最后得到的分类号就是最为符合我们检索主题的 IPC 分类号了。

2. 主题词抽取

主题词的提取也称关键词的提取主要是在阅读大量的相关专利文献以后得到的主题词的内容。然后将得到的技术点与效果点的关键词进行同位概念与上位概念的补充最后获取的一系列的关键词。

（三）电网企业专利检索

电网行业涉及面太广，所以这里如果仅就电网行业中的发电企业来讨论就已经十分复杂。电网企业检索工作存在以下两方面困难。一方面，在电网企业中工作的相关技术人员对涉及专利检索的法律和专利方面的知识了解不多。另一方面，电网企业中的一些从事法律相关工作的工作人员能够完成的工作，主要是法律相关的工作但是他们对于电网技术的专利内容了解得很少，所以这都会使得电网企业的专利检索与专利分析出现很多的问题。所以，应当对于企业工作人员进行系统的培训，开发出专门用于电网企业的一些专利数据库，然后再用专门的电网企业的技术人员对网站进行更新和维护，使得企业能够高效地进行专利保护与管理工作。

三、专利布局

国际上由于电网企业涉及的技术领域十分广泛，并且各专利权人所持有的专利技术又各不相同，所以专利布局的工作在专利获取与确权中显得十分重要。

在电网行业专利的重要技术领域方面，国际专利分类 IPC 代码归纳分析得出，电网相互之间的合作技术领域较多，其中最常见的有五个方面，一是电网的供电系统；二是电网中电线电缆的安装；三是对电网导体材料的选择与运用；四是在紧急保护启动时的电路装置；五是电网中的照明电路。在电网各个专利技术领域上，不同的专利权人拥有的不同专利所带来的优势是不一致的。

（一）专利布局的概念

专利布局的定义有两种分类，一种是比较全局性的定义，这类的专利布局主要是对于企业而言的专利布局，主要指对于整个企业整个行业的专利布局，主要用来指导应当什么时间申请专利以及申请专利量和申请的领域。另一种就是较为具体的定义，这类定义主要是指用专利布局来对企业的某一具体技术进行分析，从而得到该技术是否能够申请专利，或是否会被无效地较为具体细节地分析。这一部分讨论的主要就是后者所指向的专利布局。①

（二）我国电网行业专利布局考虑因素

我国电网行业专利布局应该考虑以下几方面。

1. 与国家标准对应的专利

首先因为企业一般都有自身的企业标准，如果国家对于这类技术已经有相应的国家标准，企业就应当努力向国家标准靠拢，并且努力寻找自身的技术是否有与国家标准相关的一些技术从而进行申请与布局。而如果国家本身并没有相关的标准，那么企业就应当注意建立自己的企业标准，尽可能多地在这一领域申请专利，努力使得自己的企业标准在成为国家标准的时候拥有相关的最多的专利，实现企业利益最大化。

2. 国际标准

需要走向国际的企业就需要特别注意在国际标准的领域进行专利布局了，首先，近来的一些关于标准必要专利的相关案件，表明了标准必要专利的重要性，以及拥有了国际标准中的相关技术领域的专利后，就相当于获得了相当大的市场份额，所以想要进入国际市场就需要关注国际标准的制定，或者关注其他国家和地区的国家标准的制定，最后综合分析得到一个更为完整的国际标准的预测，然后让企业的相关专利布局工作人员在国际标准预测的前提下，进行专利布局中的具体专利申请的工作的开展。

---

① 谢顺星："专利布局浅析"，载《中国发明与专利》2012 年第 8 期，第 24 页。

3. 关注技术走势，在技术发展的道路上圈地

这主要是指对未来的一种预测的专利布局的手段，对于一些企业现在只有初步想法或是因为相关技术的原因，目前无法实现的技术提前进行专利申请文献的撰写，这样的方式也不会消耗太多资金，总之在技术领域前沿的位置进行专利布局，有助于该专利成为很重要的标准专利以后企业的盈利。所以我们也应当在技术预测的方向进行专利布局。

4. 关注竞争对手

专利分析的很大的一个目的就是为了防止竞争对手对自己专利的打击，所以我们需要充分了解竞争对手的专利分析，才能够实现知己知彼，检测对方的专利走势，结合自己的技术领域进行相应的专利申请和专利布局工作的开展。电网企业竞争十分激烈，所以在电网企业进行专利布局的时候要充分注意重要的国外的电网企业的专利布局情况然后对自身的专利进行布局。

5. 关注相关行业的发展

对于相关行业的关注也能使得我们的专利布局更具备全局性，例如，在第四代通信行业的专利分析，我们可以进而分析该专利布局是否与电网企业的相应技术相关，能否带来电网企业的相关转变。这类分析只需投入较少的资金，在一些没有人注意到的可以结合两个新兴行业的领域就能获得十分可观的收益。

6. 关注对已经成熟技术的细节改进

电网行业属于比较成熟的一行业，所以相关的技术也都比较成熟了，但是对这个领域进行专利布局也还是有很多可以做的内容，可以对比较成熟的内容寻找一些新增点和空白点来申请专利，虽然只是在一些较为细节的点申请专利，但是在这些细节的点申请专利所消耗的成本较低，开发起来也比较容易。这时就需要对于该领域已有的专利充分了解进行布局。[①]

上文从几个方面论述了应该如何考虑电网企业的专利布局，无论从哪个方面来讲，专利布局的工作都应当分解到具体的项目中，这样才能进一步落实专利申请的产出。

（三）专利布局与科研立项规划

科研立项规划完成后，需要有相适应的专利布局规划以支持科技项目成果得到更好的保护，形成更多的核心技术和围绕核心技术的无形资产。科研

---

① "电力行业专利布局及专利产出的一些思考"，中国 IP 网 http://blog.sina.com。

立项规划后，对于立项涉及的研发方向、研发方案、技术路线等内容都需要辅以科技情报分析以有助后期的研发决策和研发方案的制订，科技情报分析中关键的一环便是专利分析，通过专利分析发现技术空白点，了解行业研发现状，可以知道研发方案和实施研发决策，同时还可以发现布局空白点，需布局的热点区域等信息。因此，科研立项规划完成后所进行的相关工作与专利布局相匹配实施，将大大有利于专利布局实施的效率和效果，因此需研究专利布局规划的节点和科研立项规划开展的节点如何进行匹配，匹配何种内容，信息处理过程中部门间协作的高效性等内容。

电网企业在实践中，应着重分析电网科研立项规划体系和流程、电力行业相关企业科研立项规划体系和流程，结合专利布局有效流程，研究科研立项规划和专利布局匹配机制。

1. 专利规划布局方案的制订流程

在专利规划布局方案的制订过程中，通常会涉及四个主要的部门或内部主体：专利管理部门、公司管理层、市场部门和研发部门（技术部门），其中专利管理部门在整个专利战略布局过程中起到重要的主导和推动作用，如图 5-1 所示。

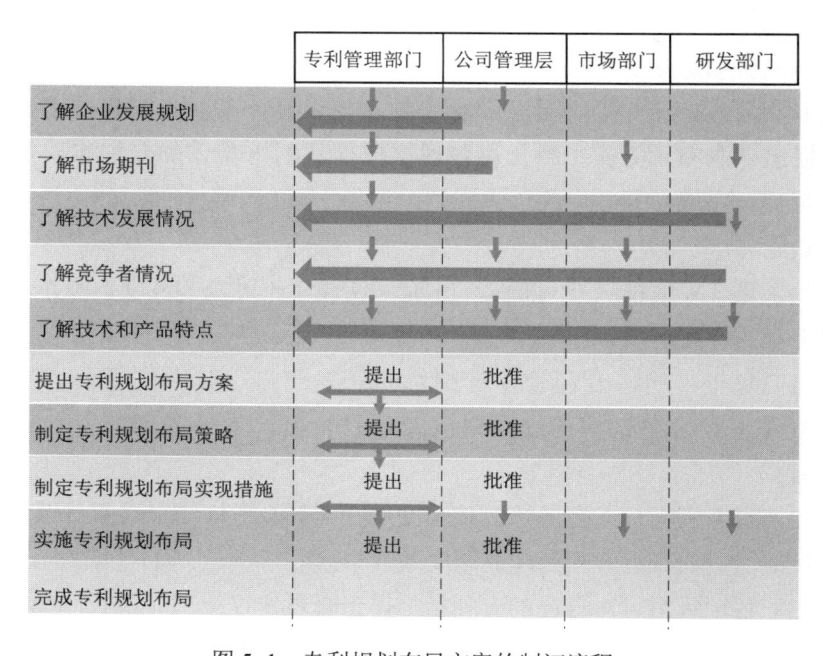

图 5-1 专利规划布局方案的制订流程

| 电网企业专利管理的策划与实施 >>>

在专利布局方案的制订过程中，专利管理部门需要与多个部门进行交流和沟通，全方面了解企业专利布局的方向、目标、需求和重点。这包括：

（1）与公司管理层进行沟通，了解企业目前和未来的发展规划，围绕企业自身的商业发展规划确定专利布局的总体方向和目标；

（2）与市场部门进行交流，了解本企业产品或服务所涉及的市场详细状况、主要竞争对手的市场状况和市场规划信息，根据市场竞争环境和发展方向确定各个产品和市场地域上的专利布局需求和防御对象；

（3）与研发部门进行沟通，了解企业自身产品的技术特点、技术优势、研发实力，以及该领域整体技术状况和演进趋势，从所掌握的技术资源和技术发展角度确定专利布局的结构重点。

专利管理部门自身还需要通过专利检索和分析排查，了解整个行业的专利规模、分布状况、近年的申请变化趋势和申请密集领域，主要竞争对手的专利布局状况、近年的申请动态，以此确定企业在整个行业中的专利竞争位置，为企业进一步明确其专利布局的规模、结构分布、每年的申请量指标提供参考。

专利管理部门与其他三个部门（内部主体）就企业发展规划、市场情况、技术发展情况、竞争情况、技术和产品特点等诸多因素进行了解和沟通后，参考专利分析的结果，结合企业自身的发展目标、布局需求和技术资源状况，提出专利布局方案，经公司管理层批准后制定具体的专利布局策略和实现措施，完成专利布局的总体规划，并在公司内部各个部门的协调下共同推进实施。

为了更有效地推进专利布局工作有序实施，还可以参考以下操作步骤来确保专利的持续产出。

（1）每年年初，专利管理部门协同研发部门一起，按照公司的专利战略规划，结合各部门的立项情况及项目特点，安排当年的专利完成指标数量；

（2）对专利指标的完成情况按季度进行考核，考核结果写入各部门、项目组及部门、项目组管理经理的季度绩效中；

（3）各项目组可对自己的专利指标提出合理建议；

（4）在项目完成前，与该项目有关的所有专利构思必须提前提交给专利管理部门。

若有合理理由需要延期完成的专利指标,须经主管副总裁和专利管理部门批准。

2. 专利规划布局的基本类型

为了获得有利的市场竞争地位,提升专利竞争实力,企业可以具体通过保护性专利规划布局、对抗性专利规划布局、储备性专利规划布局等三种方式来实现。

(1)保护性专利规划布局:为自身企业的专利提供比较完整的保护布局,规避其他人在技术领域上绕开专利从而使用技术的可能,或是使得该专利在整个行业具有相对的一些优势。

(2)对抗性专利规划布局:为了抵御其他企业的重要技术专利的相关内容,为了在未来可能的专利诉讼中可以进行抗辩所进行的对抗性的专利规划布局。

(3)储备性专利规划布局:在未来的技术升级领域保持着自身强大的竞争力,在一些预测的领域进行一些专利布局[1]。

3. 专利规划布局方案的阶段性

一般情况下,企业的专利布局方案中需要包括企业在未来一定时间专利布局的总体目标,并按照企业的发展规划进一步对各个布局阶段作出具体规划,确定各个阶段的专利布局任务和措施。在各个实施阶段,企业的专利管理部门还需要对专利布局数量和结构提出更为具体的指标。此外,在实施过程中,企业还需要结合专利布局方案的执行情况,企业发展规划的调整,外部技术、行业和市场环境的变化,对布局方案作出调整。

总体上,可以将企业的专利规划布局分为短、中、长三个时间阶段,如图5-2所示。

(1)短期专利规划布局。短期专利规划布局的主要任务在于:为即将上市的产品提供专利保护,针对产品开发中的各项技术成果进行专利挖掘,在优势技术点上进行重点部署,并完成既定的专利申请量指标。同时,配合企业的中长期发展规划,执行中长期专利布局的工作,关注下一代产品的专利部署,启动基本专利保护点的铺设工作。

---

[1] "专利课程——企业专利实务概论",http://max.book118.c。

电网企业专利管理的策划与实施

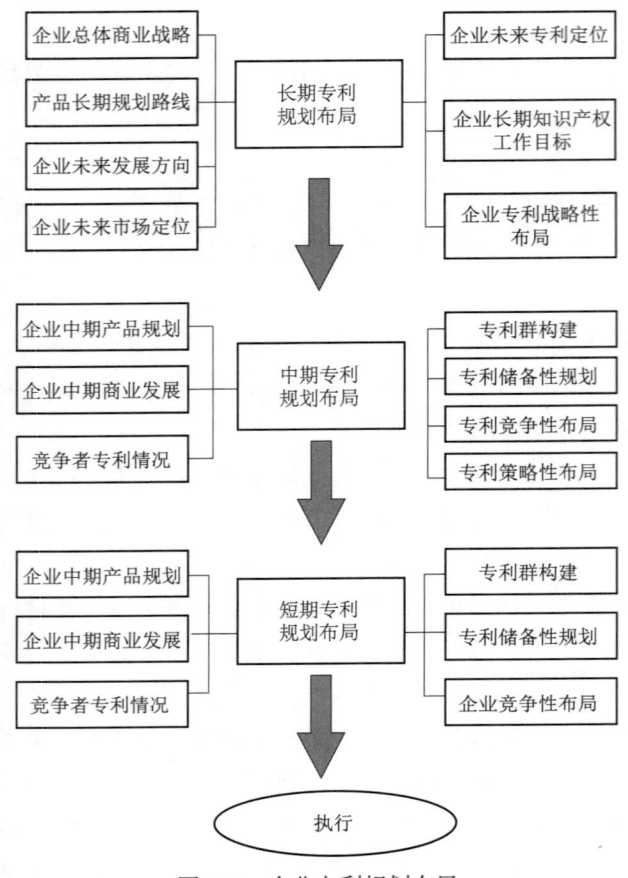

图 5-2　企业专利规划布局

（2）中期专利规划布局。中期专利规划布局的主要任务在于：结合企业的中期产品规划和商业发展情况，以及竞争对手的专利申请状况，完成阶段性的布局目标，根据需求初步完成保护性专利布局、对抗性专利布局和（或）储备性专利布局，形成一定数量规模的专利组合。

（3）长期专利规划布局。长期专利规划布局的主要任务是同企业的长期商业发展战略、产品规划路线和专利定位相呼应，支撑企业未来市场发展。一般而言，企业长期专利规划布局要更加关注提升专利的整体价值。

在这个阶段，企业的专利储备已经形成一定的数量规模和结构分布，在部分领域具备一定的专利实力甚至优势地位，企业往往开始更加关注以下内容。

① 专利运用价值的提升和专利成本的有效控制；
② 开展专利运营，获取附加收益；
③ 依靠专利获取行业的控制力，积极推进自身专利与标准有效地结合；
④ 在保持其专利优势地位和对抗能力的前提下，对专利组合进行结构优化，有意识地去除专利库中的冗余。

在这个阶段，企业可以考虑放弃或者转让价值不高的专利，并且，基于自身的经济实力和专利实力的增长，企业往往可以采取更为多元化的方式来完善其专利布局，补充其专利组合中的专利构成，例如利用交叉许可、购买以及与同行企业结成战略联盟等方式。

4. 嵌入科技项目的技术专利布局

无论是对什么样的产品，在哪些国家/地域进行何种类型的专利布局，均是通过在各技术领域和技术点上，对具体的技术创新方案进行专利挖掘和部署来落实。

各个技术点在产品整体结构中的关键度、对产品创新性的贡献程度以及在专利对抗和竞争中的重要性不同，从技术层级切入，进行专利布局，有助于企业快速地把握专利布局的重点，集中有限资源，获得技术的控制力。

企业的技术创新方案，大多来自项目研发过程中各个阶段的成果。将专利布局的思想嵌入整个研发项目的流程中并贯穿于研发项目的各个阶段，配合研发的进展进行专利部署，可以作为企业进行技术专利布局的主要模式。

通过嵌入研发项目的专利布局模式，可以保证专利布局的策略得以顺畅执行，确保在各个技术点上专利的高效、高质产出，并且使得专利布局的策略和方向随着研发项目的推进得到不断修正和完善。

图 5-3 以产品集成开发流程（IPD）作为研发项目的标准过程，给出了将技术专利布局嵌入研发项目的流程示意图。其中，将专利分析与专利布局作为两条主线平行地贯穿于整个研发项目各个阶段。

（1）概念和计划阶段。在概念和计划阶段，主要是对该项目的技术组成进行分解，检索分析现有专利技术，全面、深入地掌握项目涉及的现有专利部署情况，据此初步评估专利侵权风险，确定专利布局策略和方向，制订专利布局方案。

电网企业专利管理的策划与实施

研发流程	概念阶段	计划阶段	开发阶段	验证/上市阶段
专利分析	1. 了解竞争对手的进展 2. 全面、深入了解该领域现有的专利技术部署 3. 初步评估研发项目的专利风险		1. 逐步判断各个技术开发方案的专利风险 2. 规避设计	1. 评定产品的整体知识产权风险 2. 确定知识产权解决策略：许可/交叉许可、外购、重新设计等
	⬇ 指导		⬇ 修正	⬇ 指导
专利布局	专利布局策划： 进行技术组成分解，根据专利分析结果，确定专利布局策略、方向、制订计划、明确输出时间节点要求，落实责任人		专利布局执行： 确定专利申请技术方案、输出技术交底书	专利布局总结、完善： 对专利布局进行评审、总结、收集产品上市后用户的新业务新功能需求，发掘产品改进方案

图 5-3　专利布局嵌入研发项目流程示意图

（2）开发阶段。概念和计划阶段制订的布局计划在开发阶段得以实施，一一确定具体技术实现方案，并立即进行专利挖掘。在开发阶段，要注意以下一些事项：

① 注重对不同技术实现方案进行对比分析，提炼出共性的技术点，将其作为专利申请和布局的重点；

② 对研发过程中获得的突破性技术进展采取多角度、全方位的专利部署方式，进行专利圈地；

③ 对研发过程中产生的备用技术方案进行筛选，对其中可能具备保护、对抗、储备效用的进行专利申请，进入相应的专利组合中；

④ 及时根据研发资源的分配、项目进展情况，判断各个技术点上的专利布局方案的可执行性，对布局策略和方向进行修订和调整。

（3）验证/上市阶段。在验证/上市阶段，重点是开展以下方面的工作：

① 针对前期的专利布局成果进行查漏补缺，若此时某些方案做了较大修改，也可以考虑针对修改后的方案进行新的专利布局，以防"漏网之鱼"；

② 再次进行充分检索，对行业内其他企业特别是竞争对手进行情报收集，排查潜在的专利纠纷和诉讼等风险，完善对抗性专利布局；

③ 在产品上市之后，收集用户反馈的新业务需要和功能需求以及产品出现的问题，发掘产品改进和升级方案，依托已有的技术优势，进行进一步的外围保护等，保证企业在该领域的有利地位。

四、专利挖掘规程

(一)专利挖掘概述

专利挖掘是开展专利管理工作的基础,也是进行专利布局、构建专利组合的前提。通过规范化的专利挖掘机制和流程,能够帮助企业为其创新技术成果提供更为全面、有效的保护。专利挖掘是一种同时具有技巧性和创造性的活动。主要目的有两个,一是为了充分保护科研成果,二是使企业技术人员在科研过程中所付出的创造性劳动最终得到回报。为了落实专利挖掘这一环节的高效性,一般都需要先按照一定的思路与方法来进行高效率的专利挖掘,最终实现技术成果向专利申请素材全面转化,并且通过一定的合理推测,最后得出更多的专利申请材料,同时也为未来的企业科研方向提供好的思路。

为了高效地实现专利挖掘我们首先要了解专利挖掘的方法。专利挖掘是一个非常需要技巧的过程,一般而言,专利挖掘的方法有以下途径:一种以项目的任务为出发点,另一种以某一创新点为出发点。

1. 以项目的任务作为出发点

这种方法是以一个整体项目为基础来进行的。首先,应当把整个主题项目的整体技术分类组成部分划分清晰;其次,具体分析各组成部分的技术要素,在对技术要素具体分析后我们就能看到各个技术要素的特点,从而在各个技术要素中发掘出其中的创新点;最后,根据发掘出来的创新点汇总后总结出最优的技术方案。

2. 以某一创新点作为出发点

这种方法则是从另一个流程开展的,首先,找出一个具体的创新点,然后再寻找相关的关联因素,然后再找出这个关联因素的其他创新点,最后总结最优方案。[1]

经过专利挖掘以后会形成很多的技术方案,这些新形成的技术方案绝大多数是符合专利授权要求的,也就是说在专利挖掘后就发现了许多申请专利的基础资源,企业的相关专利管理人员可以在这些基础资源中进行分析筛选,确定专利申请的主要内容。

---

[1] "专利挖掘",http://blog.sina.com。

上述两种专利挖掘方法主要是出发点不同，可以依照自身的需求对不同的出发点选择使用。可以分别使用上述的方法，也可以结合使用，结合使用也就是指在采用前一种方法挖掘到许多创新点后，再用已经挖掘出来的创新点作为新的基础，用后一种方法继续从前一个的基础之上挖掘出更多不一样的创新点。

以上提到的两种方法进行专利挖掘的目的与起点不同，同时这两种方法的使用主体也不太一样。

以项目任务作为出发点的专利挖掘方法主要是从完成这一个项目任务的技术组成部分出发，对整个项目组成部分进行全方位的分析，对研发进行全方位的检查，找出每一个层次具体的技术要素，得到每一个层次的技术创新点。所以，从上述内容我们可以看到，采用第一种方法进行专利挖掘的人一般是该行业的一线工作人员对一线的工作内容有着充分的了解。尽管行业的研发人员可能对于专利技术了解不多，但是他们对于该技术行业的专业知识了解得更多更敏感。遗憾的是，有很多企业把专利挖掘的工作完全交给企业专利管理方面的人才，这样的方式由于专利管理人员对科研技术细节了解不够深入透彻，很难挖掘出其中的创新点，比较容易失去宝贵的申请时机，甚至对企业造成比较大的损失。所以以项目任务为出发点的专利挖掘主题最好是让企业技术研发人员与企业专利管理方面的人才相结合一起完成专利挖掘，并且让企业的技术研发人员接受专利制度基本知识以及专利挖掘技术简单培训，培养企业中技术研发人员对专利挖掘创新点的敏感度。

以某一创新点为出发点的专利挖掘方法则是从专利制度的角度出发，先从中寻找一些创新点，再从这些创新点出发，找到与这些创新点有一些关联的因素，最后从这些关联因素出发寻找新的创新点，如果是采取第二种专利挖掘方法的人，则是对于企业的专利制度与专利法相关知识还有企业具体专利情况十分了解的人，但与此同时这类人员也需要具有相应的专业知识，通过企业专利管理人员或专利代理人对专业技术知识的学习与理解，实现专业知识与专利相关内容的了解才能实现多层次、多角度、多方面地申请专利。

具体到电网企业的专利挖掘，我们同样可以利用这两个出发点来进行专利挖掘。以项目任务作为出发点进行专利挖掘时，电网企业的相关专业技术人员通过专利知识与专利挖掘培训后，对专利基础知识有一定的了解，然后就能对电网企业的相关技术有一定的专利敏感度，从而发现创新点并实现专利挖掘。以某一创新点作为出发点进行专利挖掘时，可以利用电网企业专利管理人员接受电网系统相关技术知识的培训，来实现专利挖掘工作。电网企业可以采用两种专利挖掘方法并行的途径来实现更加高效全面的专利挖掘工作。

（二）专利挖掘方法

专利挖掘就是对纷繁复杂的技术成果进行剖析、拆分、筛选以及合理推测，进而得出各技术创新点和专利申请技术方案的过程[①]。专利挖掘常用方法有以下六种，可按照这六种挖掘方法，根据电力行业的特点撰写电力行业专利挖掘方法手册。

1. 从现有技术基础的角度进行挖掘

专利技术往往离不开现有技术。而技术进步，总是站在前人建立的现有技术基础之上，即便是开拓性的重大发明，也不例外。因此，进行专利挖掘不能脱离现有技术。

在专利挖掘过程中，一定要立足于现有技术，找出创新技术方案与现有技术的差异，确定技术创新方案对于现有技术的真正贡献。唯有如此，才能使未来所申请的专利不仅具有坚实牢固的法律稳定性，并且因其通过专利挖掘使非必要技术特征从独立权利要求中剥离，有可能获得与其技术贡献相匹配的最优权利要求保护范围。其中，值得注意的是，在确定创新技术方案相对现有技术的差异和贡献时，要建立在充分检索、尽量收集和获取有关现有技术资料的基础上，而不能仅凭技术人员的感觉得出结论。

从现有技术基础的角度挖掘专利可以从以下几个方面入手：

（1）在现有技术的基础上变更要素；

（2）在现有技术的基础上做选择发明；

（3）组合发明；

（4）转用发明。

2. 从技术分解的角度进行挖掘

发明构思主要来源于企业的研发项目，因此，从技术研发项目出发的技术分解也是专利挖掘中最主要的技术分解方式。从项目任务出发的技术分解方式基本方法如下：

（1）找出待完成的项目任务的组成成分；

[①] 谢顺星、窦夏睿、胡小永："专利挖掘的概念、主体与方法"，载《中国知识产权报》，2008-08-20。

（2）分析各组成成分的技术要素；

（3）将各技术要素的具体创新点找到；

（4）依据找到的创新点最后确定技术主题（该技术主题即为可申请专利的主题）。

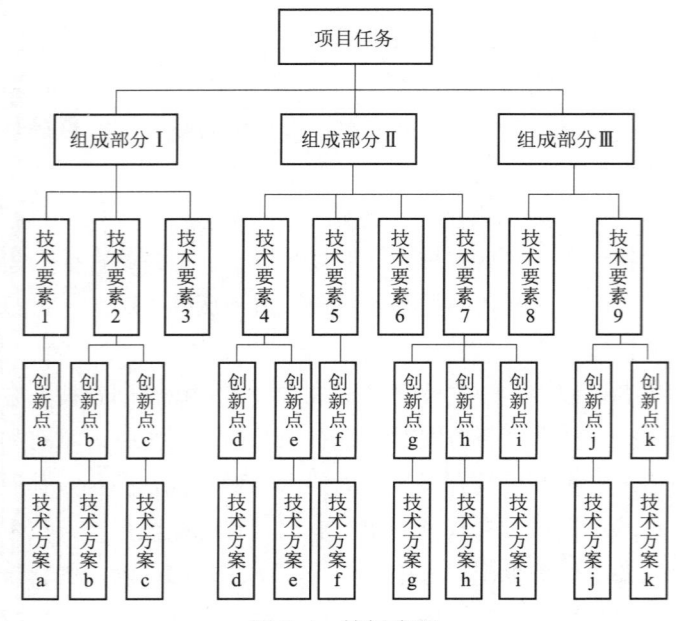

图 5-4　挖掘流程

3. 从功效角度反向进行挖掘

从功效反向进行专利挖掘是指从用户想解决的问题出发，寻找解决办法，或从现有产品的缺陷出发，寻找产品的优化方案。

例如，如果需要申请变压器油新材料专利，我们可以从现有变压器油材料存在的缺陷或问题入手进行专利挖掘。首先找出现有的变压器油材料存在的功能缺陷，然后针对每种缺陷挖掘出相应的解决方案，这些解决方案就构成了专利申请的主题，可以用来申请专利。

4. 从技术功效矩阵图角度进行挖掘

技术功效矩阵图是以技术点和技术效果分别为横坐标和纵坐标，统计本领域的专利申请情况。

如图 5-5 所示，专利密集区是指到目前为止在这些技术点对应的技术效果上已经申请了大量的专利，挖掘出新的专利可能比较难。专利稀疏区和专

第五章　专利全过程管理

	提高绝缘性能	提高可靠性	提高安全性	提高稳定性	降低成本	改进结构	操作方便	提高机械强度	提高防雷性能	降低损耗	提高施工效率	延长寿命	提高精度	提高适用性
绝缘子	38	34	26		23	13	17	23			5	9	1	2
导线	21	16	12		8	9	10	25	3		6	3	1	1
换流器	2	7		6							1			3
变压器	31	43	18	15	13	30	7	6		2		8	2	1
电抗器	4	11	9	13	5	2	3	2	3	7	3			
互感器	7	6	9	4	6	3	6	1		1	1	1	4	
断路器	3	16	6	13	4	3	0	2						
隔离开关	10	16	1	9	6	7	1	5			3	12		
隔雷器	6	18	12		2	1	3	3	12			12	13	4
高压电气配件	24	33	29	14	9	25		17		4	7	7	1	4
测量	6	6	7	2	2	3	7			2		1	2	1
监测	2	14	13	4	5		4		1				1	1
辅助设施	5	9	22	5	14		5		10	3	8	1	1	1
保护设备	1	15	17	6			6		1		1	1	4	
大电网运行		3		4	5	1						1		3
控制技术	9	15	9	15	33	17	3			3		1		3
杆塔	5	11	17	3	21	6	13	26	10	2	22		1	1
平面布置	5	6	25	3	7	2	6	7	1	2	5	1	4	5
施工技术	5	14		6	7	6	3			1				1
试验装置设备	2	5	6	3	7		3		2		2	1		1
换流站														

一次设备及技术 / 二次设备及技术 / 电网运行

专利稀疏区　专利空白区　专利密集区

图5-5　专利功效矩阵图

利空白区说明在这两个区域申请的专利比较少，可以考虑从这两个区域入手挖掘专利。

专利密集区，如纵坐标技术点"绝缘子"对应的功效"提高绝缘性能"和"提高可靠性能"的区域是专利密集区。说明现有专利技术中存在大量对"绝缘子"的改进产生"提高绝缘性能"或"提高可靠性能"的专利。因此，想从改进"绝缘子"产生"提高绝缘性能"或"提高可靠性能"等技术功效来申请专利，具有一定的难度。

技术稀疏区，如纵坐标技术点"换流器"对应的横坐标功效"提高施工效率"和"延长寿命"的区域是专利稀疏区。说明已经存在专利，对"换流器"的改进产生了"提高施工效率"或"延长寿命"的效果，但是这种专利数量并不多。在专利挖掘时，可以考虑从技术点"换流器"的改进是否带来"提高施工效率"或"延长寿命"等效果入手。

专利空白区，纵坐标上的技术点"高压电气配件"对应的横坐标技术功效"操作方便""提高仿冒性能"和"提高精度"的区域是技术空白区。说明目前对于"高压电气配件"的改进没有带来"操作方便""提高仿冒性能"或"提高精度"的技术功效。在技术挖掘的过程中，我们可以考虑改进"高压电气配件"是否会产生"操作方便""提高仿冒性能"或"提高精度"等技术功效，如果能产生空白区的功效，即可申请专利保护。当然，空白区中，技术点对应的技术功效，也存在不能实现的情况。

5. 从专利组合角度进行挖掘

专利挖掘并不仅是对散落于整体技术解决方案之中、具有实质性技术贡献的孤立技术点的挖掘，更重要的是通过全面充分的挖掘，培育建立起相互支持、相互补充的专利组合。专利组合的常见形式有集束型专利组合、改进型专利组合、链形专利组合等。①

集束型专利组合大多数是将某一技术方案的基础性专利和其他不同替代方案中的一些具有竞争性的专利组合而成。集束型专利组合之所以是由这些功能相类似、所能达到的技术效果相似或为克服同一技术问题的专利技术构成，是因为这些专利技术之间能够第一时间提供不同的替代方案，并根据某一需求提供不同的解决方案。为有效保护不同的替代方案，打破一个技术

---

① "专利组合的基本运用策略和设定标准摘要"，http://max.book118.c，2016-05-29。

方案被公开后，其他替代的技术方案也会被竞争对手所分析设计出来后并加以应用的困局，我们应当对这些不同对替代方案构建集束型专利组合，找到技术关联，创建好专利保护屏障。则不管竞争对手所运用的是何种替代方案，只要落在集束型专利组合范围内，均可能侵犯企业的专利权。

改进型专利组合大多数是将某一技术方案中的具有基础性的专利以及在此基础性专利上所做的改进、优化后形成的若干互补性专利组合而成。改进型专利组合中的专利均是通过不同具体的、细化的改进措施解决某一技术方案，这也是专利组合中各个专利间的技术关联。随着企业生产产品的更新换代，某一技术方案由最开始提出到实践中的运用，新的技术方案会不断淘汰旧的技术方案，从而出现一系列经过改进优化的技术方案。改进型专利组合就是通过将这些新旧专利组合起来并加以保护，从而强化企业对这一技术方案的实际保护，实现对这一技术领域、技术方案的持续控制，所产生的控制优势又能对跟随者形成持续威胁，以确保企业的持久生命力。

链形专利组合主要是将某一技术方案的专利或专利组合与为实现该技术方案的应用和产业化提供支持的上下游支撑性、辅助性的专利或专利组合组合起来。这些专利或专利组合是配套的技术方案，其技术关联是为实现某一技术或产品的产业化实施。链形专利组合适用于当这一技术或产品生产所形成的产业链有多个环节且企业致力于对这一技术领域或产品生产对多个环节进行专利技术控制，这不仅能让企业在技术或产品生产的多个主要环节均有话语权，增强其影响力，而且能让企业的整体产业布局、产业链资源的整合指引方向。

6. 从专利指标角度进行挖掘

截至目前，全球专利数量已超过 8000 万件，而在众多专利当中核心专利数量只占 5%。那么如何快速从大量的专利中挖掘出核心专利呢？

美国加州大学伯克利分校、乔治梅森大学、斯坦福大学和德克萨斯州大学的研究披露了专利价值是可以通过客观指标进行度量的，这些指标包括专利诉讼、专利引用和被引用数量、同族专利的数量、专利权利要求数量等，通过这些指标能够帮助判断和评价专利的价值[①]，找出核心专利。专利数据库 Innography 在研究的基础上建立数学模型，用专利强度来表征专利价值，

---

① 陆萍、柯岚馨："Innography 在学科核心专利挖掘中的应用研究"，载《图书馆工作与研究》2012年第 8 期。

从而帮助用户在海量专利数据中快速挖掘核心专利，优先阅读和分析核心专利，有效提高工作效率和质量，为专利分析开辟了一个崭新的思路。

有价值（核心专利）专利的常见特征如下。

（1）涉及诉讼的专利。如果问领域内最有价值的专利是哪些，那么回答一定是那些官司缠身的涉案专利。发生专利诉讼的目的往往都是为了争夺市场，通过专利诉讼抑制和打压竞争对手的生产规模，同时不断扩大专利权人市场占领。而诉讼所带来的高额费用也成为专利的增值筹码。已经历过诉讼考验或正进行诉讼中的专利，风险极高，随时可能对新加入的企业造成威胁，特别是企业成长到某一程度，市场占有率达到相当规模时。因此检索有诉讼历史的专利是产品进入到市场前风险预警和评估的一个重要手段，同时也是挖掘和判断专利重要性的指标之一。[①]

（2）权利要求的数量多。在某种程度上，权利要求的数量越多，其保护范围越大，参与诉讼时获得胜诉的几率也就越大，相应的专利的价值也就越高。据统计，涉案专利的独立权利要求与从属权利要求远远高于非涉案专利。

（3）专利被引次数多。被频繁引证的专利是超出平均技术水平的专利，是重要的、有生命力的专利的象征。专利被引证得越多，证明该专利的价值越大，可能是该技术领域的基础或核心专利。

（4）专利家族规模大。同族专利的数量是衡量专利价值的重要指标，观察某一篇专利的同族专利的数量，可以看出这篇专利的重要性和该专利产品的出口倾向，反映出某项发明潜在的技术市场和经济势力范围。因为一项申请人预期要在多个国家生产和销售的产品和技术，申请人才会在多个国家申请专利。

（5）经历再审查/异议/复审。专利异议（opposition），世界上许多法律体系中都确立了这样一种专利批准后质疑制度。例如，日本、德国和欧洲专利局均将这种批准后质疑制度称为异议。在美国，这种制度被称为单方或者双方再审查制度。通过专利异议的程序可以剔除较弱的专利，即新颖性、创新性和实用性不明显或不强的专利。专利异议大都由竞争对手提出，当一项专利影响和限制竞争对手的发展时，竞争对手会提出专利异议，以取消该专利或限制该专利权要求的范围。因此，能够成功地抵御异议的专利可以认为是

---

① 王旭、刘姝、李晓东："快速挖掘核心专利——Innography 专利分析数据库的功能分析"，载《现代情报》2013 年第 9 期。

有价值的专利。专利异议相当于对专利的第二次更严格的审查,通过这次审查的专利,价值会更高[①]。

(6)专利从申请到授权的时间长。专利从申请到授权的时间指专利从申请日起至授权日的时间跨度。时间越长,说明专利局审查员发的审查意见通知书越多,审查得越仔细,相应的专利也就越稳定,其价值就越高。据统计,高价值专利平均时长 4.13 年,一般专利的评均时长为 2.77 年。

(7)专利年龄。专利具有时间性,当专利保护期满后,专利成为了公知技术,任何人都可以免费使用。在专利保护期内,随着时间的推移,可能会出现更多的替代技术,导致专利的价值有所下降。据统计,专利用于诉讼的常用时期是专利申请的第 1 年至第 11 年,因此,在这段时期内的专利相对而言具有更高的价值。

第二节 专利维护

一、专利价值评估

对于包括电网企业在内的各种企业或研究者而言,首先需要整理出专利价值评估可以借鉴的各种方法与考量点,并且进一步通过个案分析,得到完整而具实用价值的方法论。进而根据专利资产的价值分布以及分析需要,讨论本企业、本行业等不同范围的专利价值初步评估指标体系,并且进一步以个案为研究对象,衡量专利价值分布以得到专利价值评估主观指标,达到专利资产最佳价值运用。

就电网行业专利价值评估而言,需要完成以下目标。

(1)整理专利价值评估体系研究体系,旨在探索建立一套能够进行推广应用,并且能够发挥信息化作用专利价值评估体系;

(2)建立专利价值评估客观指标,作为专利价值评估的客观指标体系,该体系应具有数据易获取,评价指标具有普适性等特点;

(3)发展专利价值主观评价指标,企业可以依据各自需求,选择建立自

[①] 李清海、刘洋、吴泗宗、许晓冰:"专利价值评价指标概述及层次分析",载《科学学研究》2007 年第 4 期。

己主观评价指标；

（4）建立电网行业专利价值评估模型体系，针对电网行业中不同阶段、不同区域、不同技术领域和国内主要申请人的专利或专利群，进行专利或专利群价值评估。

（一）专利价值评估模型的选取

专利属于法律和技术文本，同时还是具有商业市场作用的文件，因此影响一篇专利价值的因素有诸多方面，有来自法律方面的因素，也有来自技术方面的因素，还有来自商业市场方面的因素，每个方面又可以细分为多个不同的更小的评判因素，因此，对一件专利的价值评判，需要综合考虑各个方面的多个因素，才能做出较为合理的评估。

进行专利价值的评估，一般以指标法最为合适，因为不同的指标代表了不同的评估因素，多个不同的评估因素，可以构成某一个方面的评估结合，再通过对每个指标的分析与取舍，搭建适合电网企业的专利价值评估模型。

就指标体系的划分，国内比较通行的是考虑法律、技术和经济三个维度，在这三个维度上进行价值评估指标和分配，并针对所有的评估指标进行人工解读与打分，最后通过计算得到该专利的价值评估分数。不过，就电网企业专利价值评估而言，最直接的目标是提高自身的专利申请数量与质量，对此除了需要针对专利价值评估，为专利运营提供参考信息外，还需要对专利数量与质量的提高，同样提出合理的建议。为适合国内电网行业中大型企业的使用需要，可将指标维度调整到四个，分别是专利基础、法律、技术与市场。专利基础维度主要反映的是专利的撰写质量的状况。法律维度则主要反映的是专利的保护范围等方面的状况。技术维度反映的是专利所涵盖技术的技术水平状况。而市场则主要反映的是该专利所涵盖产品的市场信息。

另外，根据不同的项目需求，可以建立多个不同的评估模型。

（1）针对不同来源的单篇专利，设置评估模型，如电力行业专利价值评估模型、国外专利价值评估模型、国内专利价值评估模型；

（2）根据不同阶段的专利，提供不同的评估模型，如提案（申请前）价值评估模型、审查中专利价值评估模型、授权后专利价值评估模型。

除单篇专利评估模型外，为实现不同申请人、不同技术领域之间的对比，还需要建立不同专利群的价值评估模型,如竞争对手专利群价值评估模型、技术领域专利群价值评估模型、内部申请人专利群价值评估模型等。

(二)指标体系的分配与权重设计

在选定了维度以后,需要搭建该维度的指标体系,因此需要根据各个维度进行指标的挑选。其中,需要再次强调的是,根据数据获取、指标信息等,针对不同的评估模型,会建立不同的指标体系,造成不同指标体系的指标并不完全相同,另外,某些指标可能仅适合于部分模型。

1. 专利基础

专利基础维度:主要反映专利撰写质量方面的问题,专利撰写质量的高低,对专利的后期授权、稳定性、运营、维护等,都将产生巨大的影响,包括专利撰写质量和审查周期。其中,专利撰写质量又可以包括三个方向的指标,分别为说明书页数、说明书附图个数和布局层级。

说明书页数是对发明或者实用新型的结构、技术要点、使用方法做出清楚、完整的介绍,它应当包含技术领域、背景技术、发明内容、附图说明、具体实施方式等项目。说明书的页数能反映专利撰写的质量,说明书页数越多,技术方案公开越充分,专利质量越高。

说明书附图个数是衡量专利撰写质量的指标之一,专利说明书中说明书附图个数越多,技术表达更为清晰,对权利要求保护更为直观明了。

布局层级是权利要求体现对技术方案保护范围,为了保证权利要求的稳定性,在撰写权利要求时,往往会设置从属权利要求与独立权利要求之间比较合适的上下位置关系,用来将技术方案保护得更加严密,维持专利的稳定性。所以权利要求布局层级越多,专利技术保护网络越严密,形成保护力度越大,专利质量越高。

代理所资质:获得一篇高质量的专利,委托专利代理机构进行处理是非常重要的一个环节,而代理所资质,则一般反映出该代理所代理质量的情况,因此,委托优质的代理所进行专利的申请,一般专利质量更高。

专利类型:国内专利分为发明、实用和外观三种类型,其中发明的要求最高,审查最为严格,从而,获得发明保护的技术方案也最为稳定和有效,因此,专利类型,也能反映出专利的价值高低。

审查周期:为专利从申请日起至授权日的时间跨度。时间越长,说明专利局审查员发的审查意见通知书越多，审查得越仔细，相应的专利也就越稳定，其价值就越高。据统计，高价值专利平均时长4.13年，一般专利的平均时长为2.77年。

另外，由于不同的指标展示出不同的信息维度，同时，针对国内外电网企业之间的差异性，部分指标仅存在于其中的部分模型中，因此，该部分指标仅展示出部分模型的特征，同时，通过这些特征性的指标，对于区分不同模型也具有非常大的作用。

2. 法律维度

专利文件既是一份技术文件，也是一份法律文书，尤其是其中的权利要求，更是阐述了该专利能够获得法律保护的范围。因此，法律维度的评估，对于专利价值具有重要的作用。而法律维度主要考虑的指标有法律状态、诉讼状态、专利维持时间、技术保护范围、地域保护范围和时间保护范围。以下做具体说明。

法律状态：专利是具有法律效力的文件，法律状态是专利非常重要基本属性，它直接体现专利是不是可以作为法律文件使用，所以不同法律状态的专利文件所体现专利价值就不一样，它包括授权、审中、失效状态，所以在考虑专利价值时候，把法律状态属性作为基本考虑因素，显然，授权的专利（有效）其法律维度的价值会较高，而失效的专利则在法律保护上几近没有价值。

诉讼状态：一件专利是否涉案，比较直观地反映出该专利对应产品在市场的活跃程度，或者对竞争对手的牵制程度，以及专利权人对市场的把控程度等，因此，专利的诉讼状态是一项非常显著反映专利价值的指标。

专利维持时间：专利维持时间是指观测专利授权后保持有效性的时间期限。所谓专利维持时间的有效性是主要通过专利的经济价值和专利的非经济价值进行观测的。一般来说，从专利经济理性方面考虑，专利维持时间的长短能很好反映出专利的经济价值亦即专利的质量。从总体上看，维持专利的时间越长，其投入会越高，则专利的预期经济收入越高，所产生的经济价值较高，专利技术的竞争力越强；而另一方面，即专利的非经济因素，倘若专利权人基于这些与专利质量无关的因素仍能继续投入进行维持，则专利的维持时间无法反映出专利的质量。在实践中，专利权人在对专利进行维持时，往往会综合考虑经济性价值和非经济性价值以及其他各项因素从而判断对该项专利维持时间对长短,虽然专利维持时间的长短在一定程度上能够反映出专利的质量,但仅凭借观测专利的维持时间也难以全面评估专利的质量。一般国外专利会用授权后第 8 年来看是否维持进而判断专利质量,国内专利一般用授权后第 5 年来判断是否维持来判断专利质量。

技术保护范围:一般由权利要求反映出来,而权利要求可以划分多个指标反馈。第一,权利要求个数。在某种程度上,权利要求的数量越多,尤其是独立权利要求越多,其保护范围越大。所以权利要求个数,包括独权个数以及从属个数越多,专利价值也就越大。第二,独立权利要求个数。独立权利要求是指从整体上反映发明或者实用新型的技术方案,记载解决技术问题的必要技术特征的权利要求。独立权利要求是最大保护范围的权利要求,所以独权个数越多,体现保护范围就越大,该专利质量越高。第三,独立权利要求字数。一般而言请求文字叙述越详细者,其范围越窄,独立权利要求字数越多,文字叙述越长、叙述内容越详细者,其专利价值越低,因此,就独立权利而言,独立权利的数目越多、独立权利的文字越简单,其专利质量越高。

地域保护范围:由于专利具有地域性,因此获得越多国家及地区保护的专利,对应的产品市场就越大,这个专利的价值也就越高。而一件专利要获得多个国家或地区的保护,一个最显著的特征就是同族专利,获得同族专利,国际上有两种途径,一种是巴黎公约的形式,另一种是 PCT 途径。另外,美日欧中这四个国家或地区,作为世界上最主要的市场,经济效益最大,因此如果能够获得以上四个国家或地区的专利保护,对于占领全球最大市场的作用很大。地域保护范围可以划分为以下几个细分的指标。第一,同族专利数量。同族专利数是衡量一篇专利价值的重要参考指标之一,通常同族专利的数量越高,表示该专利的价值越高。观察某一篇专利的同族专利的数量,可以看出这篇专利的重要性和该专利产品的出口倾向,反映出某项发明潜在的技术市场大小和经济势力范围。针对国外专利文献,通过对专利同族信息的分析,可以跟踪该专利的国际布局状况和评价专利质量。第二,是否 PCT 专利申请。技术方案为了获得更大地域保护,往往会通过 PCT 专利申请,进入别的国家,PCT 申请费用较高,且该申请可能获得很多潜在同族专利,保护范围较大。能一定程度上反映申请专利价值。专利经过 PCT 申请后,最终在多少个国家获得授权。进入国家数量越多,专利价值越高。第三,是否包含美日欧中申请。美日欧中这四个国家或地区，作为世界上最主要的市场，经济效益最大，因此如果能够获得以上四个国家或地区的专利保护，对于占领全球最大市场的作用很大。

时间保护范围：专利具有时间性，当专利保护期满后，专利成为了公知技术，任何人都可以免费使用。发明专利保护期限一般为20年，随着时间的推移，所以专利授权后专利保护期间慢慢变短，专利价值就越低。

3. 技术维度

专利作为技术方案的文本，其技术维度的指标不能忽视。进行技术维度指标的挑选与分析，可以主要选取先进性、应用性和人才竞争力这三个大的指标进行。

先进性包括了引用与被引用两个指标。

引用（数量）：一项专利的引用信息，也反映出之前专利技术的关联信息引用得多。

被引用（数量）：体现的是企业专利中被后来其他专利引用的水平。在各种专利中，倘若一项专利被公开后，能够被该行业或产业后续所申请专利多次引用，成为该行业或产业的引路者或奠基者，那么该项专利的高引用率会为企业带来更高的经济价值，通常称该类型的专利为基础性专利或核心性专利。基础性专利或核心性专利之所以会有高的引用率是因为该项专利是一个行业或产业新的技术源头，其所包含的技术具有该领域前所未有的技术优势，在新的基础性或核心性专利出现之前，该专利的应用所带来的技术效果无可代替，因而基于此产生的后续专利必须引用该专利，使得该专利的引用率越高。因此，专利的被印证次数可以从一定程度上反映出该项专利是否是基础性或核心性专利以及所包含技术在该行业或产业范围内的重要程度。

应用性指标主要通过IPC分布广度来评估，根据技术方案涉及IPC分类越多，说明该技术方案可运用的技术领越广，同时如果被引专利的IPC分类越多，也能说明该技术普遍性较强，可以运用到较多领域，因此也能间接反映出专利的价值。

人才竞争力则包括了发明人数、是否合作申请、是否包含国内外电力行业主要发明人、是否包含国内外电力行业高校、企业方面的专家。

发明人数：发明人是专利申请最初的技术方案撰写者，发明人数能够体现该专利技术人员参与程度，一般情况下，发明人数参与越多，参与发明人的水平越高，说明该技术方案越重要，某种程度可以作为专利价值考虑一个因素。

是否合作申请：专利有可能是多个科研单位或企业共同合作而出现的创新结果，越多企业聚集开发同一种技术，说明该技术开发程度较好，未来前景行业趋势较好，不同的企业类型的合作能一定程度上反映技术的成熟性。比如说两个企业在该技术领域一直走在技术的前沿，说明联合申请的技术水平更高。首先判断该专利是独立申请还是合作申请，若是合作申请又可分为三个类型，即与高校合作、与电网内部企业合作和与其他类型单位合作，不同合作形式设置不同的权重。

是否包含国内外电力行业主要发明人：该数据为电力行业特色数据，对于电力行业的主要发明人，说明其在电力行业的创新研究方面具有较高的产出，因此，包含这些发明人的专利技术，一般也具有更高的技术先进性。

是否包含国内外电力行业高校、企业方面的专家：如果发明人中包含有电力行业高校、企业方面的专家，则反映出该技术方案具有较高的技术创新，代表了更高的技术先进性。

4. 市场维度

专利申请最终还是要反馈到市场上来，一项没有市场的专利，一般价值也不高，因此，市场维度的分析也至关重要。市场方面，主要包括许可、转让、质押或其他三个指标。

专利许可：对于进行许可的专利，主要出于两个方面的考虑，其一在于该专利技术具有良好的市场，所以有其他的市场主体希望能够进行使用。其二在于该技术可能对其他市场主体形成了一定的限制作用，从而需要进行许可。因此，从这两个方面来看，都体现许可反映出的市场价值属性。

专利转让：专利的转让属于专利权的转移，同时，也是一种非常明显的交易行为，因此直接反馈出该专利技术的交易价值，体现该技术的运营价值，一般技术如果发生了转让，说明了该技术方案市场价值较高，同时也表现该技术专利价值高，该专利是否曾经发生转让，转让多少次等，均是衡量一个专利价值的因素。

质押或其他：随着目前知识产权运用的加深，无形资产融资、增资等运营也开始增加，而在专利的质押中，一般会采用较为核心技术的专利，这些专利通常均具有良好的市场前景，因此，也可以作为反映市场价值的一个因素。

（三）指标体系的有效性检验与权重设计

不同的指标所代表的重要程度是不一样的，甚至同样的指标在不同的专利价值评估模型中的权重也是不一样的，因此，需要对每个指标在每个专利价值评估模型中的权重进行科学合理的设计，理论上只有经过有效性检测的指标，才能真正成为评估的指标。

权重设计方法的主要思路是，以特别挑选的专利为样本，首先用均值差异检验法对个别指标的效力进行初步验证，从中筛选出效力较高的指标，然后用逻辑回归分析法对筛选的和尚未检验的指标进行整体验证，最终选出有效的专利价值评估指标（见图5-6）。

图 5-6　权重设计方法流程图

确定权重是构建评估模型的一个重要环节，构建方法为逻辑回归的标准回归系数确定指标权重。逻辑回归模型不仅可以有效控制时间和技术领域的影响，分析指标与专利价值的关系，其标准回归系数还可以反映各指标的相对重要性。由于采用该方法只能获得参与计算的指标之前的权重关系，而不能得出该这些指标与未参与计算的指标之间的权重关系，因此，针对不同的评估模型，需要分别计算。

权重的确定，主要经过以下几个步骤。首先，筛选出指标。如将申请时长、附图个数、申请人数、获奖等重新构建逻辑回归模型，排除不相关指标的影响。可以明确，申请时长、附图个数、申请人数、获奖这些指标均与专利的价值呈正相关。其次，计算逻辑回归的标准回归系数。标准回归系数可以用来比较多元回归中各自变量对因变量线性影响的相对重要性，因此我们可以用其确定指标权重。最后，将标准回归系数进行归一化处理，即得到各指标的权重。

需要说明的是，上述计算方法获得的是一个理论值，实际上，为了配合实际中使用的需要，可能会对部分指标的权重等进行调整，以满足某些特殊需求的评估需要，因此，权重的设计还应当包括人工的调整因素。因此在平台的开发设计中也需要预留权重调整的窗口。

（四）计算方法

1. 计算公式

根据指标法评估模型，分值的计算是各个指标的分值与权重之积相加，获得一个总的专利价值评估分值。采用 V 表示专利的价值评估值，根据上述的内容，可以获得以下计算公式：

$$V=\alpha \times A + \beta \times B + \gamma \times C + \delta \times D$$

其中，$\alpha+\beta+\gamma+\delta=1$；

$A/B/C/D$ 为 4 个评估维度；

A 包括 $(A_1 \times a_1 + A_2 \times a_2 + A_3 \times a_3 + \cdots + A_n \times a_n)$，$a_1+a_2+a_3+\cdots a_n=1$；

B 包括 $(B_1 \times b_1 + B_2 \times b_2 + B_3 \times b_3 + \cdots + B_n \times b_n)$，$b_1+b_2+b_3+\cdots b_n=1$；

C 包括 $(C_1 \times c_1 + C_2 \times c_2 + C_3 \times c_3 + \cdots + C_n \times c_n)$，$c_1+c_2+c_3+\cdots c_n=1$；

D 包括 $(D_1 \times d_1 + D_2 \times d_2 + D_3 \times d_3 + \cdots + D_n \times d_n)$，$d_1+d_2+d_3+\cdots d_n=1$。

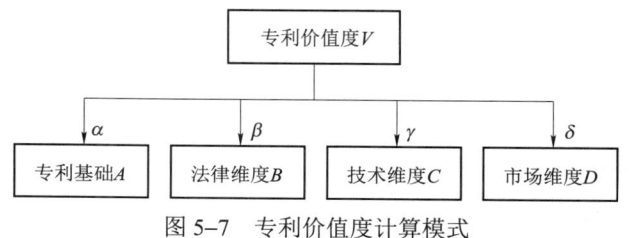

图 5-7 专利价值度计算模式

2. 阈值设置

上述分析中，阈值的选取至关重要，因此要对所获取的所有专利进行统计分析，取得每个指标的均值。同时，由于在搭建专利价值评估模型时，划分了不同来源的专利，如电力行业专利价值评估模型、国外专利价值评估模型等，因此，对于均值的统计，也需要按照各个不同专利的来源进行划分。

3. 评分设置

根据每个指标，需要进行指标分值的确定。一般可以划分为 3 个区段，部分为 2 个区段，划分的原因与理由主要如下。

对比原则。一篇专利在某一个指标上表现是否良好，是需要与其他专利在该指标上的变现进行对比才能够得出的,根据与其他数值的比较,获知该专利在该指标上,处于比其他专利更好的水平,还是低于其他专利在此指标上的分值。

统计分析。上述对比原则中,有一个非常重要的因素,即各个指标对比的参考数值,或者称之为阈值,这个阈值的选取,应当能够合理地反映出该指标整体状况。而整体状况,则需要从所有的或者绝大部分的专利实际状况出发进行分析,这就要求我们进行统计分析,统计所有专利在某个指标上的数值,然后分析,由于需要获取的是整体状况,因此,采用均值设置,最能反映出该指标的平均水平,而根据单篇专利在该指标上的数值,与该指标的均值进行对比,可以获知该专利在该指标上,是低于平均水平,高于平均水平,还是与平均水平持平。

系数设置。每个指标的系数设置,反映到分析中,即为指标的权重设计,因此,这一部分可以参照指标体系的权重设计即可。

评分设置展示。根据评分的阈值设置以及评分设置的原则,可以对各个指标进行分值的分配,按照4个维度进行划分,如表5–1所示。

表5–1 专利基础维度指标分值分配

分析维度	一级分析指标	二级分析指标	阈值	备注
专利基础	专利撰写质量	说明书页数	8	大于8为100%,4~8为70%,1~3为30%
		说明书附图个数	3	大于3为100%,小于3为50%
		布局层级(权利要求的层级)	2	大于2为100%,小于2为50%
		代理所资质(根据是否为优质代理所)	是否	是为100%,否为0
	专利类型	发明/实用新型/外观设计	判定	发明100%,实用/外观50%
	审查周期	申请时长	4	大于4为100%,小于4为50%

通过对阈值的判定,目标专利指标值与阈值比较后,高于阈值,说明该专利在该指标上高于平均水平,从而该指标能够获得100%的分值,如果在阈值的某个波动范围内,则认为处于平均水平,获得该指标分值的70%,如果低于阈值的某个水平,则认为低于平均水平,获得指标分值的30%。这是

对于分成 3 段设置的分值分布，如果是对于二分变量，则只有两种结果，则要重新分配，如是否为优质代理所，申请时长等。

同样，针对法律维度、技术维度和市场维度，也采用上述的设置方式，如表 5-2、表 5-3、表 5-4 所示。

表 5-2 法律维度指标分值分配

分析维度	一级分析指标	二级分析指标	阈值	备注
法律维度	法律状态	授权/审中/失效	判定	审中 50%，失效 0，授权 100%
	专利维持时间	申请后第 5 年是否维持	是否	是为 100%，否为 50%
	技术保护范围	权利要求个数	10	大于 10 为 100%，5~10 为 70%，1~5 为 30%
		独立权利要求个数	3	大于 3 为 100%，小于 3 为 50%
		独立权利要求字数	300	大于 300 为 50%，小于 300 为 100%
	地域保护范围	是否有专利族	是否	是为 100%，否为 0
		是否 PCT 专利申请	是否	是为 100%，否为 0
		是否包含美日欧专利申请	是否	是为 100%，否为 0
	时间保护范围	剩余期限		10~20 年为 100%，5~10 年为 70%，0~5 年为 30%

表 5-3 技术维度指标分值分配

分析维度	一级分析指标	二级分析指标	阈值	备注
技术维度	先进性	被引用	有无	有为 100%，无为 50%
		引用	有无	有为 100%，无为 50%
	应用性	IPC 分布广度	3	大于 3 为 100%，小于 3 为 50%
	人才竞争力	发明人数	3	大于 3 为 100%，小于 3 为 50%
		是否合作申请	是否	是为 100%，否为 0
		是否包含国内电力行业主要发明人	是否	是为 100%，否为 0
		是否包含国内电力行业高校、企业方面的专家	是否	是为 100%，否为 0

表 5-4　市场维度指标分值分配

分析维度	一级分析指标	二级分析指标	阈值	备注
市场维度	许可	是否存在许可	是否	是为100%，否为0
	转让	是否存在转让	是否	是为100%，否为0
	质押或其他	是否存在质押或其他	是否	是为100%，否为0

（五）电网企业专利价值评估平台设计

专利价值评估应用平台将实现构建基础知识数据库，如行业词库、行业专家库、主要发明人库、科研项目库、核心专利库等；构建专利价值评估子系统，实现专利价值系统进行自动评估、二次筛选、评估结果调整等功能，并采用多种可视化的方式表示评估结果；构建专利深度分析子系统，并进行单篇专利权利要求分析、核心专利分析、技术热点分析和竞争对手竞争力分析。而专利价值评估理论研究通过筛选不同的评估指标，建立单篇专利不同类型价值评估模型、单篇专利不同状态评估模型、基于内部申请人和竞争对手及技术领域专利群的评估模型，构建专利价值评估指标体系，并根据相应的评估结果，结合电网企业自身情况提供相应的布局策略，为企业未来的专利布局提供指导。其主要内容如下。

（1）专利价值评估模型研究。通过综合分析、筛选专利价值评估指标，建立一套实用、客观的专利价值评估模型，以提供单篇专利的价值评估[①]和

[①] 单篇专利不同类型专利价值评估模型研究主要是根据调研结果完成对相应专利的分析，筛选出合适的专利价值评估指标，构建相应的多种范畴单篇专利价值的评估模型，如国内专利价值评估模型、国外专利价值评估模型、电力行业专利价值评估模型和电网企业自身专利价值评估模型等。每种模型根据获取指标的难易程度以及对专利价值的影响程度，即根据不同的对象特性而选择不同指标，同时设置不同的权重及相应指标的取值范围，建立了一套实用、客观的专利价值评估模型，最后为不同类型单篇专利价值评估结果提供不同的专利对策。
　　单篇专利不同阶段专利价值评估模型研究主要是根据调研结果完成对相应专利的分析、筛选出合适的专利价值评估指标，构建了针对电网企业申请前的专利价值评估模型、针对国内专利和电网行业专利的审查中专利价值评估模型以及针对国内外的授权后单篇专利价值评估模型，每种模型依据所评估对象中指标的影响程度，密切结合其自身特性而选取不同的评价指标。同时设置了不同的权重值及相应指标的取值范围。建立了一套实用、客观的专利价值评估模型，最后为不同阶段单篇专利价值评估结果提供不同的专利对策。
　　由于申请前的专利评估，对于该技术方案是否最终进行申请，以及申请的方式、类型、要达到的效果、方案的调整等，具有非常大的影响。技术在申请专利前，实际上并不能称之为专利，因此，可称其为提案价值评估模型，提案价值评估模型与之前其他的模型具有较大的区别，因此在指标体系上也会有很大的区别展现。

专利群的价值评估[①]，同时利用专利价值评估的指标体系，建立包括申请前、审查中和授权后三个不同阶段的国内专利价值评估模型、国际专利价值评估模型、电力行业专利价值评估模型、电网专利价值评估模型，从而为电网企业专利价值评估奠定基础。

（2）基于专利价值的专利布局研究。基于单篇专利价值评估模型和专利群价值评估模型指导、规划、评价电网企业内部的专利申请质量和方向，并对核心专利的布局策略和专利群的布局策略进行研究，为电网企业专利申请、布局提供指导性策略，提高电网企业专利的数量和质量，提升企业专利创造、维护及管理能力。

（3）建立基础知识数据库。为了给专利价值评估提供数据来源，为了保证专利价值评估子系统的科学性、客观性，需要建立国内外电力行业主要发明人、电网企业重要科研项目数据库、电力行业专家数据库、代理机构库、电力行业词库、电网主要发明人词库等基础知识数据库。

（4）开发专利价值评估子系统。基于基础知识数据库、专利评估指标等，利用专利价值评估模型开发专利价值评估子系统，实现单篇专利、专利群的系统自动评估、二次筛选评估以及评估结果调整，从而给出客观、科学的评估结果。

（5）开发专利深度分析子系统。提供完善的分析功能，主要进行电网企业专利、国内专利、国际专利及电力行业专利四种不同范畴专利现有技术热点分析、竞争对手竞争力分析、核心专利分析以及单篇专利权利要求的深入分析，从而为电网企业提出专利定位及布局等相应的决策性意见奠定基础。

（6）建立专利价值评估平台。基于电网行业内部基础知识数据库、专利价值评估子系统及专利深度分析子系统，构建专利价值评估平台，对电网企业专利、国内专利、国外专利及电力行业专利提供专利价值评估，同时为电

[①] 专利群价值评估模型理论研究是专利群进行价值评估分析的理论基础。相对于单篇专利一个技术方案的保护来说，专利群作为一个专利的集合，通过对这个集合进行统计分析，可以获知一些属于这一专利集合的主体特征，从而可以实现对整个细分市场的保护。获知该专利群中每一指标的强度，能够迅速获知该专利群中表现优异的指标，从而获取重要的信息资源。

由于专利群是一定数量的专利的集合，因此，对于指标的限定，应当与该指标在该专利群中的比例为准，而不能简单地以个数限定。

对于专利群的搭建，可以有多个设定的来源，如针对电网企业自身的内部申请人专利群、针对重要的专利权人的竞争对手专利群，以及根据电网企业自身需求进行划分的技术领域的专利群等。

网企业专利申请、定位及布局提供集成可视化技术支持。

通过以上专利价值评估模型、专利分析等研究，利用集成化的系统评估，可以对电网企业的已有和未来的无形资产，进行有效的管理和应用，促进核心无形资产的布局和运营、对行业内的核心技术（如特高压技术），及时跟踪和了解，为电网企业的科技创新和知识产权布局提供重要的依据，最终深入推进电网企业知识产权战略实施，全面提高电网企业知识产权的创造、运用、保护、管理能力。

（六）电网企业专利价值评估平台设计技术路线

电网企业专利价值评估平台设计，首先需要通过对国内外专利价值评估理论的研究，以及已有的专利价值评估方法与模型分析，如我国台湾"工研院"的专利价值评估方法与模型、"新增利润"计算法、综合评估测定方法、指标评估方法等，确定出符合电网企业的专利价值评估模型。其次，根据前期大量的调研工作，以及数据收集工作，进行数据的整理与各个维度的专利价值评估指标的挑选，阈值的确定等，然后进行各个模型的搭建，完成单篇专利价值评估模型，包括电网企业专利价值评估模型、国内专利价值评估模型、国外专利价值评估模型和电力行业价值评估模型，以及不同阶段（申请前、审查中、授权后）的专利价值评估模型，在单篇专利价值评估模型的基础上，还需要进行专利群价值评估模型的搭建，包括竞争对手专利权价值评估模型、技术领域专利群价值评估模型和内部申请人专利群价值评估模型等。同时，基于专利群价值评估模型的分析，为丰富平台功能，还可建立用于比较多个不同专利群各项特征的专利群对比分析等。最后，开发出实现上述设想的应用系统，并开展必要的使用培训。

（七）南方电网专利价值评估与应用平台总体框架

广州奥凯信息咨询有限公司开发的"南方电网专利价值评估与应用平台"，包括专利价值评估子系统及专利深度分析子系统，另外建立相关的基础知识数据库，与南方电网的科研管理系统、科技奖励等其他系统进行对接。

该平台研发中主要设定了如下目标。

（1）整理专利价值评估体系研究体系，旨在探索建立一套能够进行推广应用，并且能够发挥信息化作用的专利价值评估体系；

（2）建立专利价值评估客观指标，作为专利价值评估的客观指标体系，该体系应具有数据易获取，评价指标具有普适性等特点；

（3）发展专利价值主观评价指标，企业可以依据各自需求，选择建立自己主观评价指标；

（4）建立电力行业专利价值评估模型体系，该体系采用二次多元主客观价值评估模式，针对电力行业中不同阶段、不同区域、不同技术领域和国内主要申请人的专利或专利群，进行专利或专利群价值评估。

南方电网专利价值评估与应用平台开发基于专利价值评估模型可以实现对特定技术领域的专利群进行自动评估：指出科技项目的申请点，以指导科技项目开展专利申请布局，也可针对各子公司、分公司的专利群进行评价，为科技创新指标提供综合专利指数等依据；对单篇专利价值进行评估，评价专利质量，挖掘具有潜力的专利，作为专利转让、许可、申报专利奖的依据；通过专利深度分析，找出子公司、分公司或者竞争对手的技术热点与空白点，挖掘核心专利，系统基于中文自然语言文本挖掘技术，对专利中技术词语进行聚类分析。

基础知识数据库系统是指基于对专利价值评估对相关基础知识数据进行检索、数据抽取、数据加工、分析、导入、导出、维护、更新等功能的程序。通过本系统建设核心专利数据库，科研项目专题库、科研项目成果专题库、电力行业专家库、电力行业技术词库、南方电网发明人词库等基础知识数据库。通过本系统与南方电网集团科研项目管理系统与成果管理系统对接，形成专利价值评估基础数据库，为南方电网内部进行科技项目评估、公司创新性评估、专利奖评估以及专利许可或者转让提供支撑，通过对单篇专利与专利群进行多角度的数据挖掘和可视化的全景分析，能够从大量的专利文献中发现核心竞争情报和技术情报，洞察科学技术的发展趋势，发现行业出现的新兴技术，寻找合作伙伴，确定研究战略和发展方向。通过数据的定期及时更新，保持数据库的及时性与准确性，及时动态预警行业发展动态和竞争对手动向。

上述系统作为适用于电网企业专利管理的全面、客观的专利价值评估指标及相应的评价模型，主要创新点如下。

（1）针对不同的专利范围所具有的不同的特性和数据完备程度，分别完成国内专利、国外专利、电力行业专利和南方电网专利等不同类型的单篇专利价值评估模型构建，同时还分别对单篇专利的申请前、审查中和授权后等不同阶段的专利进行模型构建。

（2）从竞争对手、技术领域和内部申请人三个方面，构建了专利群价值评估模型，有效展现公司专利的分布情况，竞争对手的优势与劣势，重点技术领域及企业所处的位置等，使公司更加明确自己的优势与定位，有利于外部市场竞争。

（3）基于专利价值评估指标及相应的评价模型，采用构建系统化模块的方法开发了专利价值评估平台，自动进行专利价值评估，并提供多种可视化的图表显示，方便快速、直观地查阅分析结果，并提供相应的对策意见，为公司的专利布局、转化等应用奠定基础。

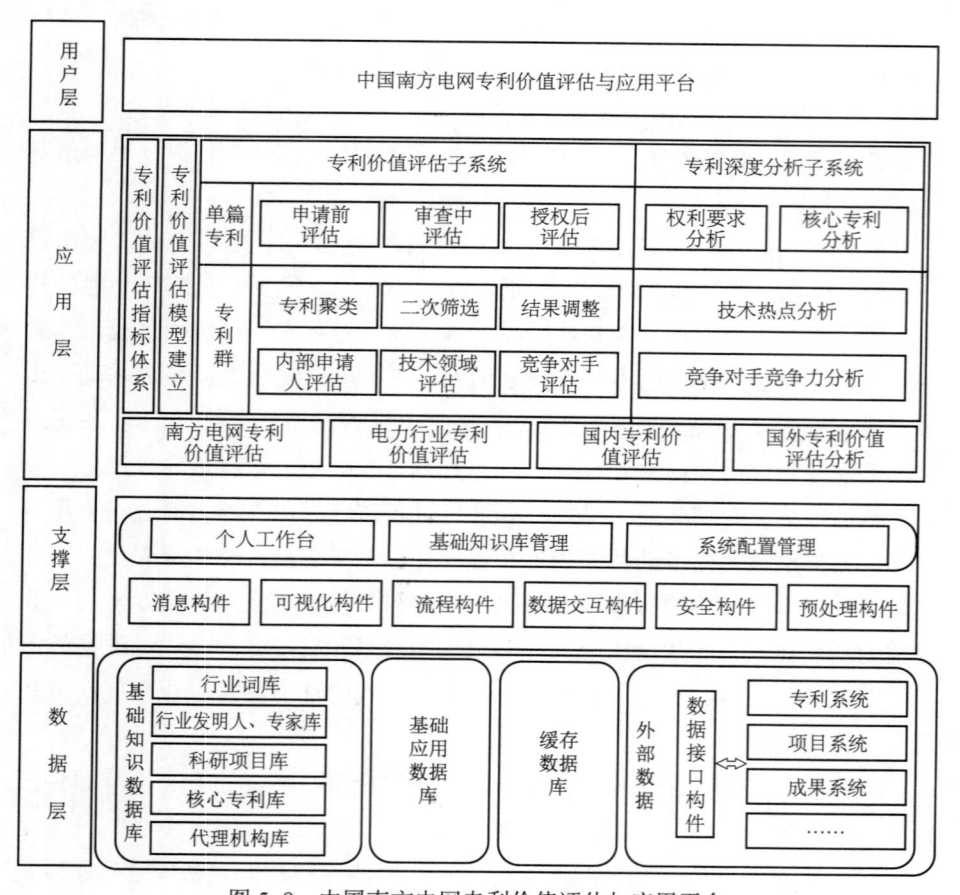

图 5-8 中国南方电网专利价值评估与应用平台

(4) 针对南方电网关注的领域，为统筹规划专利转化与布局，建立了行业专家库、项目管理库、电力行业词库、国内外电力行业主要发明人库。

(5) 设定了具有各个模型属性特色的指标，如针对南网电网专利价值评估模型中的"科研项目投入""南方电网主要发明人""许可收益""转让收益"等，再如专利群价值评估中的"关键词""IPC 分类"等展示专利群整体技术中心的指标，这些特色指标，既能对模型进行进一步的完善，同时也将各个模型的区别体现得更加明显。

(6) 为提高实用性与指导性，还针对不同的模型结果设定了不同的应对策略，如针对申请前的评估结果设定的申请策略，针对授权后评估结果提供的保护或维护策略，针对专利群评估结果提供的布局策略等。

(7) 完成了系统展示的内容，包括平台页面的展示，各个专利价值评估模型的展示，数据库展示等。

本平台的开发，能够实现对南方电网所有专利的价值评估工作，以至实现电力行业、竞争对手等专利的价值评估工作，为南方电网公司实现专利价值的初步评估与筛选工作，指导专利管理，提高管理效率，提供更加便捷的方式。同时，还可以针对专利运营的需要，快速筛选出高价值的专利信息。另一方面，也能加强南方电网内部各分、子公司之间，以及南方电网与国家电网之间，实现公司层面的专利状况对比，了解自身的专利申请、维护、运用等状况。

二、专利分级管理

（一）运用专利分级管理的方法

目前迫切需要引入一个科学的分级分类管理体系来加强管理的规范性。[①]要运用基于价值分析体系的专利分级分类管理方法，需要结合专利的生命周期。专利申请周期包括申请前、申请中、授权后，从申请到授权一般需要经过两到三年，对应将专利价值分析融入常态管理中去，并将部分支撑指标的分析分解到专利申请周期的不同阶段，即专利价值中的部分支撑指标可以着重在某个阶段进行分析，甚至部分指标可以在某个阶段进行调整，如法律指

---

① 参见李小娟、王双龙、梁丽、李娜："基于专利价值分析体系的专利分级分类管理方法"，载《高科技与产业化》2014 年 11 月，第 92~94 页。

标中的稳定性、不可规避性这两个指标可以利用申请中的主动修改、答复审查意见、复审程序进行调整。因此可以将这个体系的指标根据需要进行取舍和调整，将部分支撑指标的分析分解到专利申请周期的不同阶段，对不同阶段的专利进行分级，并对级别做阶段性动态调整，以对整个组织的专利进行分级并形成对应的管理体系。鉴于存量专利较大，如果对每一件专利分别评审，工作量大，操作难度高，所以采用"三步走"方式构建分级分类管理体系是比较可行的。

第一步，对于已授权专利，按照技术方向集中评审进行分级。参与人员包括技术专家和知识产权管理人员。如表 5-5 所示，技术人员对这几个指标最具有敏感性，在电网管理人员的引导下，能够对这几项指标进行客观的评价。这几个指标的比重可以设为均一比重，计算这几个指标的总分，按前 20%/中 40%/后 40% 将申请前级别划分为 A、B、C 三级。

表 5-5 授权专利集中评审表

一级指标	二级指标	指标意义	分值含义					专家打分	专家意见
			10 分	8 分	6 分	4 分	2 分		
法律价值	依赖性	一项专利的实施是否依赖于现有授权专利的许可，以及本专利是否作为后续申请专利的基础	无		不好判断		是		
	侵权可判定性	基于一项专利的权利要求，是否容易发现和判断侵权行为的发生，是否容易取证，进而行使诉讼的权利	非常易于判定	比较易于判定	难以确定	比较难以判定	非常难以判定		
技术价值	先进性	专利技术在当前进行评估的时间点上与本领域的其他技术相比是否处于领先地位	非常先进	先进	一般	落后	非常落后		
经济价值	市场规模前景	专利技术经过充分的市场推广后，在未来其对应专利产品或工艺总共有可能实现的销售收益	很大（100 亿元以上）	较大（10 亿~100 亿元）	中等（1 亿~10 亿元）	较小（1 千万~1 亿元）	很小（1 千万元以下）		
	政策适应性（与标准相关性）	国家与地方政策对应用一项专利技术的相关规定，包括专利技术是否是政策所鼓励和扶持的技术，是否在政策有各种优惠政策	政策鼓励		无明确要求		与政策导向不一致		

第二步，对新的申请，将专利价值分析体系的运用贯穿专利申请的全过程，按照申请前、申请中、授权后三阶段评审进行动态分级。在申请前，通

过对技术方案的分析确定技术价值中的先进性，法律价值中的侵权可判定性。根据得分，将其分为 A 级钻石专利、B 级优质专利、C 级普通专利。对标准相关性专利，则直接确定为 A 级。在申请中，根据审查意见对该专利的级别进行调整校正，主要是根据法律价值中的稳定性、不可规避性。如果能获得的权利要求范围很小，轻易可规避，则 A 级调整为 B 级或 C 级。授权后，更新技术价值中的先进性，增加经济价值中的市场规模前景，最终确定该专利的级别，并作为该专利是否维持、如何转化的重要依据。上述三个阶段对应的实施方案为：申请前，主要由发明人通过提交《发明人自评表》来实现；申请中，主要是通过知识产权办人员填写《审核记录表》来实现。

在不涉及侵权诉讼的情况下，专利的审查过程最能反映这两个指标，同时这两个指标也具有相互制约作用，但稳定性是前提，如果稳定性高，则申请中级别设为 H 级，反之，申请中级别设为 L 级，作为判断稳定性和可规避性的参考。在不涉及侵权诉讼的情况下，专利的审查过程最能反映这两个指标，同时这两个指标也具有相互制约作用，如权利要求范围大，稳定性较差，但难规避；权利要求范围小，稳定性较强，但容易规避。授权后，根据具体市场情况，主要由专家评审来实现。

申请前、申请中、授权后三阶段评审动态分级举例如下：某项专利根据发明人自评表，是 A 级钻石专利；根据审核记录表，没有发现瑕疵，维持 A 级专利，发现瑕疵，则降为 B 级或 C 级；根据专家评审表，没有发现瑕疵，依然是 A 级；发现技术落伍，根据更新换代程度，降为 B 级或 C 级；技术依然先进，根据市场前景，维持 A 级，或降为 B 级。

第三步，根据专利质量和专利交易数据来反观指标设置的合理性，适当调整指标设置，使得分级依据更具有说服力。即需要建立有效的一致性检验机制，来防止发明人和专家打分相差甚远，或者防止发明人和专家有意拉高或压低某项专利的某项指标分数，采用互评、抽评等方式对出现明显差异的情况进行修正。

（二）实施专利分级管理的意义

利用专利价值分析指标体系，将专利进行科学的分级分类管理，总体上可以规范科研院所内部的专利管理流程，有利于形成完整、规范的知识产权管理体系。

1. 提升专利质量

由于在专利申请前,对专利进行了预先分级分类,这样在撰写、答复审查意见以及内部流程和质量监控方面都可以有所侧重,因此从源头上提高了专利质量。

2. 促进成果转化

将专利价值分析融入常态管理中,在进行专利交易谈判时,在不委托第三方评估机构的情况下,无论是技术人员还是专业谈判人员都能根据分级信息或是根据常态管理中的记录信息迅速地对专利的价值或价格有一个客观评价。如:A、B、C不同级别为专利定价提供了客观依据。

3. 规范管理流程

根据评价结果,对不同级别的专利采取不同的管理方法,各个阶段都留存有分析记录,合理客观地管理专利的生命周期。如A级,长期持有,授权后维持5~10年;B级,授权后维持3~5年;C级,随时可处置。[①]

综上所述,通过对专利价值的评估进而对专利进行分级管理,用这两种方法结合的方式,可适用于电网企业的专利维护。

三、供应商评价

科技服务供应商(Technological Service Supplier,TSS)在公司供应商管理中扮演着越来越重要的角色。这类供应商可以提供大量的科技项目外包的业务给一些公司。南方电网就有大量的科技项目是外包给科技服务提供商来完成的。

在实际操作的过程中,在实践中,包括电网企业在内的很多企业,在科技项目管理,尤其是对TSS的管理上出现不少问题。① 缺乏对TSS管理价值的认识,采购中更侧重对科技项目的管理,缺乏从科技项目管理深入细化至TSS管理的方法和体系,缺乏对TSS的管控。② 在对供应商的管理颗粒度上主要参照设备制造商的管理颗粒度,无法满足对以高等院校、科研机构等服务团队等为管理对象的TSS的管理要求。③ 对TSS的准入标准不能满足TSS的管理要求,目前对TSS的准入只是以常规的设备制造商的基本资

---

① 李小娟、王双龙、梁丽、李娜:"基于专利价值分析体系的专利分级分类管理方法",载《高科技与产业化》2014年11月,第92~94页。

质为主，缺乏科技项目相关的科技成果数量、科技项目奖项数量等量化的标准。④ 对 TSS 的绩效评价尚未得到有效开展，缺乏符合公司特点以及科技项目特点的 TSS 评价指标体系，缺乏系统的 TSS 的评价管理方法。⑤ 由于缺乏对 TSS 绩效的评价，因此也缺乏 TSS 评价结果的应用，TSS 的准入、绩效评价无法结合历史评价的结果进行[①]。

电网企业在提升知识产权管理的工作中，急需提高议价能力，旨在建立健全适合电网企业知识产权发展现状及未来发展方向的 TSS 管理体系。

（一）TSS（科技服务供应商）选择模型

国家科技创新战略的兴起，使得科技创新在企业的全面持续发展及进步中扮演着越来越重要的角色，注重科技创新以及加大对科技创新的投入已逐渐成为企业保持生命力的发展战略。这不仅改变了企业发展模式，也改变了企业的合作模式，越来越多的企业以科技创新程度而不仅是从关系的亲疏程度去选择科技服务合作伙伴,科技创新性强的企业将会是合作名单中的 TSS。那么在"大众创业、万众创新"的今天，如何在众多 TSS 中挑选出具有竞争性的、适合本企业的、拥有强大生命力的合作伙伴将是企业面临的一大挑战。因此，企业管理者在日常对经营中首先要明确本企业所需要 TSS 应当具备何种指标，对指标因素整理分类后，归纳出能够适合本企业的定性评价指标，并形成一套能够灵活简便进行系统评价的评价体系。通过不同的评价指标对众多 TSS 进行评价定性，选出最佳的 TSS。结合科技创新对当代企业发展的重要程度，在构建 TSS 选择评价体系以及所需考虑的评价指标设计原则方面，本章将主要从以下几个方面进行分析构建，主要是在模型建立、权重计算以及模型求解方面为企业选择最佳合作的 TSS 提供参考。

1. 选择评价指标体系设计原则

在选择评价指标时，所设计选取的指标目的是能够全面、客观，并以平衡计分卡为理论基础。结合 TSS 的特征，在设计选取评价指标时应当根据以下原则进行设计。

（1）系统性与实用性相结合的原则。在选择评价指标进行构架评价指标体系时，不仅要选择全面的、多维度的评价指标，而且要综合各个评价指标，实现系统性与实用性相结合，才能科学真实地评价出所合作 TSS 的综合实

[①] 陆昭怡："S 公司科技服务供应商选择和绩效评价研究"，广东工业大学 2015 年硕士学位论文。

力，所形成的科学评价体系既要反映出被评价 TSS 自身的财务绩效，还要能体现出该 TSS 对本企业所能带来的创新绩效，而在企业责任越来越受到关注的今天，TSS 在社会绩效方面所带来的贡献也是应当考虑的因素，只有综合众多的评价指标，在系统性与实用性相结合原则的指导下才能设计出科学的可持续的 TSS 评价指标体系。

（2）严谨性与科学性相结合的原则。在设计 TSS 选择评价指标时，应当充分利用好每个评级指标，严谨分析每个评价指标所针对的方面，做到全面准确而又科学真实，更要站在 TSS 的角度对自身对评价指标进行分析，以防止 TSS 寻找选择评价体系的不足后做出对企业不利的举动。但是，作为企业的一套全面而严谨的选择评价指标体系又不能拘泥于小节，过度的评价指标所形成的选择评价体系不仅有多而繁杂的评价指标，使得评价工作越加繁重，增加企业管理者的选择难度，而且所得的评价效果将会喧宾夺主，过多误差将不利于最佳 TSS 的选择。因此，应当秉持严谨性与科学性相结合的原则，来构建既能准确真实反映出候选 TSS 当今能力又能具有前瞻性评估候选 TSS 未来的发展态势的 TSS 选择指标体系。所建立的 TSS 选择指标体系不能过于粗犷也不能只进行细节性的片面评价。

（3）灵活性与简便性相结合的原则。每个企业在构建 TSS 选择评价指标体系时通常会根据自身的特点进行设计，这是因为不同采购企业类型不同、采购项目、采购周期和企业对采购治疗要求上均不同，因此，不同企业对所合作的 TSS 要求是不同的，所构建的指标体系中的指标应当因地制宜，根据评价情形和不同的需求进行调整甚至是重构，以便选择出最佳合作的 TSS。其次，倘若一味追求 TSS 选择评价指标体系的完美而忽略来过度评价指标所带来的操作难度大、简便性低的致命缺点，则所构建出来的体系会缺乏实用性而被淘汰。能够满足实践中简单、容易操作、客观且另一方面数据易得、数据规范、误差小需求的 TSS 选择评价指标体系，将会被企业和采购者所青睐，只有满足这些要求的体系能够使得管理者和决策者在高效率的工作中准确识别出最佳的合作 TSS。因此，一套 TSS 选择评价体系是否具有灵活性与简便性相结合的特点将直接决定该套体系的实用性。综上分析，在设计构建 TSS 选择评价体系时，应当遵循系统性与实用性相结合、严谨性与科学性相结合、灵活性与简便性相结合这三大原则进行设计选取。

2. TSS 评价指标体系结构分析

传统的企业对供应商的选择所需要考虑的因素中，创新因素一直被忽略，在学术界中也很少引起研究者的注意，导致对选择 TSS 因素的研究较少见。但是，随着工业模式的转型，创新扮演着越来越重要的角色，核心企业也越重视与供应商建立友好的战略合作伙伴关系，这就需要企业构建一套简单易操作的体系使得 TSS 与核心企业之间的合作更便捷。相较于先进企业，传统企业对供应商选择的研究中更多的是考虑经济和绿色因素，而忽略了创新因素亦即未以创新为导向作为供应商与企业可持续发展基础。

常见的指标选取方法主要有频度分析法、专家咨询法和理论分析法。频度分析法是利用现有文献中对特定评价对象使用对指标频度统计进行选取构建指标体系；专家咨询法是在对特定评价对象选取设计评价指标，结合所咨询的若干位该领域的专家建议，综合整理统计处理后确立指标体系；理论分析法主要是对特定评价对象进行理论上的分析描述，通过不同角度的分析描述后再对各个角度进行细化，形成最终的指标集合。

（1）同类科技项目销售额。这主要是从 TSS 的以往销售数据、所签约的有效合同数据中统计分析所得，通常称之为数值型指标。

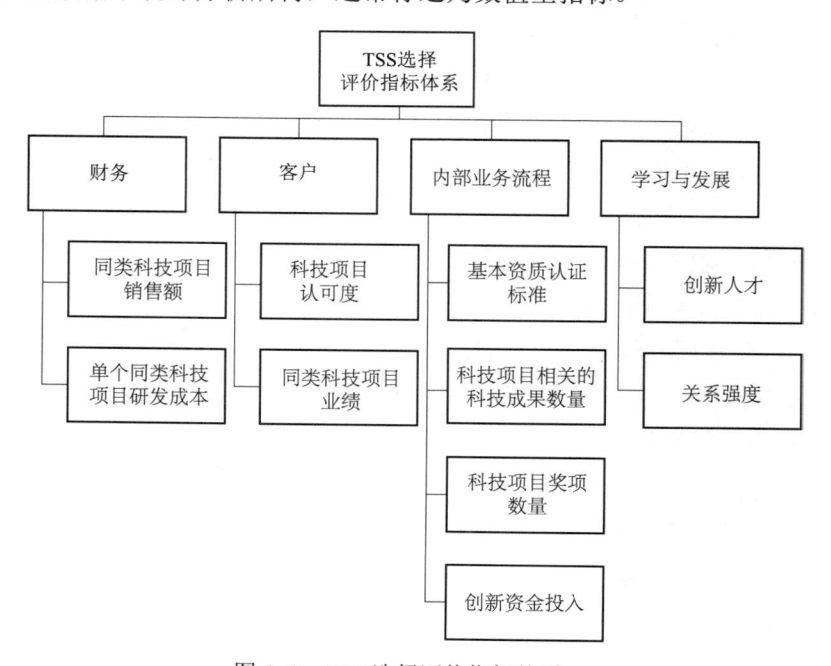

图 5-9 TSS 选择评价指标体系

表 5–6　TSS 选择指标评价体系

一级指标	二级指标	选取依据
财务	同类科技项目销售额（f1）	经营绩效
	单个同类科技项目研发成本（f2）	规模效益
客户指标	科技项目认可度（f3）	项目完成效果调查
	科技项目级别（f4）	项目细分
内部业务流程指标	基本资格认证标准（f5）	技术实力
	科技项目相关的科技成果数量（f6）	创新能力
	科技项目奖项数量（f7）	创新能力
	创新资金投入（f8）	创新能力
学习与发展指标	创新人才（f9）	学习能力
	关系强度（f10）	合作稳定度

（2）单个同类科技项目研发成本。通常来说，研发成本是指对 TSS 研发过程中相关的所有投入，其中主要有科技项目的人力投入成本。在实践中，对研究 TSS 研发的投入成本越低，但所研发的规模效益越大，则意味着所进行的投入成本会为企业带来的效益比更高。因而，为降低企业的研发成本，管理者在选择 TSS 时会更青睐于老 TSS，相对于新 TSS，老 TSS 具有熟悉科技服务研发流程的优势，企业不必再投入资本去培养或提供支持。

（3）科技项目认可度。科技项目认可度主要是指第三方客户对科技项目的认可度。这不仅要对 TSS 当前正在进行的科技服务项目评价分析，还要结合 TSS 以往所做的科技服务项目进行综合，并通过不同的互动联系方式了解第三方客户对科技项目的认可度，按照其认可的程度进行打分，则分数高的科技项目其认可度就越高。

（4）科技项目级别。不同科技项目的级别是不同的，因此，要找到与 TSS 级别互相匹配的科技项目，则需要对 TSS 级别进行分析评价，主要以问卷调查、电话、视频开会等方式进行了解沟通，还要结合该 TSS 以往做过的同类项目交易记录进行综合评价，得出匹配程度最高的 TSS。

（5）基本资格认证标准。资格认证从一定程度上能够体现科技服务企业的能力、资质以及潜力，从而与能力强、资质好、有潜力的科技服务企业进行合作。因此，可以通过对 TSS 的资质进行认证审核来更好判断确定。

（6）科技项目相关的科技成果数量。一个公司的科技成果记录可以在一定程度上评价该公司的发展战略中科技创新的重要程度，且该指标是数值型指标，容易进行理化性分析。

（7）科技项目奖项数量。如果某个科技服务公司的科技项目做得足够好，则通常会有科技项目奖励，通过对科技服务公司所获得的科技项目奖励记录可以评价该公司的实力，该指标是数值型指标。

（8）创新资金投入。创新能力是企业特别是高新技术企业发展的动力，因此这些企业会为企业创新建设投入大量创新资金，提高其创新能力，提升自身竞争力，以减轻企业发展的经济压力，良好的企业政策更能成为企业运转的动力。而对创新资金的投入是企业内部运营数据，应当由 TSS 提供，该指标为数值型指标。

（9）创新人才。科技是生产力，对于科技服务产业，持久的、领先的科学技术是企业保持生命力的关键，因此培养先进的创新型人才，组织创新人才学习、掌握和研发最先进的科技是当今科技服务企业立足之根本。要发展好企业的科技服务，就应当注重人才的培养，素质高、能力强的创新型人才是企业发展的重要组成部分，加大创新型人才的储备以及对现有人才素质的训练，使之能够不断提高以满足企业发展的需求。创新人才的数目可以通过企业统计获得，该指标是数值型指标。

（10）关系强度。可以通过企业间的合作次数进行评价，次数越多，其关系强度越大，彼此间越容易形成信任及默契，为合作提供基础，该指标为数值型指标。

（二）TSS（科技服务供应商）绩效模型

在与众多 TSS 所合作的科技项目结束后，企业可以对绩效成果进行分析评价，选出资质好、适合本企业的、可持续合作的科技服务提供商，对于那些合作效果一般以及不好的科技服务提供商也要做好记录，这些都是企业决策者所需要考虑的重要问题。因此，企业管理者在日常对经营中首先要明确本企业所需要 TSS 应当具备何种指标，对指标因素整理分类后，归纳出能够适合本企业的定性评价指标，并形成一套能够灵活简便进行系统评价的 TSS 选择评价体系。

1. 绩效评价指标体系设计原则

在选择绩效评价指标时，所设计选取的指标目的是能够全面、客观，并

电网企业专利管理的策划与实施

以平衡计分卡为理论基础。结合 TSS 的特征，在设计选取评价指标时应当根据以下原则进行设计。

（1）全面性原则。在选择评价指标进行构架评价指标体系时，不仅要选择全面的、多维度的评价指标，而且要综合各个评价指标，才能科学真实地评价出所合作 TSS 的绩效水平。所形成的科学评价体系既要反映出被评价 TSS 自身的财务绩效，还要能体现出该 TSS 对本企业所能带来对创新绩效等非财务绩效，而在企业责任越来越受到关注的今天，TSS 在社会绩效方面所带来的贡献也是应当考虑的因素，只有综合这众多的评价指标，在全面性原则的指导下才能设计出科学的、可持续的 TSS 评价指标体系。

（2）SMART 原则。绩效评价目标应当具体，对目标能否达成的评价应当有衡量的明确标准和尺度，且该目标应具有可行性，避免脱离实践，能够与实践中其他科技项目相关联，而改目标的实现可以按年度时间来构建。

（3）可操作性。评价指标所包含的信息或数据应当方便采集，操作简易。

（4）简单易懂。指标所代表的信息以及数据的分析结果应当转换成决策者和 TSS 双方均能理解的内容。

2. TSS 绩效指标体系结构

如图 5-10 所示为 TSS 绩效评价模型的指标体系结构。

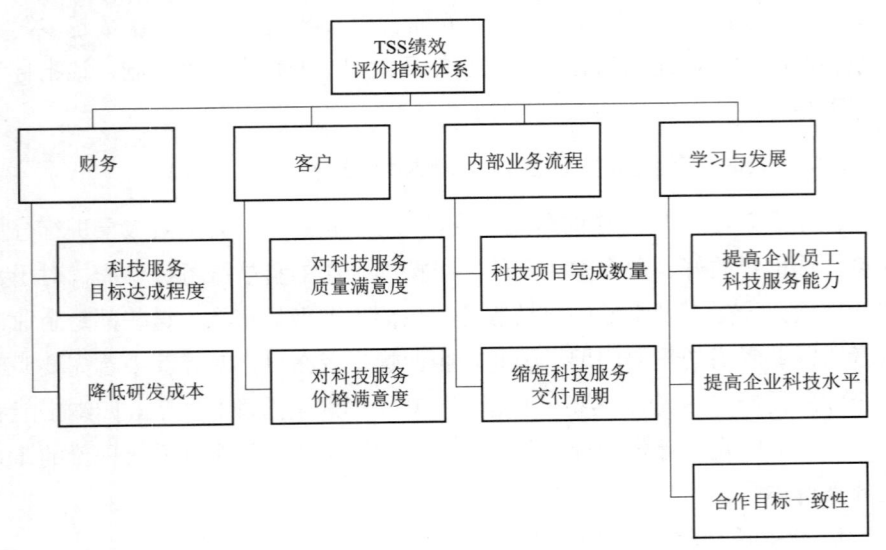

图 5-10　TSS 绩效评价模型的指标体系结构

(三)供应商评价模型流程设计

供应商作为供应链的源头企业,其技术能力、服务质量直接影响着整个企业的生产成本。供应商的议价能力越强,意味着该行业内的企业需要付出的成本越高,利润空间也越小。若是少数企业拥有核心专利技术、占据市场支配地位的卖方,就可以为共同应对上游厂商的专利收费,协调行业内企业,增强行业整体的谈判能力,这种现象在主要提供解决方案的科技服务类型供应商中存在。因此,为了避免风险、提高市场竞争力,电网企业亟须提高议价能力,削弱供应商的价格垄断行为。而议价能力的提高在很大程度上取决于对供应商筛选标准的制定上,标准的制定和最终撰写完成的专利质量有极大的关联,可以说专利质量的好坏会直接决定供应商的选择。如图 5-11 所示为供应商评价模型的流程图。

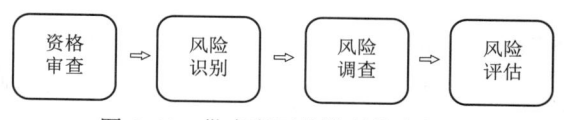

资格审查 ⇒ 风险识别 ⇒ 风险调查 ⇒ 风险评估

图 5-11 供应商评价模型的流程图

1. 供应商资格审查

一般来说,管理规范的企业在进行采购时,很少有临时性的紧急采购,而大多是通过供应商摸底调查、供应商评选、供应商长名单、供应商短名单等程序,通过层层把关,按漏斗的形式最终确定供应商名单(当然,这仅限于竞争充分的行业,垄断性供应则不在此列)。在这些环节中,专利管理要放在最前面的环节。

一般来说,对供应商的专利调查包括以下几个部分。

(1)调查该供应商的专利诉讼历史,大体上可以了解该供应商的专利风险概况。在调查时,并非仅仅以该供应商为单一调查对象,而是要对行业内与该供应商有关的竞争对手一起调查,通过这一调查,也可以摸清在该行业中,谁是专利强者,谁是弱者,谁将来有可能发动专利诉讼,将这些易于发动专利诉讼的经营主体列入"高专利风险制造者"名单中。

(2)调查该供应商提供产品的外包装上的标识的合规性。标识有很多种类,包括注册商标、非注册商标、版权标识、认证标识等。要调查这些标识的权利所有人及该供应商是否得到授权,并且要调查其是否规范性使用。因为在有的案例中，虽然供应商与权利人签署了商标许可协议，但该供应商在使用这枚商标时，却没有按照权利人提供的样例使用，篡改了商标的图形，权利人后来起诉该供应商违约，这样的风险也一样会传导到该供应商的客户身上。在形式上，可以要求该供应商提供标识的合规保证书，让其说明该标识的合法性来源和合规性使用来源。

（3）调查该供应商提供的产品关键技术点上的专利权分布。一件产品上的专利可能会很多，但风险比较大的专利可能不到20%。可以通过让供应商说明其产品的关键技术点，并且说明在该技术点上的自身专利分布的方式来进行调查，并且通过自行专利检索来进行部分验证。最为简便的方式是让供应商提供一份拥有关键技术专利权的保证声明，即便所出声明并不真实，它也可以证明采购方的注意义务，为将来一旦发生侵权诉讼时的免责或减责而预先储备证据。

（4）排查该供应商提供的产品上的版权风险。版权风险种类太多，很难一一列举，尤其是涉及软件的采购，软件往往会涉及专利和版权两方面的风险。最为简捷的方式仍然是让供应商提供自有版权或合法使用的保证书。

表5–7　××公司供应商专利状况调查表

文件编号		版本号	
供应商企业名称			
注册地			
发明专利		实用新型	
外观设计		著作权	
商标		其他	
供应商专利管理状况（机构设置、管理制度建设、执行成效等）评价			
供应商专利调查（诉讼背景、产品专利点分布等）			
拟采购产品或技术名称			
拟采购产品或技术的专利侵权分析评价			
评价结果及采购建议	专利部门主管签字：		日期：
企业领导签字			

2. 专利风险识别

在采购环节，最主要的风险来自供应商选择和对应的元件选择，这些风险与市场、研发、设计生产和销售等环节产生的风险共同构成了专利的敞口风险，而企业的专利风险防控，就是将这些敞口风险变为闭口风险。具体到采购环节而言，主要有以下几类风险需要防控。

（1）采购元件或产品的侵权风险。例如待采购的元件，如果侵犯了第三人的专利，则会在将来给自己的产品带来侵权风险，即使能够免责，也会带来不能交付、市场开拓受阻等市场风险。又如待采购的产品标识，有可能侵犯了第三人的注册商标权或版权，从而导致自己的产品在海关通关、展会或销售过程中遭遇查扣。这类风险是采购过程中最主要的风险。

（2）定制开发采购中的专利资产流失或约定不明而导致的违约风险。在定制开发的采购中，由于在定制开发合同中没有约定或约定不明，导致本应由采购方享有的专利被开发方获得。而且，在开发方获取该专利后，还会引起竞争对手的注意。这方面的风险引起的市场后果非常严重，特别需要注意。

（3）追责管理不善带来的财务风险。自家产品侵权，实际上是由于采购的元件侵权所致，但由于对风险分担约定不明，或即使约定明晰但由于管理不善或管理环节没有关联，而导致风险不能有效传递，致使自家独自承担侵权赔偿责任。

3. 专利风险调查

在采购环节，最主要的风险来自供应商选择和对应的元件选择，这些风险与市场、研发、设计生产和销售等环节产生的风险共同构成了专利的敞口风险，而企业的专利风险防控，就是将这些敞口风险变为闭口风险。

（1）专利是否有效且稳定。一项专利的有效性直接决定了该项能否被交易，无效或失效的专利不具有垄断性而进入公有，则企业没有必要花费资本进行交易，否则会给企业带来损失。而另一方面，一项有效专利的稳定性也是专利能够在较长时间内为企业所用的必备特征，一项不稳定的专利长远价值不高，会极大影响后续的专利应用。因此，在采购环节，首先需要对专利的有效性和稳定性进行调查与评估。

专利有效性的调查，主要包括确认专利权当今法律状态的有效性、专利权，有效地保护国家或地区以及专利有效期限和其权利要求的保护范围。

（2）相对方是否为合法的专利人并拥有处分权。在调查专利权法律状态时，除了调查其有效性还要调查其权利持有人以及其以往的交易活动。专利可以通过许可、转让等方式进行处分，但在这些处分行为后，其法律持有人仍可能没有发生变化，因此在调查过程中要特别注重交易的相对方是否是合法的专利权人以及该专利权人在现实中是否对该项专利具有处分权，防止被专利骗子所欺骗，给后续的应用带来繁杂的诉讼，增加企业的商业风险。

（3）专利的行使是否会受到限制。这主要是要调查与该项专利相同或相类似的其他专利权是否会对其产生影响，以及是否存在在先权利，这些都会影响专利权的行使，可能限制企业在行使其所收购的专利权，不能达到其对专利权预期的商业目的。因此，要全面调查该项专利权是否存在在先权利或其他可能影响专利权行使的权利。

4. 专利质量评估

可参考专利价值评估模型设计供应商评价模型对供应商进行评议，进而区分供应商质量，并根据质量区别制定供应商级别，制定议价标准，提高议价能力，做到从供应环节防控专利风险。专利质量主要从法律价值度、技术价值度、经济价值度三个方面进行评估。

（1）法律价值度。

法律价值度的指标细化与相关说明可见表 5-8。

表 5-8　法律价值度[①]

二级指标	定　义	原指标体系评判标准
稳定性	一项被授权的专利在行使权利过程中被无效的可能性	权利要求特征多少、上位下位；同族专利授权；本专利及同族专利经过复审、无效程序或涉及诉讼的结果等
不可规避性	一项专利是否容易被他人进行规避设计，从而在不侵犯该项专利权的情况下仍然能够达到与本专利相类似的技术效果，即权利要求的保护范围是否合适	将独立权要求的每个特征分解出来，对每个分解特征进行评估，然后再对该权利要求的所有特征的可规避性的评分求平均
依赖性	一项专利的实施是否依赖于现有授权专利的许可，以及本专利是否作为后续申请专利的基础	通常可以由权利人提供或通过检索确定在先专利以及衍生专利
专利侵权可判定性	基于一项专利的权利要求，是否容易发现和判断侵权行为的发生，是否容易取证，进而行使诉讼的权利	可以将独立权要求的每个特征分解出来，对每个分解特征进行评估，然后再对该权利要求的所有特征的专利侵权可判定性的评分求平均，以获得该权利要求的专利侵权可判定性分值

---

① "专利价值分析"，http://blog.sina.com。

续表

二级指标	定 义	原指标体系评判标准
有效期	基于一项授权的专利从当前算起还有多长时间的保护期	根据检索报告
多国申请	本专利是否在除本国之外的其他国家提交过申请	根据检索报告
专利许可状态	本专利权人是否将本专利许可他人使用或者经历侵权诉讼	根据检索报告

（2）技术价值度。

技术价值度的指标细化与相关说明可见表5–9。

表5–9 技术价值度

二级指标	定 义	原指标体系评判标准
先进性	专利技术在当前进行评估的时间点上与本领域的其他技术相比是否处于领先地位	根据以下几个方面进行评估：所解决的问题、技术手段、技术效果
行业发展趋势	专利技术所在的技术领域目前的发展方向	行业发展报告；该专利国际分类号的小类或大组的专利数量的时间分布情况
适用范围	专利技术可以应用的范围	专利说明书的背景技术对技术问题的描述以及独立权利要求
配套技术依存度	专利技术是否可以独立应用到产品，还是经过组合才能用，即是否依赖于其他技术才可实施	专利说明书的背景技术和技术方案部分的描述，结合现有技术发展状况
可替代性	在当前时间点，是否存在解决相同或类似问题的替代技术方案	对相关专利的问题描述；检索解决相同问题或类似问题的其他技术方案；检索该专利引用的背景技术；以及引用本专利的后续专利
成熟度	专利技术在评估时所处的发展阶段	根据国家标准《科学技术研究项目评价通则》

（3）经济价值度。

经济价值度的指标细化与相关说明可见表5–10。

表5–10 经济价值度

二级指标	定 义	原指标体系评判标准
市场应用	专利技术目前是否已经在市场上投入使用，如果还没有投入市场，则将在市场上应用的前景	市场有没有与该专利对应的产品或者基于专利技术生产出来的产品；行业专家判断

续表

二级指标	定义	原指标体系评判标准
市场规模前景	专利技术经过充分的市场推广后,在未来其对应专利产品或工艺总共可能实现的销售收益	理想情况下同类产品的市场规模乘以专利产品可能占到的份额
市场占有率	专利技术经过充分的市场推广后可能在市场上占有的份额	专利产品的其他类似产品市场占有的数量比例,则根据功能和效果最接近的成熟产品所占有的比例进行评估
竞争情况	市场上是否存在与目标专利技术持有人形成竞争关系的竞争对手存在,以及竞争对手的规模	与本专利技术构成直接竞争关系的产品或技术持有者或实施者与本专利持有人之间的实力对比,例如公司的总体营业额
政策适应性	国家与地方政策对应一项专利技术的相关规定,包括专利技术是否是政策所鼓励和扶持的技术,是否有各种优惠政策	高新技术产业和技术指导目录

第三节 专利运营

理论只有与实践相结合才能不断新生与发展,在知识产权制度悠久的历史起源与发展的过程中,知识产权法规这些理论只有不断渗透到并与市场立法理念、原则和规则相互交融才具有现实意义。无论是在历史沿革、法律价值和法律利益方面,知识产权法都是市场本位之法。知识产权法这一无可替代的重要地位是由创造之与劳动的重要性质与知识价值最终决定的。因此,只有切实认可并不断落实知识产权法市场本位这一理论,强化知识产权法与相关政策的相互协调互动,才能永葆知识产权制度价值的实现。

南方电网积极调动企业内部技术研发以及专利申请的热情,近年来在知识产权方面取得显著成绩。截至2015年3月已有专利超过9000件。2015年南方电网公司有四项实用新型专利进行成果转化,其中"两侧不中断供电可扩展型环网柜"等三项实用新型专利实施许可给欧玛嘉宝(珠海)开关设备有限公司,实施许可方式为前3年排他许可,之后普通许可,成交价为净销售额的3%。"跌落式间隙保护器"实用新型专利权实施许可给湖北国泰盛隆电力技术有限公司,许可方式为独占许可,成交价为40万元。

知识产权法市场本位的直观表现是促进知识产品创造、知识产权市场交易和知识产品利用,提高国家核心竞争力。所以我们需要通过实现专利的运营来实现专利的资本化与知识产权的市场本位。但实际上,大部分电网企业并无相关团队从事专利运营工作,专利运营基础较为薄弱。在取得了较好的知识产权成果,具备较大的专利储备,以及实现了专利的有效管理之后,如何实现对已有专利的科学评价,为企业专利运营与维护提供科学依据,以实现知识产权收益,成为企业内部专利管理的发展方向与难题。

另外,随着知识产权储备逐步增多、专利管理与转化工作的推进、专利从业人员水平的提高,导致专利管理和运营中单个专利的影响在下降,而专利组合的概念越来越得到专利管理者、企业、投资方等的关注。目前,国内出现了越来越多的专利组合运营实体,如中彩联、盛知华等。专利组合式的形式,形成了一个强大的技术壁垒,同时,产生了更高的组合价值。

一、专利的许可转让交易

(一)专利转让与交易

专利转让与交易是指专利权人将他的专利所有权转移给其他人并且获得相应收益的过程。就现在而言,专利的转让与许可主要是指专利的转让与交易,主要包括以下四种类型:转让、申请许可、实施许可、申请转让这四类。而在实践中专利转让的方式主要是买断与获得的收益共享以及前两者结合的过程,但是具体实践中则要看企业的实际情况。

(二)电网行业专利交易的瓶颈

1. 电网企业本身的高专利成本的问题

电网企业因为其自身的特征使得其具有相当高的成本,原因是,其一,电网企业本身较大,进行专利维护和专利诉讼的时候会投入相当大的成本进行;其二,电网企业中有比较多的核心专利是无法绕过的必须使用的,所以电网企业需要花比较高的成本去购买这样的专利。

2. 买卖双方情况的影响

由于行业的特殊性,加之上述的电网企业的专利需要比较多的研发费用的投入,所以该行业的卖方在进行专利转让的时候需要充分考虑自己研发成本的投入;买方则需要较多考虑该专利具体能够获取多少收益的问题。

3. 国际竞争对手的挑战

国外的电网企业如西门子等都有许多在电网技术方面的核心专利,专利布局也领先于全球。除此以外，国外还有一些电网企业例如德国电网等企业都在经过专利布局以后对于我国的专利布局等内容有了初步了解，开始初步关注。所以我国应当做好专利布局应对来自众多国际竞争对手的挑战。[①]

（三）电网行业专利交易注意事项

1. 注意避免风险

对于电网行业的上述特征，我们可以发现电网行业的专利转让与专利许可有着自身的特点。因为电网行业的专利的成本较高，所以需要特别注意在进行专利转让与许可使用的时候要十分谨慎。企业在转让之前要与内部研发技术人员以及内部高层人员进行充分讨论，拟订一个比较好的方案，在选择受让人的时候要充分考虑到是否与本企业有严重的竞争关系，是否需要规避这样的问题并且需要注意签订好保密协议避免技术秘密泄露等问题。而对于受让企业而言，则需要考虑到受让得到的专利价值是否能够得到充分利用的问题。

2. 明确合同条款

由于电网企业的专利转让与许可尚未形成一个行业的规定，所以在进行转让与许可交易的时候必须要订立一个转让或许可合同，充分说明转让与许可的名称、技术领域、实质性特征，与专利文献相关的内容，以及价款、保密条款、违约金、赔偿金额的计算、争议解决不了的时候仲裁方法。

3. 选择恰当方式

在进行专利转让与交易时需要注意采用适当的交易方式进行，这就提示我们在交易时要注意几点，首先要注意专利的有效期限；其次要注意转让或许可的是专利还是专有技术，如果是专有技术那么持续时间就会更长；再次是要注意转让或许可方式是长期的还是短期的，如果是长期的就更适合与科研机构与企业之间合作，如果是企业与企业就单项技术合作则更适用于短期进行；最后是需要采取股权交易还是传统方式进行。

二、投融资

（一）专利投资

随着人们进入知识经济时代，科学技术在经济生活中发挥着越来越重要

[①] 李广凯、文毅："大型企业专利转让与交易探析"，载《中国高新技术产业》2013年第32期，第4~6页。

的作用，日益成为第一生产力。而专利权作为科技的重要组成部分可通过投资形式转化为资本，这也是知识产权资本运营的重要组成部分。

1. 专利投资概述

专利投资是指专利权人将其所拥有的专利权作为资本对企业进行投资，以获得企业股权的活动。专利权人可以通过将专利权作为资本进行投资，也可以将专利许可实施权作为资本进行投资，但无论哪种方式，专利权人在获取企业相对应的股权后仍不会丧失自身对该项专利的所有权，而是以股东或合伙人的身份享有企业财产的共有权[①]。

2. 专利投资的特点

首先，专利权投资中专利权的价值评估很难。与一般现物出资相比较而言，专利权的价值评估更加难。专利权作为一种无形的且独特的资产，价值很难进行评估，难以找到比照物，所以很难在市场上通过市场价格的方法来对专利权估价。并且，专利权是无形资产，生产成本也具有不确定性，所以价值与生产成本之间的关联度也不大。此外，使用专利权所获得的收益也受到很多因素的干扰，所以价值与收益之间的关联度也很小。实践中专利权的价值评估比较难，需要综合多种因素与指标进行，上文对于专利权的价值评估部分已经作了概述，就不在此继续论述。总之，专利权投资因为价值评估的高难度而形成了比较高的门槛，专利权的投资也就需要更加专业的人才来进行。所以在电网企业中，专利权的投资要侧重于对于专利权的价值评估。

其次，专利权效力具有不确定性。专利权是经权利人申请由专利局审查后再由国家公权力授权而产生的，但由于在审查过程中可能存在问题而最终导致该项专利被撤销或宣告无效。而作为出资一部分的专利，其专利权的丧失意味着其价值丧失，则企业会出现出资不实的困局，尽管以专利出资的股东一般有资本充实的义务，但专利权效力具有不确定性，其作为资本出资仍有可能会违背"资本确定、资本维持和资本不变"这三大企业资本制度原则[②]。电网企业在进行专利权的投资过程中要注意风险的预防措施，只有这样才能预防在专利权投资过程中可能形成的亏损。

再次，专利权的效力具有期限性和地域性。就我国而言专利中发明专利

[①] "浅析专利权资本化"，http://management.ma。
[②] 孙思："专利权出资法律问题研究"，中央民族大学 2010 年硕士学位论文。

有20年的保护期限，然后实用新型与外观设计等保护的期限都是10年。加上专利保护的地域性这些原因是在国际上进行专利权投资时电网行业遇到的困难[①]。

最后，因为专利的权利类型比较多元化，并且权利让渡也具有其多层次性，所以在进行专利权投资的时候要充分注意到这两个问题，确定权属类型与让渡层次。

总之，由于专利权的不确定性与风险性使得专利权的投资出现了不小的阻碍，在进行专利权的投融资过程中需要注意针对这些问题进行解决。

（二）专利融资

1. 专利质押融资

（1）专利质押融资的概念。质押属于担保的一种，但是专利权质押与普通的质押类似，是债权人在债务人不能到期偿还债款的时候可以优先就专利权的财产权进行优先受偿的过程。

所谓融资，就是借钱。简单来说，就是以专利权作为质押从而向银行或者融资企业借钱的方式，专利质押是方式，融资是目的。

（2）我国的专利质押融资的法律规定。我国对于专利质押融资的法律规制主要是在《物权法》与《担保法》中进行的，但是这两部法律也仅仅是承认了专利质押是合法的，至今并没有法律过多地对专利权融资进行规制。只有一些地方规章和地方暂行办法对专利权的融资进行了规制。例如国家知识产权局于1994年4月20日起实施的《专利资产评估管理暂行办法》、2009年北京市海淀区修订的《海淀区知识产权质押贷款贴息管理办法》等。

（3）专利质押的实务运作方式。我国的专利质押融资的实务操作过程在全国没有一种标准的模式，但大体可以划分为三种形式：其一是银行与担保企业以及融资企业专利反担保模式；其二是银行与融资企业专利担保以及政策担保企业担保的模式；其三是银行与融资企业专利担保和第三方保险企业投保的模式。

除了上述三种模式外，各地可能还存在一些不同的实践操作模式，但就成熟度而言，前面介绍的三种模式是实践操作相对较多的几种。而电网企业

---

① 练庆葵："专利权出资法律问题研究"，对外经济贸易大学2006年硕士学位论文。

在进行专利质押融资选择的时候可以在这三种模式中进行选择。选择对于企业最优的模式来进行专利质押融资，既可以实现专利权最大化的运用又可以避免电网企业陷入不必要的风险中。

（4）专利质押融资的风险。由于我国的专利流通性比较差，所以当债务人无法如期偿还债务要将专利权转换为实际的资金的时候就会遇到比较大的问题。

就我国《担保法》可以知道，对于一般的质权的实现方式主要有质押物的协议折价、拍卖、变卖这几种，理论上专利质权的实现也是通过这几种方式实现的，其一是专利权交易市场与渠道现在并不发达；其二是专利权的使用人是相应行业的企业，这就使得专利权的市场缩小；其三是专利质权人往往是一些银行和一些融资企业，所以就导致这些专利质权人在得到专利权后完全没有能力去使用这些专利，所以也很难经营好这些专利。

以上内容是对我国专利质押融资的一个概述，从中我们可以看到，在对电网企业进行专利权质押融资的过程中，我们需要注意到专利权本身的一些特征所带来的相应的一些专利质押融资的经营风险，同时效仿一些大型企业对于专利质押融资的模式选择，但同时也需要结合电网企业专利的独有的一些特点最后实现电网企业的专利质押融资。

2. 专利信托融资

根据专利权的一些相关特征，我们可以通过以下手段进行专利信托融资。

（1）信托贷款方式。在这一种方式中，专利开发要进行贷款的企业则是通过委托信托企业对相应要进行信托贷款的企业进行尽职调查，并且信托企业对相应的专利进行调查以及对项目的风险情况进行调查，在确定进行专利信托贷款的企业的具有相关资质之后就可以开始募集资金，然后将资金提供给企业，企业以专利权担保到期再进行偿还。

（2）专利股权投资信托融资方式。在这一方式中，前期信托企业所要做的内容与之前的那种方式要做的调查内容类似，区别在于这种方式中信托企业募集资金然后让专利开发企业承诺给予提供资金的企业以股权，就相当于使得风险在股权人与专利开发企业间平摊了，降低了专利开发企业的风险。而且投资股权也能够使得信托计划受益人在其中分得的红利收益也可能更大。

（3）专利基金信托融资方式。这种方式是通过设置专利类信托产品募集大量社会资金形成一个基金池的方式来完成的。这一类信托产品的特点是比较适合有比较多的专利的成长型的高科技企业。①

以上三种专利信托融资方式各有千秋，当电网企业在选择自己的专利信托融资方式的时候，就需要结合电网企业专利自身的特点，及对风险的承受能力来分析更加适合哪一种信托融资方式。从以上的讨论中我们可以看到，对于电网企业如果需要比较低的风险则更加适用于专利股权投资信托融资模式，而对于具有多项专利、规范管理的成长性科技电网企业则更加适用于专利基金信托融资模式这样的模式。总之，电网企业应结合自身的特点来选择单一或者综合集中信托融资的模式来进行信托融资。

由以上投融资两种专利权获利途径的分析我们可以看到，对于普通专利权的投资与融资还没有形成一个比较完善的体系进行管理，需要我们电网企业的知识产权管理专业人员，与投资分析专业工作人员共同来对电网企业的专利权投融资的整体管理模式作一个规划与调整，最后获得最适宜电网企业的投资模式与融资模式。

三、企业重组

（一）企业重组后的专利处理上的问题

企业并购重组以后在专利处理上会面临两大问题，一个是人员的问题，在企业进行重组以后会面临一个企业的技术人员合并以后应该各自为营还是合并的问题，如果各自为营那么就失去了重组的意义；另一个是专利的问题，大量的专利的汇总以后需要面临新的专利布局的问题那么就需要对于并购的企业进行整合。

（二）对企业重组后的专利问题的解决办法

1. 制定统一的企业专利保护体系

并购前后的企业一般都是属于一个行业的，所以在企业并购之后可能会出现一些交叉的或者是重复的专利，企业就不需要花大量的专利维护费去对相应的这些重复的专利重复维护，并且重新整合后会发现一些即将到期的专

---

① 张小杜：《我国专利质押融资机制研究》，暨南大学2011年硕士学位论文。

利也应当进行分析然后进行相应地处理。总之应当在企业合并以后最大限度地利用好已有的专利但也不能浪费过多的维护费在一些不必要维护的专利上,从而节约维护的成本。

2. 优化专利组成结构

根据专利组合后的产业链的特征,对合并后的企业的专利进行整合,结合合并的两企业的优点优化相应的企业专利,从而使得合并的优势最大化①。

3. 组建统一的研发部门

企业在并购前,研发人员通常都来自不同的部门,分散的研发人员会降低工作效率,降低了企业的科研能力。因此,为克服这一缺点,实现并购后应当注重合理安排好随并购而来的研发人员与技术力量,使之能够在最短的时间内融入本企业并发挥其在企业价值链上的作用,形成新的具有竞争力的研发创新体系。那么组建统一的研发部门能够为企业的研发团队注入新的力量,也使得企业对这些人员更容易管理。

综上,当电网企业重组遇到专利方面的问题时,可以通过制定统一的企业专利保护体系、优化专利组成结构、组建统一的研发部门等方式进行解决。

四、标准化

国家对于知识产权标准的设立与研究越来越重视,对于电网业也是如此,所以不久的将来电网业的标准化工作可能成为国家机关与地方相关职能部门重点抓的工作之一。以下就对我国现在的电网行业专利标准的现状与价值评估中标准化指标作些概述。

(一)我国电网行业专利标准化现状概述

在专利的范围内,为保障获得专利的产品或服务安全性,专利一般要按照其技术标准进行,其具有指导性和强制性,有一系列的技术细节和技术方案。但本章所涉及的专利标准化是指一项专利中由于其拥有的技术方案具有基础性、代表性等特征而逐渐被行业内的技术人员所认可,也为市场所要求,因此被纳入到标准化文件中成为该行业内的技术标准,相关企业必须按照这一技术标准进行生产活动。一项专利之所以能够被标准化,也是因为该项专

---

① 陈玉和:"企业并购中的知识产权问题",http://blog.sina.com。

利所代表的技术方案能够满足市场安全要求,而由于该行业的其他企业必须使用该项专利,那么拥有这一被标准化专利的企业在行业内就具有重要影响地位。电网行业是典型的技术密集型行业,一项新的技术要获得广泛的推广运用则首先应当申请专利进行保护。对于电网行业,企业的影响力不仅与其拥有的核心技术有关,还与其拥有的被标准化的专利有关,其拥有的被标准化的专利越多,其在电网行业的地位就越高,影响力越大。因此,越来越多的电网企业开始注重技术标准,其能为企业带来潜在的专利技术和技术秘密。我国电网行业在实施"走出去"发展战略的过程中也越重视进行标准化技术生产,使其有可能被专利标准化而提高自身的市场竞争力。而今,我国电网行业的标准化建设趋于完整,覆盖了各个方面。在电网行业及国家标准中,内容涉及了众多专利权人的专利技术。从电网行业的标准化建设计划和我国近年来越来越重视专利发展的情况看来,专利标准化已经成为我国电网行业日后技术发展和行业提升的重要趋势。某项专利如果能被纳入技术标准中,相关专利技术必然会在电网行业中推广应用。

(二)专利标准化指标应用于核心专利识别分析评估的初步构想

1. 专利标准化指标在核心专利识别分析评估指标体系中的位置

专利标准化指标在核心专利识别分析中具有重要地位,在技术与法律以及市场这几个维度中我们可以看到都无法将专利标准化纳入到这几个维度之下,所以应当将专利标准化指标另外作为一级维度来进行核心专利识别分析评估,从而凸显出专利标准化是十分必要的[①]。

2. 关于专利标准化评估维度下的分级指标

在进行专利标准化以下的相应的专利标准化维度的建立的时候应该考虑多重问题。首先,根据电网的具体特征,其专利有可能被纳入的标准包括企业标准、国家标准以及行业标准等里面。所以这里就可以对专利标准化分出一个维度就是专利标准化的层级。其次,专利标准化的年限问题也是比较重要的问题,因为专利标准持续时间越长、可替代性不高,那么它的价值就越高。最后,专利在电网企业的不同的技术领域的价值也各不相同。另外,在不同的领域也可能有不同的专利标准化的价值。所以专利标准化评估维度

---

① 李广凯、文毅、曾倩莹:"基于专利标准化指标的电力行业识别核心专利综合分析体系研究",载《中国发明与专利》2015年第10期。

下可以分为以上这三个层级。

3. 体系中的权重设置

在这个评估体系中分为技术、市场、法律以及专利标准化的维度,但是各个维度的权重还没有一个确定的方式进行计算,所以,在这种情况下,可以引入 AHP 层次分析法,通过对各指标的重要性进行比较和打分,并列出判断矩阵,对各指标的权重进行配置。[①]

总之,专利标准化已经成为电网行业专利领域的必然趋势,并且专利标准化逐渐成为电网行业专业价值评估的一个新的指标、新的维度,所以专利标准化对于电网行业的专利运营起着十分重要的作用。

第四节 专利保护

一、专利风险预警办法

(一)我国电网企业运营中潜在的专利风险分析

专利风险,是指由于专利制度内部诸因素的复杂性,及其引起的专利权利不确定性,导致的专利权利实际结果和预期发生背离,所产生的利益损失或者获得该利益损失的可能性。因为全球经济化,各国企业纷纷涌入我国发展,所以在电网企业这种涉及民生的重要企业,专利风险预警十分重要。基于中国的电网企业的全程专利布局的内容,我们可以把电网企业的全程的专利风险划分为专利检索期间的风险、技术研发期间的风险、专利申请期间的风险以及专利实施期间的风险[②]。

1. 专利检索阶段的风险

在前文中对于专利检索用了比较多的篇幅进行讲述,我们可以充分知道专利检索的重要性,但就是在如此重要的专利检索的阶段由于企业进行专利检索的相关人员专业性不强等问题可能会产生一系列的风险。

---

① 李广凯、文毅、曾倩莹:"基于专利标准化指标的电网行业识别核心专利综合分析体系研究",载《中国发明与专利》2015 年第 10 期,第 37~42 页。

② 刘怡、赵纵洋、张驰:"我国电力企业专利风险与预警机制研究",载《中国发明与专利》2014 年第 1 期。

2. 技术研发阶段的风险

技术研发期间有两个方面的风险。

其一在技术研发阶段有着很多的风险，其中一点就是权属不明的问题。首先这是因为在电网企业的技术研发阶段有很多是团队进行研发的，就会有许多涉及职务作品、委托作品等权属不明的问题。同时现在许多企业的专利是跨学科的专利，也会导致权属不明的问题。最后现在有很多外企与中国企业结合的技术研发的内容，这就使得技术研发阶段的权属更具复杂性。

其二有技术秘密泄露的问题，所以在涉及上述职务作品与委托作品等较为复杂的情况的时候就会有技术秘密泄露的风险亟待解决。

3. 专利申请阶段的风险

企业缺乏专业人士成为专利申请阶段最大的风险。原因之一就是无法在何时申请专利、如何申请以及在何地申请等问题上得到一个比较明确的答案。原因之二是没有专业人士就不能更好地在专利撰写时提供一个比较好的撰写方案。这两点内容成为专利申请阶段的最大风险所在。

4. 专利实施阶段的风险

专利实施过程风险包括的内容主要是专利转化为产品的阶段的风险以及专利交易过程中的风险。而针对我国的电网企业的特殊情况，主要是我国电网企业本身专利不如国外的多，而且不如国外的专利核心，所以要是转化为产品比较容易侵权。其次我国电网企业的专利交易目前涉及较少所以经验不足，也有较大的风险。

（二）我国电网企业专利预警机制的构建

企业的专利预警，主要是通过对于企业的相关行业的专利检索分析后得到的国内外市场的专利文献的信息进行分析，最后得到的一个预警报告。一般的预警报告内容主要有以下两方面的内容。

1. 企业专利预警机制的体系

就企业怎么进行预警的问题，我们可以了解到主要包括五个方面分别是：其一，专利预警对象的选定，主要是包括通过企业发掘出本企业行业是属于风险监测的哪个领域的，从而确定专利预警的对象。其二，专利信息的检索与分析，这一点就是与前面论述较多的专利检索与分析相同的意思。其三，专利预警度的评价，通过前期两个方面的分析进而结合企业自身的专利具体分析相应专利的可能面临的风险程度。其四，专利预警报告，是在对专利预警度进行评价以后进行的专利预警的小结与报告。其五，专利危机应急预控阶段。这一阶段主要是对专利预警报告进行内部的讨论，商讨出一个比较合适的方法规避风险。

2. 企业专利预警机制的指标

在对电网企业专利预警度进行评价的时候要注意采用一定的标准：以下讨论的内容就是关于专利预警度判断的几大指标：

其一是专利研发指标。这一指标中主要包括的内容是人员、器械设备、资金以及不确定性的分析。分别评价内容是专利自身的特点以及突发性的问题。

其二是市场指标。该指标主要包括了国家电网行业的专利保护程度指标、行业专利诉讼频率的指标等。这个指标主要指向的是行业的外部大环境。

其三是专利技术指标。主要是涉及一些企业相关行业专利自身的技术指标。

其四是专利管理指标。主要内容是更为宏观的内容，是针对整个企业提出的相应的专利管理的指标。

我国电网企业可根据这些指标进行专利预警警级的评价。在具体评价的过程中，每一个指标所占的危机程度是不同的，而且，对于不同的指标，需要结合不同的情况进行分析。[①]

（三）技术风险预警

技术风险预警研究主要针对研发阶段的专利风险进行防范预警，一般来说可以从三个方面进行研究，即专利信息的利用、专利规避设计、权属的约定。首先，一般而言，企业的技术研发都是以项目呈现的，在一个研发项目投入之前，乃至整个研发过程当中，充分利用专利信息和市场信息都是十分重要的，这是避免重复研发、研发失败和专利侵权的基本手段。其次，原始性创新非常困难，绝大多数企业都是模仿创新或吸收利用再创新，这种二次创新很容易将自己置于侵犯在先专利的危险境地。因此，合理规避在先专利，从而进行持续性创新和设计是企业的一门必修课。简言之，专利规避设计就

---

① 刘怡、赵纵洋、张驰："我国电网企业专利风险与预警机制研究"，载《科学发明与专利》2014 年第 1 期，第 19～22 页。

是找出该设计没有被专利权利要求所覆盖的合法理由。第三，企业研发的方式有很多种，一般可分为自主研发、委托研发和合作研发。无论是哪一种研发方式，都有可能出现专利权属纠纷的风险。另外，建立完善的职务发明创造奖酬机制，使研发人员得到应有的回报，也是减少权属纠纷的有效措施。

1. 专利信息利用

以专利信息利用为技术风险预警主要流程包括专利检索、专利数据筛选和技术对比分析三个环节。其中，企业还可以根据自身情况和需求选择在专利数据筛选后展开宏观分析。

（1）专利检索。该环节的主要目的是检索和采集所有与企业的技术或者产品方案相关的专利。在该环节，需要通过对技术或者产品方案的技术理解和分析，确定该方案的技术构成，列出该方案中可能存在侵权风险的所有技术点，并对每一个技术点提取必要的技术特征。根据这些技术特征选择检索要素，构造初步的检索式。然后在进行初步检索的基础上，进一步完善对技术的理解，重新总结技术点的特征和特征表达式，修正检索式。

（2）专利数据筛选。该环节和主要目标是对专利检索环节中采集到的专利数据进行筛选，剔除不相关的专利，补充缺失的专利信息。筛选主要是通过人工阅读方式来进行，在充分理解专利技术方案基础上将所有相关的专利筛选出来。在筛选的基础上，如果发现某技术点有其他重要特征或者重要检索要素被遗漏时，可以进一步修正检索表达式，对该技术点进行补充检索和筛选。筛选后，可以按照企业技术分类体系对所有的专利进行归类。对于归类后的相关专利的数据集，可以进一步形成企业专利预警风险数据库。最后被筛选出来的专利将作为技术比对分析目标专利。

（3）宏观分析。如果筛选的专利数据的量比较大，或者企业的技术或产品方案设计的潜在侵权点较多，就需要进一步进行宏观分析，制作专利地图。

专利地图能够帮助企业进一步了解风险专利的分布情况，如在各个技术点上分布状况，各个主要市场地域分布状况，各个申请人中的专利状况等。企业可以借此初步了解各个技术点上的各市场地域中的风险威胁状况，主要是潜在侵权对象以及对象具备的专利优势技术点和地域，从而选择有助于企业确定风险防控的重点，也为企业后续继续制定应对策略和选择应对措施提供决策参考。

（4）技术对比分析。该环节主要目标是在筛选出来的专利数据中进一步确认风险专利。通过将筛选出来的相关专利进行深入的技术解读和特征分析，与企业技术或者产品方案进行技术特征对比，最终确认出会威胁该技术实施或者产品销售的专利。

2. 规避设计

规避设计主要也是一项研发的内容，是通过研发人员与经费的投入，并进一步研发发现技术有别于其他专利技术的一些特征，从而规避相应专利风险的方法。同时企业也要注意对于成果即使用专利保护起来。

（1）规避设计的原则。既不明显降低市场竞争力，保持产品方案的性能和成本的平衡，也不能与企业战略相矛盾，要保持规避设计方案的技术进步性与企业技术规划一致并符合市场定位。

（2）规避设计的策略选择。对于处于上升期的产品而言，规避难度低，规避成功概率高，规避成功后的未来市场收益较大，企业可以考虑投入较大研发力量。

对于处于成熟期的产品而言，规避难度较大，规避设计主要是保持企业的市场自由度，研发投入适当。

对于处于衰退期的产品而言，规避难度较大，投入产出比较小，不必投入大量研发力量，另外还要考虑风险专利剩余有效期限。

（3）规避设计的方法。确定了专利保护范围之后，就可以进入规避设计的设计过程了，在此过程中，规避设计方法大致有以下几种。

其一，通过专利文献出现的技术问题进行规避设计。这种规避的初期相对投入较少，只需要查找相应的一些专利文献从而进行进一步的针对性研发，但是这种方式所需要的研发费用较高，因为需要在新的技术点进行研发。

其二，通过专利文献的背景技术进行规避设计。通过专利文献中的背景技术提到的现有技术手段，结合其他的一些新颖的技术点而且避开使用了这些现有技术手段作为背景技术的专利从而实现规避设计。

其三，通过阅读专利文件中发明内容和具体实施方法实施规避设计。因为在具体实施方法中可能已经最大限度地涵盖了所有该技术可能的实施方式，然而在权利要求中可能有所疏漏，所以我们就可以通过这些疏漏的空白点进行规避设计。

其四，通过专利审查的相关文件进行的规避设计。根据禁止反悔原则，我们可以对于专利权人放弃的部分加以改造从而实现规避设计。

其五，通过阅读专利权利要求进行的规避设计。这种方法的重点在于找到最容易缺省的技术特征，也就是突破口，从而实现规避设计。

从上述的规避方法中我们可以看到，前两种规避方法虽然与具体的专利技术方案关系不大，但是仍能对于技术进行规避，而且相比较于后三种技术方案提供了比较大的在技术方案上的发挥空间。并且，后三种技术方案需要比较多的条件才能够实现。总之在进行规避设计的时候要注意从专利技术、专业人员通力合作和市场三方面都能恰如其分合作的时候才能最好地发挥它的作用。

从权利人以及竞争者的角度而言，专利规避设计都是十分重要的。一位日本研究知识产权的学者对于专利价值的评估因素是这样划分的：其一，专利被规避的可能性大小；其二，专利被无效的可能性大小；其三，专利被市场许可的可能性大小。[①]从这位学者对于专利价值的评估的因素我们可以看到，专利是否容易被规避与专利是否容易被无效和专利是否被市场许可是一样重要的。对于专利权人而言，如果其专利能够被他的竞争者轻而易举地进行规避设计，这个专利不仅没有价值，而且还公开了自身的技术方案，为竞争者进行进一步的发明创造提供了基础。而对于竞争者而言需要考虑两方面的内容：其一，从法律角度上来看，一般的竞争者在设计的时候尽可能地考虑使得自身的技术能够规避掉专利权人的技术；其二，从企业自身的成本考虑，要进行规避设计意味着需要更多的资源的投入。所以，竞争者在进行技术规避设计的时候要综合考虑企业成本与法律底线两方面的问题。并且，在对企业技术规避设计的时候需要大量的专业人员的进驻。综上，进行规避设计前提是三方面的：专利技术、专业人员通力合作、市场。

3. 核心技术保护

（1）不同的保护形式及特点。企业的创新成果通过技术来展现，对技术的直接保护方式一般包括专利保护和商业秘密，而防御性公开是利用专利制度的特点，以主动提前公开技术信息的方式避免他人对该技术进行专利申请以获得独占权。

（2）确立保护形式的操作要点。企业在进行专利保护、商业秘密和防御性公开三种方式的选择时，首先是筛选出需要商业秘密保护的创新成果，其

[①] 吴锦伟："知识产权是否可以实现回避设计"，载《中国电子报》2005年第9期。

次是精选出用于专利申请的技术成果，最后再考虑防御性公开的方式。在选择保护形式时，筛选方式参照如图 5-12 所示。

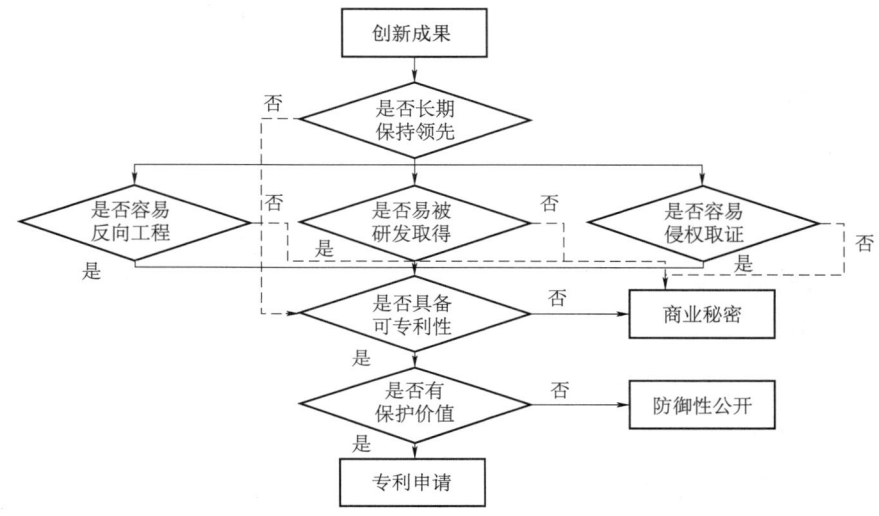

图 5-12 需要商业秘密保护的创新成果的筛选方式

（3）不同的保护类型。以中国为例，专利分三种类型，即发明专利、实用新型和外观设计专利，这三种类型的专利在保护客体、授权条件、审查方式、保护期限以及费用上都存在区别，如表 5-11 所示。

表 5-11 专利保护形式对比表

类型	保护客体	授权条件	审查方式	审查期限	保护期限
发明	产品、方法或者其改进	新颖性、创造性和实用性，技术高度较高	初审+实审	2~3 年	20 年
实用新型	产品的形状、构造或者其结合	新颖性、创造性和实用性，技术高度相对较低	初审	小于 1 年	10 年
外观设计	产品的形状、图案或者其结合以及色彩与形状、图案的结合	不属于现有设计 明显区别于现有设计或者其特征组合 与他人在先权利无冲突 要强调设计上的区别	初审	小于 1 年	10 年

（4）权属约定。委托的发明创造，我们需要注意，如果没有特别的约定，专利权一般是归属于研发人员的，但是委托人可以免费实施。并且在研发人员想要转让专利申请权的时候，委托人有同等条件优先受让的权利。

合作开发的发明创造，如果没有特别的另外的约定，专利申请权是合作双方共有的，但是当合作人员之一想要转让专利申请权的时候，其他的各方有着同等条件优先受让的权利。如果其中一方声明放弃其专利申请权，则可以由其他各方申请。当申请方取得了专利权以后，之前声明放弃专利申请权的那一方合作研发人可以免费实施。如果合作开发的一方不同意申请专利的，其他各方不得申请。

二、危机处理[①]

如果企业对于其他专利构成侵权或者他人技术对企业专利侵权，或者假冒企业专利的时候，企业就会开启专利预警状态中的危机处理状态，危机处理模式由以下部分组成：

（一）企业对其他专利构成侵权的危机处理模式

1. 专利的法律状态的检索

在收到警告函等类似的方式获知企业侵犯他人专利权以后需要对他人专利的法律状态进行检索，基本的法律检索的内容是申请日、优先权日、专利年费是否及时缴纳、是否授权等信息的检索，为后期的抗辩措施打下坚实的基础。

2. 对方专利无效的证据检索

当企业处于这样的危急状况的时候，最先考虑的就是对于现有技术的检索，找到能使得对方专利无效的有效证据。而在对证据检索的时候需要考虑两方面：其一是对于现有技术的全面调查，主要包括：对于在对方申请日前已经在市场上销售的同类产品的检索、在申请日前专利权人的产品是否已经在市场上销售的检索；其二是对于专利审查信息的检索，企业可以对于专利审查阶段的审查文件中获取大量无效的证据。

3. 提出抗辩的证据，据理抗辩

除开无效抗辩以外，企业还可以提出如诉讼时效抗辩、公知技术抗辩等事由进行抗辩。

4. 最后的措施：协商与谈判

当前述的抗辩都不成立的时候，就需要考虑最后的措施，进行协商与谈判，争取以一个比较合理的损害赔偿额进行赔偿或者进行交叉许可等使得企业能够合法地继续使用专利。

[①] 代晶：《企业专利预警系统构建研究》，四川大学2005年硕士学位论文。

（二）他人对本企业专利构成侵权的危机处理模式

1. 自身专利稳定性的检索

当发现他人对本企业专利构成侵权的时候，不可以贸然进行起诉，而是应首先对于本企业专利进行稳定性的检索，在发现自身专利稳定性不高，容易被他人无效就应当尽量采取协商与谈判而不是诉讼的方式处理危机。

2. 收集他人侵权的证据

主要收集的证据是三方面的，其一是侵权者情况的相关证据；其二是侵权者侵权的事实证据；其三是具体到损害赔偿的证据。在收集这些证据的时候要注意进行公证。

3. 发警告函

发警告函的作用主要有两个方面：其一是证明权利人有主张过权利，在对方进行诉讼时效抗辩的时候可以对抗；其二是证明双方当事人最初都有进行谈判与协商。

4. 协商与谈判措施

可以通过协商与谈判措施，双方当事人及时调整措施与处理方法。

5. 请求行政处理

在协商与谈判措施不适用的情况下可以申请行政处理，对行政处理方式不满意的还可以进行行政诉讼或者民事诉讼。

6. 诉前措施

在起诉前，要注意申请采取证据保全，财产保全，责令停止有关侵权行为等措施。

7. 向法院起诉的措施

如果前述方法都不适用的情况下，企业应当在两年诉讼时效内提起诉讼，在被告向专利复审委提出宣告专利权无效后也应当劝服法官力图不要中止诉讼，以求尽快解决纠纷。[①]

在专利危机结束后，专利危机处理小组也应当注意将本次危机造成的损害尽量弥补，同时将危机处理方式存入专利危机对策库中，以备今后参考。

上述的对于企业专利危机处理的方法同样适用于电网企业，在电网企业遇到相应问题的时候可以采用以上途径进行解决。

---

① 代晶：《企业专利预警系统构建研究》，四川大学 2005 年硕士学位论文。

第六章

专利人力资源管理

在当前的市场条件和社会经济环境下，加强人才引进和人才管理已成为保证企业竞争力的核心因素。现代化的经济环境下，竞争的模式多种多样，但究其本质，还是能归结到人才的竞争上。专利的竞争，实际上就是人才的竞争，因此只有在建立详细明晰的人力资源管理体系，试图在人事问题的决策规划、实施阶段培育人才、引进人才、管理人才、发展人才、留住人才，才是合适的具有可发展性的人力资源管理机制。人力资源管理，根本的问题就是管理者要解决人力资源管理教科书中一系列的问题，但本书中只会涉及一些问题：我要招募或者雇用什么样的员工？员工在职业生涯的哪个阶段进入或者退出会为企业带来利润，应当如何看待员工流动的问题？如何对不同需求的员工实行激励机制？对员工团队的激励机制、评价结果应当如何设计？与激励机制相配合的考核制度应当如何设计？员工福利设置在什么程度可以与激励机制相互呼应、相互替代？员工的职权如何、任务分派、授权等问题设计等。

人力资源管理活动对企业来说具有十分重要的意义：企业在重视人力资源管理活动的基础上将人力资源管理与其发展目标相结合，可以促进企业战略目标以及员工个人价值的实现。通过人力资源管理，在员工行为模式塑造上加以引导，可以提高员工的专业知识和专业技能，使员工能够构建起符合企业发展战略的技能体系，为企业的发展战略服务，从而使得企业在日益激烈的市场竞争中，占据优势地位。通过人力资源管理，也可以使得企业的管理政策在面对不断变化的市场环境时有相应的缓冲区间，提升企业的市场适应能力，从而提高企业的绩效。[①]电网企业作为市场中的一员，在人力资源管理方面也需要做好充足的准备，这不仅是对企业自身负责，也是对企业员工负责。相应的人力资源管理不仅有利于企业发展战略目标的实现，也有利于形成自身独特的企业文化，为企业的长足发展奠定基础。目前，经济形势发生了很大的变化，在当前知识经济蓬勃发展的形势下，建立企业专利人才体系迫在眉睫，与之相应的应该是一个良好的合适的人力资源管理模式，这在目前的形势下也是电网企业发展的核心因素。

第一节 企业专利人才体系

一、电网企业建立专利人才体系的必要性

20世纪劳动经济学最重要的突破就在于人力资本理论的建立，基于对人力资本的三大假设：（1）人力资本如果可以在完全竞争市场中得到体现，那么边际生产率则体现为工资；（2）人力资本的增长主要通过教育水平的提高和实践经验获得；（3）人力资本的增长会带来生产率的提高。世界上一些著名的大企业，不例外的都拥有着数目庞大的专利。专利在知识密集型企业中发挥的作用远高于传统的人力和资本密集型企业，因此随着世界企业类型结构的调整和升级，知识密集型企业呈现上升态势的情况下，专利作为核心资源则得到企业的更进一步的重视。企业申请的专利数量在授权的发明专利中所占比重，由2005年到2010年增长了1.4倍。华为、中兴等一批拥有专利优势的中国企业，在国际和国内市场中显现了除了人力和资源增长支撑以外的专利技术和知识经济支撑；我国国内的一些民族品牌的营利增长中，专利产品的贡献也逐渐占据了重要的比例。这些转变都意味着高新技术企业必须要在企业战略中重视专利这个核心竞争资源对企业产生的影响。作为高新技术企业的中电网企业，同样对专利有着巨大的需求，并且电网是关乎国计民生的重要基石，更应当重视知识产权尤其是专利的运营。

我国高新技术企业面临的一项十分紧迫的战略任务，即如何争取在专

---

① 于海波、郑晓明：“人力资源管理实践对组织学习的影响”，载《科学学与科学技术管理》2010年第2期，第233～235页。

利话题上的话语权，积极应对国内外市场的竞争，最大限度地提高经济效益。在当前的困境中，首要的就是企业专利人才体系问题。虽然我国高校知识产权专业教育和专业人才培养工作自起步到如今已经经过了三十多年的发展，达到了初步的培养各类知识产权的人才的要求，但与市场的需求相比却仍旧是杯水车薪的窘况。企业专利管理人才资源缺乏已经对我国高新技术企业的管理水平及竞争力提升造成了严重的影响，全面加强专利的创造、运用、保护和管理工作，已经成为高新技术企业发展的重中之重。每家企业对人力资源管理和人才培训都有自身的模式，但是如何在新的时代环境和挑战下对专利人才进行管理和培训，对每个企业来说都是未知的区域，如何使专利人才人力资源管理体系和培训富含实质性的内容，不致流于形式，对高新技术企业的发展来说也是一个重要问题。专利管理人才培养工作是实施国家知识产权战略和促进知识产权事业快速发展的基础性、战略性和关键性工作。政府于"2011—2020年全国专利发展战略"中指出，专利发展中战略的重点和目标就是要加强专利人才队伍建设。我们必须清醒地认识到这个社会变革当中面临的人力资本和货币资本的博弈，人力资本的增值空间远远超过资本的增值空间，重视专利人才队伍建设对国家战略发展具有重要的意义。为了响应政府对专利人才培养的重视，国家知识产权局陆续建设了湖南、山东、上海等多个国家产权培训基地，尝试搭建我国的专利管理人才培养基地和体系。根据劳动经济学的人力资本理论，人力资本的增长主要两个途径是教育水平的提高以及实践经验的增长。但是目前我国企业专利管理人才的培养途径多侧重在高等院校，而忽视对企业实践的人力资本的继续投资。此外，在高校培养阶段较为突出的问题在于人才数量的不足、与专利实践工作的脱节，对理论的前沿更新以及理论与实践差距的把握不够准确。出于克服专利管理人才培养的弊端考虑，对企业已有的专利管理管理人力资本进行引进、投资、开发，构建高新技术企业的专利人才培养体系是提高企业核心竞争力、促进知识和技术的创新创造的重要依存途径。当然，建设什么样的专利人才队伍，还需要与企业的实际需要与能力相挂钩，不能一味求大求全。如一些供电局或者不大的电网企业，就可以将专利申请工作委托外部的专利代理机构（由一家指定的专利事务所）完成。

二、专利人才的含义

当我们尝试对人才做定义的时候，试图从各个客观的维度来区分我们雇佣或者培养的属不属于人才范畴，首先最为直观和受欢迎的就是教育程度、工作年限、个人成果等。这些客观的维度为高新技术企业发掘吸纳人才提供了很多重要的启示。企业倾向对高层次技术人力资本的发掘的原因就在于高层次技术人力资本相对来说学习能力和创造性越强，其人力资本积累的速度相对较快，为高新技术企业，特别是电网企业的专利管理、专利创造带来更高速的提升。

三、企业专利人才的管理及价值

企业的专利管理人才具有多样性、复合性的特征。对于人员和岗位的配置，应当按照企业的规模与结构进行合理分配。电网企业属于大型企业，需要有专门的专利管理人才负责专门的专利管理工作，通过对专利管理工作的把控，实现资源的最优配置与企业利益的有机结合。

对于企业来说，专利是最有价值的战略性资源储备，通过建立自己的专利储备不仅有利于提升市场占有率，并且也对企业未来的技术进步产生巨大的作用。企业一般通过专利占有抢占新的技术和产品的市场空间，从而形成自己的企业优势。或者可以通过对自身拥有产品专利的清理和转让为企业创造相应的经济利益，例如专利入股等。从战略性的角度出发，专利是衡量一个知识性企业的创新能力和发展潜力的元素之一。而专利管理人才和专利一样，对企业都是重要的发展性的资源，和拥有数量众多的、高质量高潜力的专利一样，拥有一支高素质的专利管理人才队伍是知识性企业发展潜力的关键所在。尽管目前在我国涌现了各种类型的知识产权学院，以及高校教育的重点发展，也满足不了市场对专业的、有潜力的专利管理人才的需求。同时，在目前培养专利管理人才方面仍处于探索阶段，更侧重于专利管理的理论研究，而非实践型的专利管理人才，供给侧和需求侧的缺口在未来的一段时间内仍会存在。随着企业拥有的专利数量的增加，缺口会被逐渐放大，企业和社会有可能会面对一个人才紧缺的境况。在这样的背景下，企业是否具备在实践一线中培养专利管理人才的能力，则会影响企业未来十几年在市场中的发展走势。在一项对四川省的调查中发现，样本数为212的高新技术企业中，未建立专利管理机构的企业占比接近三成，而有专利管理团队的雏形但没有正式独立成为部门的则超过半数，有独立的专利管理部门的企业在总样本数中只占了十分之一不到。相较于国外高新技术企业对专利管理工作的重视，各方面的数据说明我国的高新技术企业必须要重视专利管理人才的培养，特别是重视专利管理人才的在职转化。

电网企业在激烈的市场竞争中，应当吸取其他企业的经验和教训，未雨绸缪，加快自身专利人才体系建设。当前世界形势已经对未转型的传统企业的发展造成了极大的障碍，不顺应时代潮流的企业必将遭到市场的淘汰。而电网企业作为关乎国计民生的企业，更要加强自身建设，建立健全专利人才体系，保护企业及人民群众的切身利益。

第二节 企业专利培训的方式

一、培训和员工培训体系

为什么要对员工进行培训？我们运用人力资本理论就能很好地理解对员工进行培训的必要性，同时加深对人力资本理论的认识也能帮助企业进一步作出更为合乎企业发展战略的人事决策。人力资本理论在现在经济学中占据了重要的理论位置，人力资本同物力资本一样基于成本—收益的考量方法，认为由于对人力进行培训投资而带来的收益增量流的现值会超过对人力投入的培训成本，那么就可以进行对员工培训的投入。对于电网企业的员工来说，在职培训是最重要也是最主要的人力投资渠道。我们将在职培训分为两种：一是通用性培训；二是企业特殊培训。通用性培训指能够等量、有效提高员工生产率的培训，即使在没有提供培训的企业中也能利用的人力资本投资；而企业特殊培训则是使得员工只能在本企业中更具有生产率，而无法应用到其他企业中。我们的培训是以上两种培训类型的结合，但是同时也要根据企业发展战略以及人才储备的战略衡量两者之间的比例，对于培训体系目标的设计至关重要。另外，培训的人力资本投入是现时的，而人力资本带来的收益是延后性的，因此在设计员工培训体系的时候也要有对未来利润增量和培训成本之间的衡量。

员工培训体系是指企业为帮助员工提高与工作相关的素质技能，围绕企业总体发展战略与人力资源战略，对员工开展一系列的培训活动及相应的管理活动的体系。①

电网企业在如今新形势的发展中对传统的员工培训方式进行调整是合乎时宜的,不仅有利于电网企业人才储备的开展,同时也有利于电网企业的人力资本整体竞争力提升。在开展培训之前,企业管理者首先要回答一系列的问题:谁需要培训?需要培训些什么?什么时候需要培训?通用性培训和企业特殊性培训的比例应该如何把握?应该对完成培训的员工支付更高的工资吗?等等一系列的问题。例如,在中小型电网企业中对操作机器设备的技术人员需求量比较大,但是在雇用的人员中具备技能的人不能充分满足企业的需求,因此适宜进行短期的集中培训,通过课程教授理论知识、同时通过轮岗的实践培训为中小型电网企业进行培训体系的构建,大部分关注点会集中在企业特殊型的人力资本投资,保证电网基层人员的实践能力。对于中层和高层管理人员,则更为侧重于对通用性人力资本投入:包括管理能力培养、管理观念的革新、管理技术的前沿革新、管理沟通技能等。

二、培训体系的内容

培训体系中的三大环节就是:培训计划、培训组织和培训服务。三大环节在执行的时候都能贴合员工培训的目标和企业的期望,那么培训体系就能发挥出积聚人力资本的最大力量。

1. 培训计划:培训计划一般是伴随着人力资本战略发展而产生的。在员工的某个阶段对其进行人力资本的投资会促成员工知识技能的累积,从而提高其创造力以及生产力。这就是培训计划总体框架开始搭建的时间节点。首先要对培训对象作出甄别,选择其所要培训的内容,搭建好培训的知识内容;然后就是对培训讲师的选择、培训方式的确定以及场所选择等的落实规划。

2. 培训组织:培训过程中要重视与员工的交流、沟通,重视员工的参与度和满意度,并作为讲师和员工沟通的桥梁,对培训的内容和节奏做出合适的把握。其次也是对讲师和员工的学习方向进行节奏和主题的把握,确保培训的方向、培训的方式和受训员工之间的契合达到高水准。

3. 培训服务:培训的应用和跟踪是培训体系的三大环节之一,在培训结束之后及时检查培训的效果,从讲师和学员两个方面入手进行培训的测评,一

---

① 庄志超:"基于知识管理的员工培训体系研究",厦门大学 2007 年硕士学位论文。

是加深员工对培训内容的掌握；二是为未来的员工培训做好实践经验的准备，根据双方的反馈来确定未来培训体系的发展和改进方向。

三、培训体系构建

（一）培训体系构建的基本原则

培训体系构建是企业专利管理人才培养的最主要方式，同时也是企业人力资本投资的关键。在构建培训体系的时候，应当遵循一定的原则，从宏观上指导电网企业的人才培养：

1. 长期规划和短期变动相结合。从企业长期发展的人才培养计划来看，培训体系应当考虑到企业宗旨的实现、企业长期战略目标的实现，以及阶段性人员流动的比例，人员进入和退出企业等组织结构变动的因素。但是在进行培训体系构建的同时应当看到市场环境的瞬息万变，在兼顾长期人才培养目标的同时，应当结合当前市场对专利管理人才提出的要求进行短期或者中期培训目标的确定和规划。通过长期规划和短期变动两者相结合，才能保证在企业在人才培养方面能及时满足企业发展对不同层次和掌握不同技能的人才的需求。

2. 通用性和特殊性相结合。通用性指的是专利管理人才在电网企业和在其他知识密集型企业都能使用的管理技能，例如，通用的管理技能、知识和素养。而特殊性指的是专利管理人才只有在电网企业才能使用的相关内容。通用性培训不单单局限在单一的专业知识，或者企业运营的一个方面，而是多种综合知识的交织，企业战略或者经营管理、管理沟通等方面知识内容。特殊性培训责任就是与电网相关的产品或者知识产权的专业知识的培训，包括同时期国际上对相关专业岗位的胜任素质的研究和培训知识等，加深专业领域知识的培训，以培养专家型的管理人才。

3. 内部资源和外部资源相结合。在管理学的范畴来看，资源是无限的。开展专利管理人才培训工作的部门应当从企业内部和外部寻找一切可以利用的资源对培训对象进行相关培训。企业内部中有着成功实践经验的人员都是可以成为企业内部的讲师储备，其次还有外部具有国际前沿专业领域的专家学者也是可以为企业利用的资源。另外，还可以依靠当地政府的力量，地方科技局会不定期开展区域性知识产权的学习机会，涉及的内容通常包括国家对相关知识产权的政策、立法的信息，以及国际专利申请和维护的发展趋势等。如果企业内部构建的内部讲师体系没有完善的时候，可以向外部资源进行一定程度的倾斜。

4. 各相关部门积极配合。企业专利管理人员培训体系的构建不是单纯从上而下方向推展。高层管理者是基于实现公司发展战略的目的，而技术研发部门和市场营销部门是基于提高生产率的动力。人力资源部门作为纽带，将各个部门之间的不同需求进行整合，对企业内部资源和外部资源进行配置，将整个企业带动到培训体系建立的过程当中，加大员工对培训体系的参与度与认同感，是培训体系建设中一个重要的原则。企业专利管理人才的培训，既要跟进研发过程中的一些专业知识，又要涉及后期专利转让谈判等一些谈判技巧，因此需要技术研发部门和市场营销部门的大力支持。此外，企业管理层对专利管理人员培训的重视程度也在相当程度上影响着培训的成功与否，如果领导层重视，可以对培训的各个层面予以支持。在培训体系的各个环节，各类人员的参与程度不尽相同。整个培训体系的框架由人力资源部门负责搭建，有关前期产品技术的培训内容由技术研发部门参与，后期专利经营转让等培训内容由市场营销部门协助，企业领导层则负责宏观把握，提供经费及相关人力物力支持，在企业中营造有助于培训成果转化的氛围等。

（二）培训体系的具体构建

1. 明确电网企业人才培养的需求。培养需求是培训体系构建的起始点，也是员工培训开展的原因。只有明确了培训需求才能确定培训内容和培训对象。培训需求要和电网企业员工的现实状况相结合，一个准确到位的培训需求分析是有效培训体系构建的必要之义。确定培训需求有不同的方法；下面进行详细的介绍。

（1）人才培养需求预测法：这种方法适用于中小型电网企业，企业管理人员基于公司发展战略要求以及经验指导，采取自上而下的方式进行员工短期和中期培训的规划。具体的步骤：① 确认战略任务，通过对企业现有专利发展战略和对组织各个层次进行分解，细化到各个部门、各个技术人才岗位；② 归纳企业现状，管理者对现有的人才专利知识水平进行判断和评估，寻找企业现状和预期任务之间差距，同时考虑员工进入退出企业对企业人才结构构成的冲击，最后确认不同层次、不同规模员工应该需要的培训需求；③ 审核预测成果，为减少管理者预测与现实企业人才培养的误差，应当由人力资源委员会组成审核小组对管理者的预测进行实践的衡量和落实。

（2）人才培养需求分析法：这种方法适用中大型规模的电网企业，采用人才培养需求分析法的规划成本更高，但却更具有可操作性和后期调整的灵活性，是国内企业管理与国际前沿接轨的分析方法之一。具体的步骤：① 收集组织层面的人才培训需求，主要通过企业高层管理者对企业未来发展的谈话以及公司未来专利发展战略中对人才培养的需求；② 结合已有的培训模型，对专利管理人才的培训要结合电网企业发展过程中的对不同层次员工的角色模型的确定，例如，培训需求可以在《专利人才工作手册》中得到体现；③ 专利人才管理的现实需求，这部分的培训需求是发掘自一线的专利管理员工的访谈调研，主要的关注点应该集中在已有培训模型的弊端上。

通过对两种培训需求方法的适用，能够更为准确地对企业当前所需的培训进行一个概括的描绘，为专利管理培训的成功开展与收获制定一系列的方针政策及计划。电网企业要结合自身特点，确定明确的培训需求。

2. 培训计划的制订与实施。在对培训的计划、目标和培训需求进行分析以后，就可以进行培训计划的具体制订与实施了。

（1）明确培训目标。企业开展员工的培训是要与企业发展的目标相互协调一致，电网企业在确定专利管理人才培训目标的时候应当注意以下两个方面的问题：第一，员工的专利管理水平如何？以前接受过什么形式、内容的培训？工作中存在什么疑惑？为职业未来发展中所重视而又缺少的专业技能包括哪些方面？ 第二，从电网企业对专利管理人才的发展战略要求出发，宏观地考量对不同阶段的人力资本进行哪方面的投入会达到人资资本发展的要求，使得培训体系的建立与电网企业不同发展阶段、不同发展目标相互配合、相互促进。同其他知识型企业一样，电网企业中对通用性培训和企业特殊培训的比例会更侧重于企业特殊培训，通用性培训体现在企业全范围开展知识产权重要性的教育，而更大一部分会集中对全部员工进行深层次的专业性培训，涵盖从一线的技术开发人员到行政中层、高层的管理者都需要具备对电网专利技术的知识产权的基本知识和专业敏感性。

（2）明确人才培养的阶段。人才培养体系适宜分为三个阶段展开。① 员工自主学习阶段。指员工在进入新的岗位或者岗位职能进行变动之时的阶段，可以通过企业统一构建的自助学习平台完成基础性的知识学习，基础性的知识具体为：与企业相关产品和专利相关的信息；法律、知识产权知识，例如专利的申报、审查与相关文件的撰写；知识产权实务方面的知识、民事诉讼法及其他相关的司法解释和典型案例对司法实践的影响等；专利数据库的搜索应用以及国际联机检索系统的使用等。② 赋能培养阶段。业务能力：业务战略解读能力，理解企业所处的环境以及该环境对企业战略的影响；战略思维能力和连接能力，根据企业战略制定相应的个人技能培养，将理论与实践紧密结合，从而推动企业专利战略的实现。专利管理能力：企业专利政策的理解能力，理解企业的专利发展战略的理念和政策。管理能力：团队管理能力，如何凝聚团队合力，激发团队的协作能力和创造性，发掘团队成员能力；专利项目管理能力，如何协调资源管理和组织专利项目，有效达成团队目标。企业文化认同感。每个企业都有自己独特的企业文化，每家企业的新员工培训中都必然涵盖的部分就是"企业文化"灌输。但很多时候单向的灌输起到的作用并不积极，因此在进行企业文化认同感培养的时候更加适宜从员工参与度入手，就如同用户参与设计产品一样。从单向的灌输企业文化发展到请员工主动寻找电网企业的文化，由被动变为主动，让员工对电网企业文化有种浸入式的体验。③ 在岗实践阶段。完成赋能培训，员工将会在实践一线亲身践行前两阶段学到的理论知识，开始定期的在岗实战，并由人力资源管理部门根据相关的关键指标对员工的培训效果进行衡量和评价。员工通过人力资源部门的反馈在实践中持续提高自身的专利管理能力，并且将自身的经验转化为评价本阶段人才培养计划的实践知识，融入下一阶段的培训目标和培训计划中。

总体来看，人才培养阶段遵循着"培养定位—自主学习—评价反馈—持续学习"的思路展开。整个培养体系的构建离不开"组织—团体—个人"相互作用的发挥。

（3）构建培训讲师团队。为了保证培训内容的顺利开展，以及培训内容跟企业专业战略发展的目标对接，培训课程的讲师团队要根据不同层次员工的需求划分为入职培训导师、专业技能导师以及职业生涯导师。入职培训导师可以由企业内部的讲师满足培训的需求。入职培训导师可以覆盖企业相关产品和专利的综合知识的培训内容，优势在于将产品和专利相关的知识结合企业文化以及企业的背景进行全面的介绍，使得新入职的员工基于一手的实践经验进一步了解产品的特性，从而为相关产品设计出更多专利转化的方法。对于电网企业相关的法律和知识产权的内容的讲师出自企业内部的优势也和产品特性相同。而专业技能导师、职业生涯导师则更适宜选择外聘的专业领域的专家或者有成功经验的一线研究者对企业员工的专业技能进行培训,传授在具体领域上较为前沿的知识体系,以及外聘专家从横向类似的知识型企业带来丰富的培训技巧和内容。

（4）培训的实施及服务。培训计划制订完成后,开展培训的部门要密切监控培训的进行,在员工和讲师之间进行适时的沟通,保证讲师根据培训需求进行内容的培训外,还要收集接受培训员工对于阶段性培训的反馈,以便对后阶段培训计划进行改进。对企业员工的培训应在分层次培训的基础上进行,领导层需要统筹全局,从分企业到各个供电所,每个负责人和专业技术人员都要进行更为严格的高层次的培训,对于其他员工要进行素质拓展培训,帮助他们建立知识产权意识,沉浸在知识产权意识的海洋之中。在实施培训的时候,可以选择在高校、政府机关学习场所进行,也可以建立相应的知识产权学习基地、知识产权人才培养基地,制作统一的教材,充分发挥网络的作用来进行培训。

四、开展培训的层次保障

（一）技术层面保障

技术层面保障指的是开展培训的部门对人力资本投资框架的掌握程度:从培训目的的确定、培训需求的收集、培训内容的确定、培训讲师团队的构建和讲师储备、培训计划的实施沟通、培训后知识转化以及培训后的员工服务等,对电网员工培训开展每一个环节是否清晰明确地认识,是否做好了风险管控的方案制订,是否从企业内部和外部得到了充分的资源支持,是否从企业高层中获得了正式的授权,其他部门是否已经充分了解了阶段性培训的目的所在和任务划分,员工是否能了解阶段性培训的目的等,都是开展培训的部门需要提前进行了解确认以及掌握的知识,对电网企业的人力资源部门提出了较高的要求。

（二）组织层面的保障

企业高层管理者对任何改革和改进的支持和理解都是至关重要的,对于培训体系的构建也是一样。对于专利管理人才的培训体系来说,从产品和专利的研发、转化到推出市场进行营销都需要企业所有的部门的配合和理解。着眼于培训计划的施行，可以看出从培训计划一开始的培训需求分析到培训内容确定、培训项目的选择、培训成果的转化都是为了保证企业的专利发展战略计划实施服务的，培训的每一项内容都需要企业的高层管理者的授权，以及相关职能部门和事业部门的配合。高层管理者授权的程度和平行部门的配合是培训计划执行成功必不可少的因素。

具体到专门的专利管理部门的创设，则需要在企业高层管理的带领下，自上而下推行部门的建立，首先要明确专利管理部门的角色定位和工作说明，在专利管理部门和其他部门的相互交流中确立彼此的交流方式和任务分配，专利管理部门会经历到底是归属于职能型部门抑或是项目型部门的选择过程。不同的组织结构的选择都会导致专利管理部门与其他部门的任务分割有所不同。其次是要在专利管理部门中进行管理团队的构建，通过合适的激励机制和薪酬方案，鼓舞和调动员工的积极性，提高员工的凝聚力和自豪感，从而进一步实现促进专利技术的创新以及专利管理方法的创新，为企业知识管理和技术管理体系、生产以及经营服务全过程形成创新经历，形成企业的专利管理品牌意识和品牌口碑。

（三）个人层面的保障

培训体系的构建的成功同样是无法回避企业员工对培训目的和计划的理解。如果员工从个体层面无法理解阶段性培训计划的目的以及意义所在，即使有企业管理者的授权和支持，员工培训也不能很好地展开，即企业开展培训计划前要向员工解释培训的目的，是在对员工个人进行人力资本的投资的同时，为企业的战略发展形成合力。只有通过企业个体发自内心想要对自身人力资本进行投资，才会有所收益，才会达到培训计划的目的，组织成员的主动学习，成员之间的非正式交流以及个人的知识管理体系的构建都会通过团队以及部门之间的交流而聚合到一起，保证了培训效果自下而上的聚合转化，从而形成学习性的组织。

第三节 基础性专项培训的组织

在确定好培训体系以后就需要对企业员工进行基础性专项事务培训。在开展此类培训时，应当结合电网企业自身的特点，对电网企业专利管理人才的基础性专项培训进行组织。

一、企业内部各部门明确分工

企业培训组织体系包括企业所有部门在内，既是从上而下的推行，也是从下而上的汇总，具体则表现为企业高层管理层、职能部门和事业部门。建立员工培训的工作委员会作为开展员工培训的主要部门，培训工作委员会中应当由企业的总工程师以及相关职能部门的负责人组成，主要负责审查和批准人力资源管理部门制定的培训规划，以及相配套的预算规划和风险管理方案，并且对培训计划执行中的各个阶段进行监督、重大的事情进行决定。最后由培训工作委员会对人力资源管理对培训计划执行的效果进行整体成效的评价，同时也要为下阶段员工计划进行方针、政策和总目标的调整，是保证人力资源管理部门制订的培训计划贴合企业长期和短期战略发展目标的必然要件。人力资源部门作为执行培训计划工作的日常职能部门，发挥着重要的作用，除了初步制订专利管理人才的培训计划外，培训计划的每一步执行都离不开人力资源给管理部门的实施，从培训需求调查、培训计划制订、培训内容的编排和培训成果的转化等方面，对培训的全过程进行全面的指导、监督和考核。其他各个部门和事业部门则是培训计划需要涵盖的对象，也就是培训计划中的培训对象。除了积极参与培训计划中，及时掌握企业目标细分到部门需要达到和掌握的知识技能外，还要协助人力资源部门开展培训服务，同时参与提供技能培训和鉴定服务。另外，培训对象也是管理技能和电网专业领域结合创新的先行者和实践者。从上至下形成的三级培训网络是员工实行培训计划的主体。从企业人力资源部门为核心的调配组织、到工区部室为骨干最后到班组为基础的三级培训网络，形成了层级鲜明、层层递进的基本组织结构，职责分明、运转流畅是培训计划执行的理想状态。在培训网络中，各个节点应当根据初始设定的不同功能和特点发挥作用。在企业人力资源部门设计时，就应当依据企业目前实况系统设计，了解自身条件和培训需求，承担着设计完善培训项目的职责。工区部室则发挥着培训网络的基础节点作用，落实实操培训员的储备和培养，指导员工自学和组织现场岗位的实践。通过不同节点的配合，才能真正达到培养合格和有潜力员工的目的，达到分级培训的目的，进一步满足不同工种人员的多元化培训需求。在当今电网技术更新和突破速度加快的大背景下,电网企业应当更加注重对员工在新技术应用方面的技能的掌握。首先,应当建立能为电网各个层次员工服务的技能培训平台。以国家对电网相关的工种实践技能鉴定标准为技能培训平台的出现,积极为企业内员工完善相关知识管理建设以及师资培养,为员工的持证上岗以及技能精进提供技能培训服务以及定期鉴定服务。其次,也要注重对企业管理理论平台的建设,特别在电网工业的转轨时期,很多在传统管理领域的理论需要和日益发展的电网企业领域特征相结合。建立现代的电网企业制度,需要更为先进的企业管理理念的革新以及组织结构的革新。开展培训的部门应当进一步掌握国际前沿的企业变革的实例,了解先进的管理理念革新,为企业高层管理者的决策做好知识储备。

培训管理负责部门在培训计划中的实施扮演着不可替代的重要作用,因此有必要对人力资源部门在培训管理中的职责划定范围,同时也是方便企业高层明确地对人力资源部门进行培训计划开展的授权:人力资源部门全面负责培训计划的开展;通过不同的渠道收集培训需求或者对培训需求进行预测,编制培训计划;构建企业各个岗位的培训内容和相关的考核方法;构建培训讲师团队,从企业内部和企业外部搜寻相关的资源为培训内容服务;制订企业总体的培训计划以及阶段性的培训计划并且组织落实;负责培训开展过程中的风险管控以及培训完成后对企业员工和企业讲师提供的培训后反馈服务;负责培训课程课件的开发;负责培训场地的租借和维护;负责培训过程中和企业高层以及培训委员会工作的沟通和交流;负责与业主、企业培训与企业总部和施工队的接口管理。在人力资源部门开展培训管理工作的时候,要注重其与相关接口管理部门沟通交流的规范。例如,在与业主的接口管理过程中,首先要服从业主对电网企业的统一管理和各类审核标准对电网企业培训的指导和规范作用;其次则是向业主学习管理培训体系中的成功经验以及经验教训,通过业主指导、监督开展培训工作。在企业总部进行借口管理的层面,首先要对企业总部下达的培训指标进行指导,配合企业总部完成相关的培训计划的实施,在培训完成后的转化指标体系和评估标准同时也要采用企业总部的相关规定,在配套的培训的课件和资源方面也要和企业保持一致方向的实施。在与其他部门接口管理时,则由人力资源资源部门负责制订计划,各部门和施工队负责落实相关的培训阶段和考核办法,按照人力资源管理部门的要求收集培训需求和落实培训课程的开展；制订各部门的二级培训计划、培训目标以及培训知识成果的转化。同时各部门也要参与培训内容的制定，开发相关的培训课件，组成各部门的师资培养方案等，也承担着对培训成果的检查和评价的实践主体的组织。

二、挖掘培训管理网络

明确培训管理关门的职责后，其他配套的运行计划以及权力授予应当落实到人力资源管理部门，以企业战略为出发点，将各部门都纳入培训体系中，由人力资源管理部门在培训工作委员会的指定下开展培训计划，并且遵循层级管理、明确岗位职责的原则。企业内部建立的三级培训管理网络，能支撑企业培训管理工作快速、高效、安全地推行。具体体现为：一方面是成立培训管理委员会主要的职责在于对人力资源管理部门开展培训计划进行企业总体战略的指导，以及在企业高层、职能部门间充当沟通桥梁的作用；另一方面则是贯彻和遵循国家管理部门对企业发展方向的指导。培训管理方面的负责人应当享有向企业总工程师直线报告的权力，充当培训工作委员会和人力资源管理部门实施培训计划的桥梁，具体的工作职责包括：负责制订企业总培训计划；负责审核制订的二级培训计划；指导并监督培训计划的开展和实施；负责对培训各个阶段进行总结和对结果向培训工作委员会进行反馈；负责对培训资源进行内部和外部的深度挖掘；负责培训讲师团队的构建和投入；负责总领和协调企业和企业总部开展培训的资源调度；负责审核培训计划的经费和预算控制以及培训过程中的各项支出。深度挖掘实行的企业培训管理网络与预期的培训管理网络的差距，并且在下阶段的培训计划中加入上阶段培训计划应当改进的元素，同时接受培训工作委员会的指导和监督。各个培训管理网络的节点要在各自负责的单元内进行培训工作效果的总结和反馈；各班负责设计和审核、反馈相应的基础级别的培训计划和培训实施，同时接受人力资源管理部门以及培训工作委员会的监督和管理。

第四节 管理激励

人类对激励的认识和定义是随着生产力和社会的发展而不断变化的。自从公司革命以来，公司的经营管理者和公司所有者两个角色之间的分离而产生的"委托—代理"问题一直困扰着公司的经营和管理，也就是我们所称的

"内部控制人的道德风险问题",一般通过加强监督制约或者通过激励机制降低经理的道德风险。通过激励途径,可以使公司实际控制者与股东保持利益的一致,激发经理竞争的主动性和创造的积极性,同时也减少经理因主体性利益的不协调而给公司带来的经营损失。短期激励和长期激励相结合,在调动管理的积极性的前提下同时减少短视行为出现的可能性,提高了决策水平和管理效率,激发经营者的竞争性和创造力。

一、概述

"激励是组织中使组织成员产生和增强为实现组织目的工作动力的管理活动的总称;约束是组织中为防止和减少组织成员偏离组织目标损害组织利益的行为和迫使管理成员努力工作的管理活动的总称。"[①]也就是说在人力资源管理的维度,员工的短期和长期激励是要和绩效考核制度相配合使用的。不能一味激励而不考核,但是也不能只考核绩效而忽略激励,这同时也吻合正负性激励理论。通过激励制度对员工的创造行为进行正向激励,鼓励继续进行这种行为;而绩效考核就是负向激励,同时对员工所做的不符合公司长期目标和利益的行为作出负面的评价,通过两个方面的强化对员工的选择作出"制度性的优化"。正向激励与负向激励是相互补充、有机联系的两种管理活动。资源配置和激励问题既是经济学问题的核心,也是管理学的核心。激励不是一个新的话题或者机制,而是决定电网企业能够在市场上创造和保持有效竞争的核心因素。激励机制有多种多样的实践方式,仅是简单的劳动报酬手段作为短期激励也是有不同设计方案的,例如可以以达到基础产量指标就能获得劳动报酬这种成就型激励,也有通过竞赛方式达到的选拔型的激励方式,同时还有股票期权等各种方式的激励机制设计。

建立激励机制是提高员工生产效率以及激发员工创新积极性的最有效的方法之一。在保证薪酬机制设计科学合理的前提下,配合完善的绩效考核制度则能对企业员工进行正向的激励,进一步激发员工的工作效率和工作热情。同时也能对员工进行负向的激励,使其避免再犯同样不符合企业利益的错误。对于专利管理人才来说,还需要根据其特点在职务发明奖惩制度上予以完善。行之有效的激励机制,可以调动电网企业员工充分发挥创造潜能,

---

① 侯光明:《管理激励与约束》,北京理工大学出版社 1999 年版。

促进电网企业知识产权的创新。鉴于此，构建能够体现创新价值的考核体系就显得尤为重要。在该体系中，可以设计一次性奖励、多次性奖励、系统性奖励、提成式奖励、命名式奖励等多种奖励形式来对员工进行激励，并运用现代传媒技术，传播其辉煌业绩，以使电网企业员工自主创新蔚然成风。

二、基础性的薪酬激励机制

电网企业专利管理人才和其他企业员工在人力资源管理上的相似之处，就是采取什么样的薪酬管理制度所要考虑的因素是相同的。当电网企业的员工采用固定工资支付时，如果竞争对手知道某些员工所能创造的价值要远高于其被支付的工资，就可以以高于电网企业支付给该名员工的工资而低于该名员工所创造的价值差将其挖走，并为其创造利润。因此，电网企业必然面临着：在工资激励制度设计不完善时，专利管理人才流失、流动的问题。企业可以从以下几个考虑的因素着手对薪酬机制进行完善，根本上的目的是要吸纳、保留、激励优秀的专利管理人才。

1. 总报酬模型的构建

总报酬模型是由美国薪酬协会支持和大力推广的一种薪酬框架，经过迅速的研究和发展具有更加广泛的应用基础。

总报酬模型除了传统的薪酬和福利这两大激励模块，还将工作经验视为报酬模型的不可或缺的部分。

（1）首先是薪酬模块。采用了固定薪酬和浮动薪酬的结合，固定薪酬可以从各个客观性的标准作出衡量，例如职称、职位描述、职位评估以及薪酬结构表等作出。而浮动薪酬则是与员工的个人绩效考核水平挂钩，例如通过关键指标绩效指标的考核结果或者员工产出而有不同程度的浮动。浮动薪酬中按照时间长短划分，一般分为短期浮动薪酬以及长期浮动薪酬，前者指的是周期性的成果进行奖励，后者指的是股票期权、利润分红等。但是浮动薪酬必然面对的问题就是绩效考核制度的跟进和完善，很多职业的衡量因素并不只有产量、时间这么简单，特别是专利管理人员的工作极富变化、非重复性的，对于很对人都会产生间接的影响，但是这种影响不能通过客观的因素来衡量，并且即使进行不合适的衡量也会产生很高的成本，对于这种类型的员工，侧重点应该集中在固定工资和福利以及工作体验部分。

（2）其次就是福利。大部分人可能认为金钱是员工需要的一切，但是这个认知并不全面，至少不全是为了钱。在员工考虑是否继续留在电网企业内部的时候，仍有很多不同的、非货币性的因素要被考虑进去。从成本收益的角度来说，企业要提供让员工满意的工作条件就要花费大量的金钱，还有一个替代的方法就是在工资和福利之间取得平衡。我国实践中传统的福利包括社会保险、集体保险、非工作时间报酬等，现在面对雇佣群体的变化，如弹性工作时间制度等。

（3）最后就是工作体验。工作体验被细化为生活工作平衡、绩效与职业晋升、个人发展与职业机会等方面。生活工作平衡旨在为员工提供安全、宽松的工作环境，关注员工的身体健康，改善员工的生活质量以及社会生活等。绩效与职业晋升、个人发展与职业机会除了作为薪酬模型的组成部分外，也和电网企业对专利管理人才的人力资本投资相联系，通过有计划地引导员工目标和企业的战略绩效目标相一致，为员工的人力资本积累指明了方向，通过绩效考核同步激励员工和改进绩效发展。职业晋升也作为对员工激励的一部分，对员工努力工作的支持以及未来发展的希望。个人发展和职业机会，为员工提供了学习培训的机会，如公司培训体系提供的系统培训、对新产品新管理方法的培训等，并且通过资深专家正式或者非正式的导师制度提高员工的专业技能。

2. 总报酬模型的实践调整

通过对总报酬模型的引进，可以看到在总报酬模型激励的核心：就是为员工提供个性化的激励方案，重视组织和组织中人的价值。但是追求个性化的方案最初必然存在着高成本和操作难度大等弊端，以下从几个方面介绍总报酬模型在实践中应当根据具体情况作出调整的地方，以供参考：

（1）根据企业特点选择薪酬要素，设定不同要素之间的比例。总报酬模型将多种货币或者非货币因素整合在一起，试图通过一切对员工具有价值的因素整合到一起的机制，但是注意在选择员工重视的薪酬因素的时候要选择最具有代表性因素，立足于企业的目标和发展，而非简单照搬理论或者成功的经验。

（2）完善薪酬模块的建立。关于固定薪酬、浮动薪酬、工作评价等薪酬管理在国外已经积累了大量的实践经验和数据，但是在我国仍旧属于正在积累经验的阶段，在职位设计、工作评价、薪酬管理等人力资源管理的几大基础模块仍存在很多发展没有完善之处。应该看到总报酬模型是以发展完善的人力资源基本模块的实践为基础的。要想以薪酬激励制度发挥吸引人才、留住人才的作用，还是要从完善基本模块的建设中做起，盲目跨越发展阶段会增加不必要的管理成本，同时也很难发挥合理管理体系对知识经济的激励性作用。

（3）加强沟通。总报酬体系的建立也是一种新产品的建立，从产品设计思维，用户的参与度绝对是产品设计中重要的一环。换句话说，总报酬体系的建立是需要加强和员工之间的沟通，由员工来认可货币报酬和非货币报酬对他们意味着多大的价值，什么样的比例才是适合他们、能发挥激励作用的。在薪酬体系改革的前期，很多员工总是无所适从，对改革产生抵触心理。这就需要薪酬管理人力的专业能力对此进行应对，对员工进行主动的沟通和接受反馈并进行灰度测试。灰度测试也是产品设计开发中调试的工具之一。在建立总报酬体系后，让少量的员工作为试验的样本进行薪酬体系设计测试、员工用户体验测试以及交互评估等一系列调试的行为。如果员工对总报酬体系没有反对意见，就可以实施逐步将更多的员工纳入到新的总报酬体系中来。这样的优点就在于可以保持薪酬系统的稳定性，减少因为员工抵触情绪而导致的心理成本的增加、管理的混乱等负面影响。

第七章

系统支持

第一节 专利数据库

一、电网企业专利数据库的重要性

专利信息是一种科技信息，具有重要的经济价值和战略价值，无论是对企业、研究机构等，还是对一个国家整体而言，均具有重大意义。对专利信息的有效运用，可以确定技术研发的方向，降低技术创新的成本，推动科技创新，为经济发展提供动力。在我国提出的《国家知识产权战略纲要》以及《中华人民共和国国民经济和社会发展第十三个五年规划纲要》等文件中，均确认了科技创新的重要性，专利信息的利用，是我国实现科技强国中的一个重要方式。专利数据库是以互联网或局域网为平台的专利信息服务系统，为个人、企业、科研院所、行政机关等提供一定范围的各种专利信息。

专利数据库是企业进行专利检索分析的基础和资源，是企业专利事务管理的根据和指导。电网企业可以通过利用行政机关、信息中心和服务中心、科研院所和专利服务机构等提供的专利数据库，检索分析电网行业和竞争企业的专利相关情况，制定和调整知识产权战略，改进专利事务管理，提升自身的创新能力与核心竞争力。同时，电网企业中拥有较多技术和专利的，如南方电网公司这一类高技术大企业更应重视数据库的使用。专利数据库在高技术大企业中具有可观的应用空间，如利用专利数据库，将企业的专利事务进行整理，使之条理化和系统化，亦可通过分析专利数据库中的专利信息，实现专利风险的监控。

二、专利数据库的现状

对于电网行业这一特定产业而言，除了各行业普遍适用的专利数据库，还有专门针对电网行业、电网企业适用的数据库。

为提高专利信息的分析利用，专利数据库通常会和其他软件配合使用，这些软件一般具有专利信息检索、专利信息管理以及专利信息分析等功能。可以对专利申请人的状况、专利的保护地域、专利技术的发展趋势等进行定性、定量的分析，从而为相关行业的技术发展提供支持。目前，国内常用的、各行各业普遍适用的专利数据库或专利信息检索系统有国家知识产权局提供的中外专利数据库服务平台、专利信息分析系统，以及专利服务机构提供的佰腾专利检索系统、SooPAT 专利搜索引擎、Patentics 检索系统等。国家机关、科研院所、专利服务机构已经为企业提供了各种专利数据库，虽然这些数据库仍不能与国外数据库丰富的资源以及成熟的技术和运营相提并论，但在我国对知识产权日益重视和积极推进的大背景下，相关企业、科研院所和服务机构等的知识产权意识不断提高，专利服务的资源和质量也在迅速增多和提升，专利数据库的内容和功能也在日益完善。电网企业可以根据自身的需要，在自己的能力范围内，获取这些专利数据库服务。专利数据库大多结合了专利信息检索、管理与分析的功能，对这些专利数据库的进一步介绍将在下一节的专利检索分析系统中进行，在此着重介绍专利专题数据库。

专题专利数据库的支撑基础是互联网或局域网建立的公共专利文献数据库，其导向有二，一是特定技术领域的专业特点；二是用户特色技术创新的需求。其本质是一个专利文献数据的集合，是通过对某一特定技术领域内的专利文献数据进行筛选和深度加工后所形成的。专题专利数据库有两种，一种是行业专题专利数据库，是指根据专题数据库所涉及行业技术领域和应用目的的不同而设立的，具体由从属于该行业的产品或技术方法专利文献数据构成，如新能源、新材料等；另一种是企业专题专利数据库，是指由企业所涉及全部产品和技术方法的专利文献数据所构成，如涉及某一企业的冰箱、洗衣机、电视、空调等。[①]目前国内专题专利数据库大约有 700 个。其中，

[①] 郑洪洋、林楠、曲少丹："国内专利专题数据库建设与发展的探讨"，载《中国发明与专利》2016 年第 5 期。

专题专利数据库的建设主体以及其所建设的数据库数量如表 7–1 所示。[①]

表 7–1　国内专题专利数据库的建设规模

建设主体	建设的数据库数量
国家知识产权局专利文献部、知识产权出版社	约 20 个
地方知识产权局	约 300 个
社会信息服务机构	约 200 个
行业和科技信息服务机构	约 30 个
其他机构（如大学、企业）	约 20 个

我国国内专题专利数据库的发展有以下特点：

（1）专题专利数据库开发建设的起点较晚，约 80%的数据库是在 2005 年以后（含 2005 年）才开发建成的，但与此同时，我国国内专题专利数据库的发展较为迅速，亦是自 2005 年起，进入了快速发展阶段。目前国内专题专利数据库建设的投资主体呈多元化态势，国家有关部门以及部分社会力量都不同程度地开展了专题专利数据库的开发与建设。[②]

（2）用户委托是专题专利数据库开发的重要动力。从专题专利数据库的开发动力上看，所占比重最高的是用户委托，其次是机构主动开发以及政府委托。从开发机构承担的委托对象上看，用户委托项主要由社会民营信息服务机构承担，一些也承担部分的企业用户的委托项目则由一些知识产权信息中心和服务中心承担。

（3）主动开发所占比重较大。全国知识产权局系统主动开发的专题专利数据库所占的比重约为 70%，其中包括国家级行业专题专利数据库以及企业专利数据库。全国知识产权局系统也是承担政府委托项目的主要机构，其次是社会民营信息服务机构和科技信息机构。仅次于全国知识产权局系统主动开发所占比重的，是科技信息机构以及企业、大学等机构。

（4）自主开发是主要开发方式。自主开发是绝大部分专题专利数据库的开发方式。其余一小部分的专题专利数据库，或采用合作开发的方式，或采用外包的方式。

---

① 孙旭华、揭玉斌、王武、蔡志勇、胡世明："关于我国专题专利数据库的思考"，载《创新科技》2010 年第 11 期。

② 同上。

（5）服务机构的类型影响原始数据的获取方式。

原始数据的获取方式因服务机构类型而异。约60%的专题专利数据库的原始专利数据采用全部或部分购买方式获取，尤其是社会民营信息服务机构通常只能采用购买方式自建全部领域专利数据库。另有30%的专题专利数据库是由知识产权局系统免费提供原始专利数据，这些专题专利数据库大多是由知识产权局系统的机构依托全部领域专利数据库进行开发的。

（6）多种提取方式结合运用是专题专利数据库原始数据提取的主要方法。约90%的专题专利数据库从原始专利数据库中提取专题专利数据的方法，是结合关键词、国际专利分类号以及申请人或专利权人等多种提取方式。

（7）有全文链接的文摘数据库是专题专利数据库的主要类型。从专题专利数据库的类型上看，全文链接的文摘数据库占大多数，次之为题录文献数据库以及全文数据库。

（8）从专题专利数据库提供的功能上看，供统计分析功能是专题专利数据库主要提供的功能，一些数据库还提供特定检索功能。

（9）企业以及科研机构是专题专利数据库的主要用户。目前专题专利数据库的服务对象主要是企业和科研机构，其中企业的比重最大，占89%，其次是科研机构，但仅占39%。企业由于自身的专利意识日渐加强，对专题专利数据库的需求愈加迫切，已经成为专题专利数据库的需求和使用主体。随着科技创新的推动以及专利信息利用价值的挖掘，专利数据库的发展潜力巨大。[1]

我国的专题专利数据库处于迅速发展阶段。对于行业专题专利数据库而言，该类数据库在电网产业中所存在的巨大的效用价值仍有待开发。事实上，电网行业存在行业信息服务模式失调和行业专利信息平台较难建立的情况。电网体制的改革使得电网业的信息服务模式发生了改变。电网体制改革前的信息服务模式，是以信息中心、省企业及直属单位为基础的。并且，信息服务的各种信息、情报产品也发生了改变。这些变化表现为：专业的行业信息服务已经逐渐退出了原有的服务领域；电网文献本身的机构松散，主要功能为协调和共享，而在改革的大潮中，也面临着功能失效；行业信息服务也处

---

[1] 晋超、韩学岗："国内专题专利数据库的现状特点及发展建议"，载《山东化工》2010年第9期。

于何去何从的困境。与此同时,电网的专利文献的分布虽然非常广泛,但相互间缺少关联,通过专利公开网站检索,也只能得到粗泛的无序的专利信息。[①]但至少相关改进和完善工作已在进行中。例如,电网行业在广东省知识产权公共信息综合服务平台有一个电网行业专利数据库,但相较于如 LED 产业拥有的独立的 LED 产业专利数据库平台,其平台和功能尚不如 LED 产业专业化,行业平台价值并没有充分体现,仍有待进一步完善。

企业专题专利数据库在电网企业中也具有巨大的效用价值。根据企业具体情况量身搭建企业自身的专题专利数据库,企业可通过自身数据库了解行业技术发展方向、专利申请趋势,制定和调整自身的专利策略;挖掘行业内核心专利技术和创新热点,了解市场上已申请专利的技术和产品,确定自身技术和产品的研发方向,避免研发的专利的投入与价值不成正比或重复研发;跟踪竞争对手的专利申请和专利布局情况,挖掘出可能的潜在竞争对手;监控专利风险,发现和避免专利侵权行为;甚至可作为打造企业重视和发展知识产权品牌的手段。

但上述的国内专题专利数据库也存在一些缺陷。

(1)国内行业专题专利数据库涵盖的数据资源不完整。行业专题专利数据库主要建立在国家知识产权局的各个领域的专利数据库资源的基础上,尚未完全覆盖世界范围内的全部专利国家,无法提供充足完整的国外专利信息,无法满足用户对国外专利数据的需求。

(2)国内行业专题专利数据库检索信息种类不齐全。行业专题专利数据库所包含的专利信息种类较少,仅仅包含国内外专利著录项目、文摘以及国内专利全文信息,其他一些对技术研发和创新的专利信息,则多处于空白状态。如专利许可、专利转让、专利质押、专利复审无效、专利诉讼等信息,以及对法律状态、同族专利、引证专利等信息的披露和揭示等。[②]

(3)专利信息源缺乏,多数专题专利数据库数据的完整性和时效性亟须提高。如行业和科技信息服务机构,由于非属国家知识产权局系统,其通过免费或低成本获得原始专利数据是很困难的。在获得原始专利数据的成本较

---

① 李蔚君、王秀亭:"电网专利信息开发利用的服务模式探讨",载《中国电业》(技术版)2012 年第 2 期。
② 郑洪洋、林楠、曲少丹:"国内专利专题数据库建设与发展的探讨",载《中国发明与专利》2016 年第 5 期。

高的情况下,难免导致专利数据源的不足,高质量专利数据源的获得受限,导致很多专题数据库出现数据不完整、不准确、更新周期长的问题。

(4)大部分的专题数据库未进行数据的加工和标引,甚至未对数据进行翻译。①专利信息的挖掘程度偏低,质量也有待提高。

(5)知识产权管理机构拥有的专利信息资源优势与科技信息服务机构拥有的信息挖掘优势因缺少有效的沟通合作机制,尚未实现优势互补。②

除了行业专题专利数据库和企业专题专利数据库,地区性专利信息服务平台的建立和发展情形也不太乐观。一些省市没有搭建地区性的专利信息服务平台,而一些搭建了的地区性专利信息服务平台在地位上却略显尴尬,没有发挥出与覆盖地域范围成比例的影响和价值。互联网时代的到来,打破了地方与中央之间信息不均衡的局面。对于专利信息的需求者而言,考虑到国家层面所提供的基础信息的权威性、完整性以及准确性,这些需求者会倾向于选择国家层面所直接提供的服务,从而使得地方原本具有的空间优势消失。

当前,专利信息公共服务体系的构建是遵循传统的层级化管理而构建的,建立了国家、区域以及地方的专利信息公共服务体系的三级架构。但这一架构形式的构建理念存在一个突出的问题,即忽略了信息所具有的一个重要特点:唯一性。专利信息仅在官方机构间单向流动,其服务范围实质上并未扩大。③不同地域的产业发展有不同的特点,尤其是对于电网业是重点发展产业的地区来说,构建地区性的专利信息服务平台,充分发挥该平台的效用价值,应会给该地区电网业的发展以坚实的支持。如何构建地区性专利信息服务平台,如何提供用户有价值的资源和服务,是相关主管部门亟须解决的一大问题。

发展和完善我国专题专利数据库,在电网业中建构行业专题专利数据库和企业专题专利数据库,是电网业知识产权进程中重要和必经的一环。同时,电网业地区性专利信息服务平台的完善,会成为地区电网业专利工作的重大

---

① 晋超、韩学岗:"国内专题专利数据库的现状特点及发展建议",载《山东化工》2010年第9期。
② 孙旭华、揭玉斌、王武、蔡志勇、胡世明:"关于我国专题专利数据库的思考",载《创新科技》2010年第11期。
③ 于大伟:"对专利信息利用困境的思考及对策探析——以构建专利数据开放平台为视角",载《知识产权》2014年第7期。

支持和推动。

三、电网业专利数据库的构建和完善

虽然一般性的专利数据库和专题专利数据库蕴藏着重大的价值，但这些数据库在电网业和电网企业中并没有充分发挥出其潜在的效益。电网业在整体上对一般专利数据库和专题专利数据库仍有待进一步加深认识和进行应用。

（一）树立电网企业的专利数据库应用意识

目前，我国科技重大专项工作已经全面展开，各种研发计划、方案等正在陆续出台。对于项目完成中所可能涉及的知识产权问题，重大专项任务书均进行了相关的要求和安排。与大力推动科技创新相应的是专利信息的利用，现阶段尤其是专题专利数据库的建设支撑迫在眉睫。具体而言，目前专题专利数据库对特定的专利信息揭示不足，如专利的法律状态、同族专利、引证专利等，专利信息的完整性有待提高。而造成这种信息不完备的原因，有用户的反馈作用。专利信息的用户对该些特定的专利信息不够了解，没有给予这些专利信息应有的重视，没有将对该些专利信息的需要反馈给专题专利数据库的提供者，提供者也因此忽略了这些特定的专利信息。整体上，电网业的知识产权意识和知识产权工作尚不乐观，尤其是很多中小型电网企业仍未足够关注和重视知识产权，没有设立知识产权方针，没有专利，更不用说专利数据库的构建和应用了。电网企业要真正建构专利数据库以及落实专利数据库工作，必须要先树立知识产权意识，理解专利数据库的重要意义。这需要国家政策和行政机关的支持和推进以及电网业、电网企业的努力和配合。

（二）选拔和培养电网企业专利数据库应用人才

专利数据库的应用和维护要求负责人员除了掌握相关法律知识外，还须具备相关技术知识，熟练运用专利数据库。同时，专利数据库是专利检索分析和专利事务管理的前提和基础，数据库的负责人员还须对其他相关的专利事务有一定的了解，具备与其他专利事务负责人员沟通交流的能力，根据专利事务的实际需要完善专利数据库，充分发挥专利数据库的实际效用，协助其他专利事务工作的顺利开展。因此，在选任专利数据库负责人员时，应注重其技术知识与法律相结合的专业背景，了解其在团队中的沟通协作能力，并对即将担任或已经担任专利数据库的负责人员进行培训,以提高他们应用和维护专利数据的技能。

(三) 构建和完善电网业专题专利数据库

特定行业专利数据库的构建,可以加强该行业中相关专利信息的资源共享,尤其是对中小企业而言,是重要的专利信息获取渠道,具有重要的专利信息提供价值。电网业的专利数据库建设已有一定的成果,如在广东省知识产权公共信息综合服务平台有一个电网行业专利数据库,但仍缺少一个全国范围内的独立的电网业专利数据平台。作为高技术产业中知识产权发展的一个趋势,构建和完善电网业专题专利数据平台应尽快提上议程,以实现电网业行业资源利用效益的最大化。

(四) 构建和完善电网企业专题专利数据库

构建和完善电网企业自身的专题专利数据库,对于具有长远发展规划的电网企业具有重要的战略和实践意义。事实上,一些专题数据库提供机构已经开展了企业专题专利数据库的订制服务。如佰腾网已提供企业专题专利数据库服务,可根据企业个性化的研发需求制作专题专利数据库产品。同时,企业专题专利数据库的构建成本选择范围较广,即使是中小企业也能以较低的成本获得量身订造的企业专题专利数据库服务。

(五) 构建和完善地区性专利信息服务平台

构建和完善地区性专利信息服务平台是地方主管部门,尤其是电网业作为重点发展产业的地方主管部门的艰巨任务。在构建和完善电网业的地区性专利信息服务平台时,主管部门应重视用户需求,重新审视用户需求,以确定地区性专利信息服务平台的构建和完善方向。地方主管部门应认识到,在用户对高效检索、分析预警等专利服务的要求下,单纯的原始专利信息已经不能满足用户需求了,用户的需求趋势,也是地区性专利信息服务平台构建和完善的方向,应是对专业化、智能化加工的高质量数据以及与企业自身研发和经营活动密切相关的商业、科技、法律等多种信息的有机融合。这就要求主管部门转变其对用户需求的理解,从单纯回应用户需求的"用户需要专利信息"转变为主动提供高质量的专利信息服务的"如何利用专利信息为用户创造更高价值"。这也要求主管部门重新审视其服务体系,将当前由政府层面提供专利信息，公众、企业或行业通过有限渠道被动接收的政府与用户间单向价值链传递的服务体系转变为信息利用方式和体系内成员的交互方式。有鉴于此，构建各方互动的专利数据开放平台可能是改进专利信息服务的较好选择。

（六）加强与专业机构、政府机关的合作

目前，国内专题专利数据库的开发建设主要是一种个性化服务，即基于单个用户的特定需求进行开发，这种开发过程强调专题专利数据库的开发机构与特定用户之间的积极沟通。同时，现阶段的专题专利数据库的开发建设也存在着一些问题，如行业专利专题数据库涵盖的信息资源不完整、信息种类不齐全、包含的信息种类较少、专利信息数据源缺乏、多数信息的完整性和时效性亟待提高、信息挖掘程度偏低、信息质量和挖掘质量有待提高等。解决这些问题除了开发机构增加数据库资源、完善数据库管理外，还需要与专题专利数据库的需求者进行充分交流。因此，加强专题专利数据库提供机构与电网企业之间的联系与合作，不但能为电网企业提供满意的专题专利数据库，还能促进专题专利数据库提供机构的建设和完善，共同促进电网业专利信息体系的完善与专利数据库服务行业的建设。

目前，我国专利管理机构拥有的专利信息资源优势与科技信息服务机构拥有的信息挖掘优势缺乏有效的合作机制，尚未实现优势互补。科技信息机构拥有的优势是科技综合信息服务，但缺乏专利信息资源和专利分析工具软件；而专利管理机构拥有专利信息资源的优势，但缺乏从事专利信息服务的人员与经验。国内的专利管理机构与科技信息服务机构隶属于不同的管理体制，两者缺少有效的合作机制，而该种合作机制的缺少，造成了国内已经建立的专题专利数据库收录数据不全面、服务内容与功能单一、缺乏兼具权威数据和强大功能的实用性专题专利数据库，无法满足目前用户的技术创新需求。专利管理机构与科技信息服务机构的合作机制的建立，应早日提上议程。应建立知识产权管理机构向专利信息加工机构免费或低成本提供基础专利信息资源的渠道，为大规模的专利信息深度加工提供基础支持。例如，知识产权出版社依靠国家知识产权局的中国专利数据优势，通过交换和其他手段，收集整理了80个国家、组织及地区4000余万件海量原始专利数据，包含中国专利文摘、全文代码化和全文扫描图形数据、世界专利文摘和全文数据。知识产权出版社向地方知识产权局免费提供 PCT 最低文献要求的专利数据和中国专利数据，包含著录项目、摘要数据、中国专利说明书全文、中国专利授权信息。[①]可以扩大专利信息资源的提供范围，如知识产权出版社向专利服务机构免费或低成本提供基础专利信息资源，将其获得的信息资源最大化地利用。

第二节 专利检索分析系统

随着市场竞争的愈加激烈，越来越多的企业认识到传统的劳动密集型发展方式的生存空间在科技创新背景下的市场竞争中已被大幅压缩，电网企业作为现代经济的核心和知识高度密集型行业，在知识产权尤其是专利已经成了当前产业竞争的一个战略制高点的情况下，通过技术创新提高企业核心竞争力已成为其持续发展的重要方向。在现代信息社会，信息资源已经成为最重要的战略资源之一。专利作为一种特殊的信息和战略资源，在企业信息资源开发、建设以及利用中占据着特殊的地位，发挥着愈加重要的作用。在面对海量的专利信息资源时，对专利信息进行准确的获取、深度的分析以及高效的利用，对企业的战略布局、研究方向以及长远发展有着深刻意义，同时也对企业相关负责人员的专业能力提出了新的挑战。

一、电网企业专利检索分析系统的重要性

专利文献信息，是指包含已申请或被确认为发现、发明、实用新型和工业品外观设计的研究、设计、开发和试验成果的有关资料。根据有关研究，世界上 90% 以上的发明创造成果出现在专利文献中，充分利用专利信息可节约 60% 的研究时间和 40% 的科研经费，专利信息的检索分析结果可作为企业科技研发、产品开发以及市场布局的重要决策依据。[②]由此可见，专利检索分析对企业投入成本的节约以及战略指导的重要性。这对专利密集的电网业而言更具有不可低估的价值。

整体而言，电网企业较为重视科技创新工作。近年来，南方电网积极贯

[①] 晋超、韩学岗："国内专题专利数据库的现状特点及发展建议"，载《山东化工》2010 年第 9 期。
[②] 黄艳："SIPO 专利检索及分析系统及其应用"，载《山东工业技术》2016 年第 8 期。

彻《国家知识产权战略纲要》，认真贯彻落实国家"十二五"规划及《国家中长期科学和技术发展规划纲要（2006—2020 年）》制定企业科技规划。企业在大电网安全、可控串补、SVC 等领域获得了一系列专利，构建了严密的专利网。2013 年南澳岛上青澳、金牛两个换流站与汕头澄海区的塑城换流站完成了三端投产启动，标志着南方电网建成了世界上第一个多端柔性直流输电工程。在云广直流工程的建设中，南方电网拥有自主知识产权，自主化率将超过 60%。2011 年，云南电网企业"高海拔 500 千伏紧凑型输电线路"发明专利荣获第十三届中国专利优秀奖。电网技术研究中心《±800kV 特高压直流合成绝缘子》获得第十二届国家专利优秀奖，相关项目曾获中国电机工程学会颁发的 2008 年度中国电网科学技术二等奖、2007 年度中国电网科学技术三等奖、广东省 2009 年度科学技术二等奖。电网业的这些成就表明了知识产权特别是专利，在电网业发展中的推动和引导作用。我国电网业已积累了一定的专利，如果能充分利用这些专利信息，对电网业的发展现状和发展方向进行评估和确定，不但能促进我国电网企业在国内的良好发展，还能通过与国外电网业专利信息的对比分析，调整我国电网业的发展方向和前进步伐，为我国电网业在国际竞争中取得较有利的位置。国家电网企业近年来不断强化知识产权信息资源的分析利用，有效引导了科技创新方向和专利布局。在施工难度极高的"皖电东送"工程中，国家电网企业便制订了详细的专利工作计划，明确制定了 3 大类 13 项创新重点的专利布局规划，推动技术专利化工作实施。[①]根据具体工作任务的需要，通过专利分析进行详细的专利布局，可以有效推进工程的进行，获得高效的回报。

二、专利检索分析系统的现状

专利文献资源数量非常巨大，文献载体价格高昂，电网专利文献又分布在各相关部门，所以目前电网的各相关单位均未收藏电网专利文献，这些单位基本上依靠中国专利局的专利检索网进行免费的检索。而对于国外专利数据库，包括世界知识产权数据库、美国专利数据库、欧洲专利数据库等，目前在行业内还比较陌生，电网企业对该些数据库基本还不熟悉，未能对其进

[①] 崔静思："国家电网企业：深耕专利沃土 引领产业升级"，载《中国知识产权报》2015 年 12 月 30 日。

行充分利用，因此，下文对专利检索分析系统做简单的介绍，以便其后探究电网业专利检索分析系统的构建和完善。

专利分析过程主要分为数据检索获取、清洗加工、分析应用三个阶段。"专利检索分析"是广义的"专利信息分析"的一部分。[1]本章对"专利信息分析"采狭义理解，指专利分析过程三个阶段中最后的分析应用阶段，本章所述"专利检索分析"包括专利分析三个阶段中的前两个阶段，即数据检索获取阶段和清洗加工阶段。"专利检索分析"是"专利信息分析"的基础，可在"专利检索分析"后进行"专利信息分析"。

具体而言，专利检索分析包括：（1）数据监测。数据监测是指用户在某些专利检索平台上进行专利检索后，将检索条件保留在检索平台或本地检索管理工具，只要保留的检索条件返回的检索结果有变化，检索平台或本地检索管理工具就会将变化信息以邮件的形式通知用户，提醒用户其所关注的专利数据发生了变化。（2）数据采集。一些本地化的专利分析工具中，工具本身和工具提供商并没有专利数据，只是提供指向各国官方专利局专利检索平台的数据采集功能，在用户通过这些指向的各国官方专利局专利检索平台进行检索后，该本地化的专利分析工具会将检索的专利数据批量采集到本地，再于本地对这些专利数据进行加工和分析。（3）数据清洗。专利数据清洗包括对原始专利数据进行规范化操作，如规范申请机构和发明人名称引证信息等，也包括允许用户对检索结果相关性进行判断，筛选出符合条件的专利集合，从而为专利分析提供准确的数据基础。（4）数据加工。也称数据标引，是指通过人工解读专利数据后，将专利按照预先定义的技术类别进行分类，同时对专利所解决的技术问题、采取的技术手段、达到的技术效果、创新程度等进行人工标注，从而提炼出隐含于专利中的更加明确的技术信息。[2]

目前，国内常用的专利检索分析网站有 SIPO 专利检索及分析系统、Patentics 检索系统、SooPAT 专利搜索引擎、佰腾专利检索系统等。具体而言，专利检索分析中可应用的工具有专利采集加工工具以及专利检索分析工具。在我国范围内应用最为广泛的专利采集加工工具，为北京理工大学知识发现与数据分析实验室的 Itg Mining、保定大为 Patent EX、恒河顿 HIT_

---

[1] 刘玉琴、彭茂祥："国内外专利分析工具比较研究"，载《情报理论与实践》2012 年第 9 期。
[2] 同上。

恒库、北京彼速 Biz Solution、台湾连颖科技 Patent Guider、汉之光华专利情报分析系统等。这些工具的特点在于：（1）通过网络爬虫对各国专利局的专利进行采集、清洗、入库，提供专利的二次加工，如筛选、分类、标引等，可用以辅助进行深入的专利技术分析。各个国家官方网站中最前沿的专利数据，均可从这些网站全面地获得。（2）分析数据源为采集专利的结构化部分，可从时间、地域、申请机构、发明人、法律状态等角度进行不同维度的组合分析。（3）价格较低，一般一次性收费 3 万～8 万元。（4）适合我国现阶段知识产权的发展需求，在国内用户群体广泛，大多数为知识产权中介服务机构，还包括少数的中小企业。而在专利检索分析工具方面，这类工具主要的应用范围为欧、美、日以及一些亚洲国家，产品提供者以欧美为主，典型代表有汤姆森·路透的 Innovaton、Aureka、Delphion，美国 Lexis Nexis 的 Total Patent，法国电信多媒体企业的 Questel Orbit，韩国世界知识产权检索株式会社的 WIPS 等。该些专利检索分析工具的主要特点在于：（1）集成海量专利数据资源，并对这些数据进行了规范化处理，用户登录平台可以检索世界范围内绝大多数国家的专利，而且由于部分数据经过加工，增强了检索的准确性。（2）拥有先进的数据检索、文本挖掘以及信息可视化技术，主要功能为数据检索，辅之以数据分析。（3）用户以高校科研院所以及拥有较强研发能力的大型企业为主。[①]因此，从电网企业的角度出发，像南方电网公司这样重视知识产权、拥有多项专利技术的大企业，可以采用性能较好、价格较高的工具，而对于电网中小企业而言，可能只能选择性能较简单、价格较低的工具，一些企业出于成本考虑或是对知识产权、对专利检索分析利用的不重视，甚至可能直接忽略专利检索这一环节。

虽然对于企业而言，专利检索分析可应用的工具貌似有较多的选择，但至少上述的专利检索分析工具还是有一定不足的。对于专利采集加工工具而言，其缺点在于：（1）每个系统的单个专题数据库最大容量、二次数据加工的能力差别较大。（2）除 Itg Mining 具有少量的文本挖掘、可视化功能外，其他软件均缺少文本挖掘、信息可视化等深入的分析技术和手段，报表以简单的条形、柱形、饼形、线形图为主，少数有简单的专利引证图。（3）使用的用户数量大多有所限制，增加用户数量需按照使用的计算机数量增加使用

---

① 刘玉琴、彭茂祥："国内外专利分析工具比较研究"，载《情报理论与实践》2012 年第 9 期。

费用，但增加额度不高。与此同时，专利检索分析工具也存在一些短处：① 缺乏根据用户需求对数据进行二次加工的功能，用户的数据不能进行储存，使用期限届满时，用户的数据无法保留，由此增加了用户的数据管理的风险。并且这类工具价格高昂，尤其是欧美的产品，一般按年收取服务费，数据越丰富、检索功能越强大，价格也越高。② 国内除国家知识产权局拥有官方的专利检索平台外，也存在少量商业化的检索分析工具，但该些检索分析工具与欧美同类的工具相比，在数据基础、检索分析技术以及用户普及程度等方面，仍存在较大差距。[1]

除了专利检索分析中可应用的工具本身所具有的局限性，由于企业的战略考虑以及国际化的竞争环境，我国企业在运用专利检索分析的工具时还会遇到一定的问题。例如，国外相关技术与产品的对华出口限制问题。尽管欧美在专利深度挖掘方面已经取得了一定的进展，并开发设计出了相关的软件工具，然而出于种种原因，其中许多工具属于美国限制出口的技术和软件，我国尚未能进口，这明显限制了我国企业专利检索分析工具的选择，在电网业中特别是对南方电网公司这样的大企业造成了制约，即使这些企业有足够的资金购买任意工具，也因这些质优的工具被限制不能在我国销售使用而不能获得。再如，国外相关技术的知识产权壁垒问题。在海量信息的挖掘与可视化方面，欧美的企业以及研发机构为了自身的商业利益，将其研究成果申报专利，用以限制其他企业和机构使用同类技术，这无疑加重了我国企业使用这些工具的成本。最后，国外相关服务的价格问题。在信息服务方面，国外一些信息情报服务企业凭借其丰富的数据资源和领先的行业经验，在为国内相关企业提供信息服务时，往往提出较高的价格。[2]这在我国电网业总体尚缺乏知识产权意识，对电网业知识产权利用和保护不熟悉的大环境下，是对电网业知识产权意识的树立和专利应用的又一阻碍，特别是对原本知识产权意识比较淡薄的中小企业而言，加大了知识产权在电网企业间发展和起推动作用的差距。

同时，面对海量的专利，现有的大多数专利检索分析工具的运行系统似乎也无法满足用户的检索需求。现有专利检索系统以关键词匹配的方式进行检索，其检索过程和结果中易出现"忠实表达""表达差异"和"词汇孤岛"

---

[1] 刘玉琴、彭茂祥："国内外专利分析工具比较研究"，载《情报理论与实践》2012 年第 9 期。
[2] 同上。

等不可回避的问题，影响了检索结果的准确性。同时，检索结果缺乏推理过程，无法引导和启发用户思路，提高了用户通过检索获取知识的难度。[1]

除了国家机关、科研机构和专利服务机构等提供的专利检索分析工具外，有条件的企业可以在本企业专题专利数据库基础上，构建自己的专利检索分析系统。在企业拥有专题专利数据库的条件下，可以依据自身的需要，与科研机构、专利服务机构等合作，建立符合自身运营发展需求的专利检索分析系统。例如，在专利分析上，电网大企业可重视分析国内外其他同业企业的专利布局，以调整和完善自己的专利策略和专利工作规划，为自己在国际化竞争中取得主动姿态。而电网中小企业可能更注重行业专利申请和获得情况、如何运营自己的专利等。不同的发展程度、不同的目标和规划，使得不同的电网企业对专利检索和专利的要求是不一致的。

总体而言，我国企业在专利检索分析上能力弱。企业专利信息分析能力主要取决于两大因素：（1）高级信息分析技术，也就是供企业使用的专利信息库的数据量及分析功效。（2）企业专利信息分析人员的水平。目前我国对商业数据库的建设投入不足，尚未有成熟的产品问世，我国企业可利用的专利检索分析工具较为有限。并且受我国专利文本和专利数据库建设的制约，很多专利的质量难以通过有效的技术指标进行评价，国内专利检索分析工具的开发和应用还有待进一步完善。此外，我国专业的专利人才也是近几年才开始培养的，数量较少，而且该些人才大多数是法学专业，具有理工背景、掌握专利信息分析技能的毕业生很少，企业的专利检索分析人员大多是半路出家，整体水平尚待提高，这也制约了企业专利检索分析工作的质量和效率的提高。[2]但同时，我国电网业对高质高效的专利检索分析的需求是迫切的。例如，在电网企业的国际竞争中，国外资本企业已经开始侵占国内市场，如日本矢崎等跨国企业已经在中国申请了大量关于发电、输变电方面的发明专利，尤其是关于新能源发电，譬如太阳能、风电、地热、海洋能等方面。[3]随着中国电网行业新能源发电规模的逐渐扩大，中国电网企业可能面临与跨国企业的专利纠纷等，这就需要我国电网企业进行相关信息的检索和分析，了

---

[1] 许鑫、谷俊、袁丰平、周群芳："面向专利本体的语义检索分析系统的设计与实现"，载《图书情报工作》2014年第9期。

[2] 李振亚："基于知识竞争力的我国高技术企业专利管理研究"，哈尔滨工程大学2011年博士学位论文。

[3] 曲伟："中国电网行业的专利信息分析研究"，载《图书情报工作》2014年第S1期。

解这些企业与自身企业在国际竞争中的地位和优劣势，调整自己的专利策略，推进专利工作稳定有效地进行。

三、电网业专利检索分析系统的构建和完善

专利的检索分析在当代对于电网企业的长远规划和发展具有重要意义，构建和完善电网企业的专利检索分析系统因此也应尽早提上议程。

（一）选择和应用合适的专利检索分析工具

在专利检索分析的工具中，不同的检索分析系统性能存在不同。例如一些系统可通过语义推理提高检索结果的准确性，即用户提交检索词后，会经本体层对其检索词进行语义扩展，使计算机能够理解用户检索意图，并对检索结果进行推理，包括相关专利权人推理、相关发明人推理以及相关代理人推理，从而提高系统的检索效果和实现语义推理功能。同时在语义检索的基础上，根据企业专利情报工作实践提供相应的增值分析功能，即列表分析、矩阵分析等常用专利趋势分析以及相似专利检测、重要专利识别和新技术术语识别等。[1]相比之下，其他一些专利检索分析系统的功能则没有这么全面。因此，在选择国家机关、科研机构和专利服务机构等提供的这些专利检索分析工具时，对于像南方电网公司这样的电网大企业，可以采用性能较好、价格较高的专利检索分析的工具，而对于中小企业来说，较为经济的选择应是性能较简单、价格较低的专利检索分析的工具。

不同的电网企业应根据自身需要，在自身能力范围内选择最适合自己的专利检索分析工具及相应的系统。

如果电网企业有条件能在本地企业专题专利数据库基础上构建自己的专利检索分析系统时，应注意结合自身的实际情况和需要，以自身的专利方针为指导，以长远发展的目光构建、应用和完善该专利检索分析系统。

（二）提升与政府机关、专业机构的合作

一方面，电网企业根据自身的发展规划，将专利检索分析系统的构建和完善需求向设计和提供专利检索分析系统的科研院所、专利服务机构进行反

---

[1] 许鑫、谷俊、袁丰平、周群芳："面向专利本体的语义检索分析系统的设计与实现"，载《图书情报工作》2014年第9期。

映和转接，或提供专利检索分析工具的选择和使用建议，也可通过自身建议或行业汇总意见向设计和提供专利检索分析系统的政府机关反映，充分发挥政府机关、科研院所和专利服务机构的专利资源和专利检索分析优势。另一方面，政府机关、科研院所和专利服务机构可将国内外专利检索分析的发展动态和近期成果反馈给电网企业，以帮助电网企业合理科学地规划专利检索分析系统的建设以及专利检索分析的工作安排。

（三）构建专利资源共享平台

专利检索和分析在企业专利方针的制定和布局的设计，以及专利事务管理等方面具有重要作用，因此专利检索分析资源和技术具有巨大的价值和意义。电网行业可建立该行业的专利资源与专利分析的共享服务平台与服务机制，以加强专利资源共享。电网企业间可以在此平台上分享专利检索和分析的资源和技术，知识产权主管机关和行业协会也可在此平台上发布相关专利资讯和专利研究前沿成果。同时，考虑到大企业与中小企业获得资源的能力差距较大，为促进中小企业的专利检索分析能力并提高其知识产权意识，可将国家机构、科研院所拥有的专利资源和专利分析平台一定程度地向国内中小企业倾斜开放，实现资源的更大化利用。

（四）加强与其他专利工作的沟通配合

专利检索分析工作不是与企业其他专利工作相独立的，而是环环相扣、紧密结合的。企业专利数据库的构建和维持是专利检索分析工作的基础，专利检索分析是企业进行各项专利事务管理的基础，对专利事务管理而言具有不可比拟的重要性。例如，在企业专利开发前，通过专利检索和分析，了解行业技术和产品的发展趋势，了解同业企业的专利布局，以研发符合市场需求的、有较大效用价值的技术和产品；在研发出技术和产品后，需依据专利检索和分析所得的结果，对于是否申请专利，以及申请专利的时间、地域、类型等进行决策。注重专利检索工作与其他专利工作的协调合作，才能最大化地发挥专利检索分析的价值。

（五）选拔和培养电网企业专利检索分析人才

专利信息的检索分析，涉及较多的技术知识和法律知识的结合，对检索和分析人员的专业能力要求较高，还需要与企业其他的专利工作协调配合，一般法律事务的处理人员并不容易胜任。即使电网企业能将电网企业内部的资源加以整合，设立独立的企业知识产权管理部门，或者与法律事务部门合署办公，对各类知识产权事务进行集中管理，没有专业的人才，也并不一定能很好地完成专利检索分析工作。因此，电网企业应加强对专利检索分析技术的重视，在选任专利检索分析人员时综合评测其技术知识和法律知识以及协调沟通能力，同时应对负责人员进行相关技能培训，落实企业的专利检索分析工作。企业可利用内外结合培养的方式，聘请专利检索和分析培训人员到企业对拟从事或已经从事专利检索分析的人员进行内部培训，或将这些人员送到国内外知名的科研院所等机构进行深造，学习前沿的专利检索分析知识，提高专利检索分析能力，推进企业专利检索分析工作的顺利完成。

第三节　专利事务管理系统

一、电网企业专利事务管理的重要性

在 21 世纪的信息时代，保持企业在市场中的创新动力以及促进科学技术的传播，需内外兼顾。"外"指我国设立的维护市场整体竞争环境的专利制度，"内"即为企业内部的专利事务管理。在知识经济时代，专利制度将发挥越来越重要的作用，特别是像电网企业身处知识密集型产业中，有必要采取专利事务管理模式，促使企业自身成为技术创新的主体，增强企业的技术创新能力，形成能立足于市场之上的竞争力，实现企业的持续的技术创新和稳步发展。

企业专利事务管理是企业经营管理的重要方面，是企业经营管理系统的重要分支系统，在企业经营管理中占据着十分重要的地位。依据不同的分类标准，可对企业的专利事务管理进行不同的分类，如将企业专利事务管理分为专利法权管理、专利财富管理和专利战略管理三种类型，以服务不同性质和类型的企业。①具体到电网企业，南方电网公司这类大企业可采用知识密集型企业运用的战略型专利管理，这些企业的定位处于产业链的上游，以掌控核

---

① 李振亚："基于知识竞争力的我国高技术企业专利管理研究"，哈尔滨工程大学 2011 年博士学位论文。

心技术为战略，有能力进行前瞻性系统化的审视专利管理。中小型电网企业可采取专利财富型管理，它们以研发投入专一化策略为战略目标，专利管理看重短期能产生利益的专利资产，但无论如何，从电网业的性质以及企业的长远发展来看，战略型专利管理应成为其逐渐转型的定位方向。或从内容上看，企业专利事务管理涉及专利管理机构的建立与专利管理人员的确定、专利规章制度的建设、专利产权管理、专利信息管理、专利利益分配与奖励等内容，从动态上可分为专利申请、专利信息管理、专利分析、专利部署等四个方面。[①]电网企业可借助专利事务管理确立的各方面内容，优化企业内部系统的配置，提高专利事务管理质量。

二、专利事务管理系统的现状

专利事务管理系统的科学构建和稳定运行是电网企业在知识经济时代获得核心竞争力的重要保障。电网业是技术密集型产业，其中如南方电网公司这类高技术企业，拥有丰富的技术资源、密集的智力资本，有能力进行持续的研究开发与技术成果的转化，可形成企业核心自主知识产权并以此为基础开展经营活动。知识产权战略在这类高技术企业中显得尤为重要，专利事务管理系统的构建和完善也因此具有举足轻重的地位。

的确，电网业在知识产权建设方面已取得了一些重大成就。以贵州电网企业为例，该企业专利的数量和专利质量得到了大幅提升并强化了专利申请的针对性和目的性，符合企业自身发展特点的知识产权管理模式形成了鲜明的行业特色，重视知识产权工作的开展，营造全员进行科技创新的氛围，拓展知识产权的运营能力，产学研合作成效显著。但总体而言，电网业专利事务管理现状并不乐观，专利事务管理仍有待完善。造成这种状况的原因，除了企业内部因素外，还存在一些客观的外部因素，制约了企业内部专利事务管理工作的开展和系统的完善。

（一）电网企业的专利事务管理意识有待提升

对于只有几十年历史的知识产权制度这一舶来品，对其认识的片面和意识的淡薄是我国企业的一个总体表现。即使在电网产业中，有些员工对国内外的电网技术的发展动态较为关注，但仍然缺乏基本的专利知识，主要表现

[①] 冯晓青："企业专利管理若干问题研究"，载《湖南文理学院学报》（社会科学版）2007年第2期。

为不知道申请会遇到什么样的困难，不了解专利制度以及其保护范围，不知道应该如何保护，不知如何避免对同业专利的侵权等。即使企业中有知识产权事务方面的管理，一般也只停留在日常管理和事务性管理的层面，缺乏专利管理的理念。

（二）缺少专门的专利事务管理部门

现阶段电网企业的专利事务管理总体呈现管理分散的状态，很多企业由单一的法律部门负责所有的法律事务，并没有对专利事务进行专门化管理，甚至不涉及专利事务的管理。实际上，专利事务管理不但从宏观上关系到企业发展方向和发展规划的制定，在微观上也涉及从产品和服务的设计到业务的开展等各个环节，具有不可低估的作用。缺乏专利事务的针对性管理，会导致严重的后果，如产品研发流程缺乏专利分析指导，投入大量成本研发的产品可能与后续相关技术的发展趋势不兼容而被放弃或导致无法盈利。又如电网企业鲜有知识产权管理部门专门管理专利事务，即使设立了知识产权管理部门，也只是做些日常事务性的工作，缺少对企业的前瞻性、指导意义性的专利战略的研究和运用，导致营销上的管理失误。

（三）缺少专利事务管理人才

电网企业总体缺少对知识产权进行专业性管理的专门机构，一般由单一的法律部门负责包括知识产权在内的所有法律事务，对专利事务进行专门管理的人员更少之又少。但事实上，专利事务的管理与一般的法律事务不同，涉及经济、管理、技术、法律、信息系统等多方面知识，与企业技术研发管理、生产管理、市场营销管理、资产管理、人力资源管理等存在交叉和联系，是一项庞大而复杂的管理工作。对于电网业而言，因为涉及技术与非技术结合的复杂问题，并非一般的法律工作者甚至是一般知识产权事务的处理者能胜任，需要集技术、法律与管理知识于一身的高层次复合型人才才能高质高效地完成专利事务的专业化管理。

虽然在现代电网企业，法学专业毕业的专门人才已不在少数，但在真正熟悉知识产权法律制度、具有知识产权管理理念的同时，了解电网企业的安全生产经营规范以及电网企业的运作规律，能够运用知识产权法律、法规实施其对于电网企业的如日常管理、战略管理、应用管理，乃至实施国际化商务管理的高层次复合型专业人才还相对匮乏。电网企业也亟须这样的人才。如2015年南方电网科学研究所的技术情报所咨询服务室对知识产权咨询岗进行了招聘，要求应聘者负责协助企业制定年度、中长期专利规划布局报告和各类专题专利分析报告；开展专利提案检索与查新以及现有专利文献的检索，组织专利知识的培训；负责专利代理资质的申请、维护和专利代理业务的开展；负责境外投资知识产权收集、整理和分析及国际投资项目的知识产权分析；负责国际投资中的知识产权合作和专利买卖、许可、转移等研究。由此可见，专利事务管理与电网企业的持续发展息息相关。

（四）专利事务管理规章制度不完善

电网企业总体缺乏完整科学的包括专利事务管理在内的知识产权管理规章制度。专利事务管理范围大，包括专利管理机构的建立和职能、专利管理人员的确定和职责、专利规章制度的建设和完善、专利产权管理、专利信息管理、专利利益分配与奖励等内容，包括专利申请、专利信息管理、专利分析、专利部署等方面。缺乏系统的专利事务管理制度，无法明确各部门和人员的职责，没有配套的相关部门和人员的行为准则，即使有具体的知识产权规划，也无法付诸实施。例如，大多数电网企业制定的知识产权奖励机制不尽科学，过于关注物质奖励，而忽视了发明创造应与职务晋升、职称评定等紧密结合，没有制定物质奖励与精神奖励兼具的奖励机制等，容易造成核心技术员工的流失，难以实现技术创新与科技成果转化。

（五）专利事务管理信息化程度低

如前文所述，专利数据库和专利检索分析系统在我国的应用情况并不理想，一些质优的国外专利数据库和专利检索分析系统被限制进口，因价格较高也不适于所有企业采用，国内专利数据库和专利检索分析系统数量少，技术水平尚不高。由于没有外部完备的、准确的专利数据做支撑，电网企业专利事务管理的信息化被专利数据库和专利检索分析系统的发展程度所限制。

三、电网业专利事务管理系统的构建

企业的专利事务管理，是指企业为了提高自身竞争力和经济效益，围绕专利的形成、申请、保护、运用而进行的计划、组织、指挥、协调和控制等活动的总称，具体包括专利开发管理、专利权管理和专利资本运营三大部分。企业专利管理系统是在专利管理理念和专利管理总体目标的指导下，根据专利资源开发与市场化运作的规律,通过企业专利资源管理体系构造、运行机制设计、策略选择、效果评价、实施对策等途径,对企业所拥有和控制的专利资源进行计划、组织、领导、控制所形成的管理系统结构和目标模式的总和。[①]以此认识为基础,下文将探究电网企业的专利事务管理系统的构建。

电网企业专利事务管理系统的功能,应立足于:(1)引导专利技术开发,预测专利市场需求。通过分析专利文献,了解电网业国内外的技术演变趋势,以此引导专利技术开发。(2)指导专利权获取与保护。电网企业在开发专利技术的过程中,通过专利事务管理,选择适于申请专利保护、长久维持专利权等技术和专利,节约企业的研发投入和运行成本。(3)提高专利运营能力、获得经济效益。通过出售含有专利技术的产品、直接经营专利技术、专利投资入股、专利抵押贷款等各种专利运营方式,提高企业的经济收益。(4)提升企业的知识竞争力。专利技术带来的竞争优势和高附加值越来越明显,专利管理能放大企业商标、商号等品牌效应,给这些商标和商号加上高技术含量的标签。通过专利管理,提升企业获取知识、共享知识、交流知识的能力,提升企业技术创新的能力,提升企业持续不断地将新思想、观念、流程转化为产品和市场份额的能力,提升企业的知识竞争力。

电网企业的专利事务管理系统主要由四大部分构成,分别为专利信息分析管理、专利开发管理、专利权管理和专利资本运营管理。其中专利开发管理、专利权管理和专利资本运营管理是系统的主体,包含了企业专利管理的所有功能。

专利信息分析管理是整个管理系统运行的基础,支撑了系统主体功能的实现。具体而言,包括专利技术开发、专利性评估、专利申请管理、专利权监视与维护、专利预警、专利纠纷处理、专利信息分析、专利价值评估、专利资产管理以及专利技术预测十个方面。

专利开发管理,主要包括技术市场预测、技术开发过程管理和专利性评估三个主要部分。其中技术市场预测,是指根据电网业市场信息和电网企业发展战略需求,结合企业自身的技术储备,确定未来的专利开发方向;技术开发过程管理,主要就是组织人财物、调动科研人员积极性、创造有利于团

---

① 李振亚:"基于知识竞争力的我国高技术企业专利管理研究",哈尔滨工程大学 2011 年博士学位论文。

队发挥功效的企业氛围，并监控技术开发过程，及时发现可以申请专利的技术点；专利性评估，是针对阶段性成果，对于是否申请专利，以及申请专利的时间、地域、类型等进行决策。

专利权管理，主要包括专利权维护、专利预警和纠纷处理三大部分内容。专利权维护，主要是在综合对比专利价值、专利权维护成本和市场需求度等因素下，关于是否缴费维护专利权的选择专利预警，是通过专利信息分析与权利监控，对于自己是否侵权以及是否被别人侵权做出预先判断，帮助权利人掌握主动权。纠纷处理是在发生实体侵权事件后，如何调动有效的力量保障利益最大化，具体包括谈判、诉讼、交叉许可等内容。

专利资本运营管理，包括专利权转让和专利技术资本化，而专利技术资本化又包括专利入股、专利融资、专利证券化等运作方式，是专利管理的高级阶段，涉及众多复杂问题，如专利价值评估、直接转让、质押融资贷款、直接投资入股、专利证券化、上市流通等运营方式的选择。

专利信息分析一般包括定量分析和定性分析，发生在专利管理的各个阶段，尤以专利技术开发阶段最为重要。专利信息分析虽然在专利事务管理中处于辅助地位，但具有不可比拟的重要性，是专利开发的基础，是专利权管理的支撑，是专利资本运营的基础。[1]

四、电网业专利事务管理系统的应用和完善

专利事务管理系统构建后，还须应用到具体的电网企业中，并结合企业所存在的具体问题，进行进一步的完善。

（一）树立电网企业的专利事务管理意识

企业的专利事务管理意识是实现专利事务有效管理的前提条件，如果缺乏科学先进的专利事务管理意识，不重视专利事务的管理，那么一个企业即便有再好的方案，也不会实事求是地执行，管理成效也不会有多大，投入的成本也只能付诸东流。因此，在电网业中营造知识产权保护和应用的良好氛围，树立电网企业的专利事务管理意识至关重要，这需要国家和企业等在不同层面相互配合，共同努力，营造电网企业竞争发展的良好知识产权环境。

---

[1] 李振亚："基于知识竞争力的我国高技术企业专利管理研究"，哈尔滨工程大学2011年博士学位论文。

（二）建构合理的专利事务管理部门

首先是关于企业专利事务管理架构的设立。南方电网公司设立了科学合理的知识产权管理架构。其运作原则为知识产权集团化，对于知识产权进行集中、统筹的管理、应用和推广。其以企业总部作为企业系统知识产权的共同权利人，逐步形成企业知识产权的集约化经营格局并加强集约化管控，建立了企业级知识产权信息化系统，系统覆盖企业所有下属单位，实现了企业总部对各单位知识产权工作的统一管理，建立统一评审、统一组织申报的工作机制等。南方电网公司的垂直型专利管理模式[①]，在实践中，主要适用于此种模式的企业，具有单个专利价值巨大，专利权重要程度十分突出，企业专利研发投入较大，分支机构无法承担等特点。这些特点符合电网企业的特性，该模式适于电网企业的知识产权管理架构，其他电网企业可予借鉴。

其次，在具体的专利事务管理部门的具体功能定位和职责设置中，如果能在独立的知识产权部门设立如专利管理委员会这样的部门，应是较好的选择。因为即使存在专门处理知识产权事务的一个独立的知识产权部门，由于其管理范畴包括专利管理、商标管理、企业商业秘密管理、企业知名产品管理、企业著作管理以及反不正当竞争管理等，工作内容较多，且专利事务管理涉及较复杂的技术问题，需要专业人员跟进，因此再设立独立的执行专利事务管理工作的团队会较妥当。同时，考虑到专利事务管理的实现需要专利律师、技术工程师和市场营销人员等沟通合作，各个部门相互配合进行，还可在专利委员会设立专利管理协调机构，即每个分支部门或研发中心都有代表成为企业专利管理委员会的成员，他们可以是某相关技术领域的专家，也可以是带去本部门或研发中心的信息的员工，以使企业的最终决策不会因为忽略掉其部门或研发中心而有失偏颇。适当的控制、高效的沟通以及有效的反馈是专利事务管理实有成效的必要条件，专利管理协调机构有助于市场营销人员、产品设计者、管理人员、专利律师等之间的紧密联系与协调。

（三）选拔和培养电网企业专利事务管理高层次人才

专利事务管理需要集技术、法律与管理知识于一身的高层次复合型人才。电网企业可利用"走出去，请进来"的方式，在选拔负责人员或引入人

[①] 李振亚："基于知识竞争力的我国高技术企业专利管理研究"，哈尔滨工程大学 2011 年博士学位论文。

才时，着重考察员工对技术、法律和管理三方面知识的综合运用能力，选贤举能。同时，将拟从事或已经从事专利事务管理的人员送到国内外知名科研院所等机构进行深造，学习企业专利事务管理的前沿知识，研讨企业专利事务管理的前沿问题，用企业专利事务管理理论指导企业专利事务管理实践，推进电网企业专利的创新、管理、运作和保护，不断实现和提升电网企业专利的经济价值和创新价值。

（四）建立和完善专利事务管理规章制度

科学合理的专利事务管理规章制度，是专利事务管理顺利进行的前提和保障。专利事务管理成功推进和执行要求各部门、各人员分工明确，在专利信息分析管理、专利开发管理、专利权管理和专利资本运营管理等各个专利事务管理过程中密切配合。同时还要求行之有效的激励机制，如在考核体系中设计并结合一次性奖励、多次性奖励、提成式奖励等多种形式，树立物质奖励与精神奖励并重的意识，利用企业内的信息交流媒介，对相关人员的成绩进行公开表彰，营造电网企业员工共同进行技术创新的氛围。

（五）选择适合企业自身的管理方式

不论是大型企业还是中小型企业，科学有效的专利事务管理是企业长远安稳发展的重要条件。对于大型企业而言，专利开发管理、专利战略管理、专利信息分析等管理手段是其较为紧迫需要建设和改善的方面，而对于中小型企业而言，专利权管理、专利资产运行管理等方面则更为必要与切合实际。另外，在专利类型方面，大型企业应更加重视 PCT 专利、同族专利的管理，而中小型企业则更多地依赖国内的专利保护。

再比如，专利资本运营对于大企业而言可能较倾向于战略布局，而对于小企业而言，更多的可能是提供新的融资途径。特别是电网业中的高技术中小企业，它们可以通过把自己的专利权转让、质押贷款等方式获得资金支持。

（六）加强各类专利工作的沟通链接

专利事务管理包括了专利信息分析管理、专利开发管理、专利权管理和专利资本运营管理四大部分，涵盖了专利技术开发、专利性评估、专利申请管理、专利权监视与维护、专利预警、专利纠纷处理、专利信息分析、专利价值评估、专利资产管理以及专利技术预测十个方面，范围十分广泛。这些不同类型的专利事务管理工作并不是各自独立，互不联系的，而是相互配合、互相影响的。例如，专利资本运营成效决定了专利权的存续期限。专利权是专利资本运营的基础，而专利运营的效果反过来影响专利权的存在期限。如果一项专利在企业的资产运营中价值较大，企业将会重视该项专利，及时缴纳专利年费，监控侵权，启动预警系统。相反，如果某项专利不能发挥较高的无形资产效用，无法实现良好的资产运营，从节约成本的角度考虑，企业会尽快放弃缴纳专利年费，放弃该项专利权。专利事务管理工作需进行充分沟通协作，避免工作的重复或断裂，造成资源的浪费，避免无益的投入。

同时，企业专利事务的管理以企业专利数据库的构建和维护以及专利的检索和分析为基础，在推进各类专利工作时，应注意各类专利工作间的联系和配合，通过充分的沟通协作高质高效地完成各项工作。

（七）构建专利事务管理评价指标

专利事务管理的科学先进的指标可以及时反映专利事务管理的工作效益和所存在的问题，帮助企业及时调整专利事务管理工作，甚至是企业的运营管理方针。

专利事务管理评价指标，应体现企业的动态运营能力，即重视企业专利的开发与创造，尤其应重视企业专利的管理与运营，以及把知识转化为经济价值与财富的能力，不应以专利的申请和授权数量作为企业专利管理的重点指标，而是把专利活跃程度、专利转化与运营能力等动态指标作为企业专利管理的重点。同时以可持续的眼光构建评价指标，如考虑指标选择的可持续性、数据获取的可持续性等。另外，可参考国际认可的指标进行构建，如参考"世界知识竞争力指数""全球竞争力报告"等。

（八）加强与企业、专业机构、政府机关的合作

电网企业之间可建立起信息沟通机制、信用调查机制和同业联合维权工作机制。对于那些侵害电网企业专利权等行为，成员企业有权采取联合行动，实施同业制裁。这有助于同业间的合理信息共享，培育诚信文化和共同打造金融市场健康、良好的秩序。

电网企业可与科研院所或专利服务机构建立合作关系。科研院所或专利服务机构可以通过自身的专业知识，根据企业的具体情况，为企业量身定做

符合其自身的专利事务管理规划，帮助企业优化专利事务管理，提高企业专利事务管理的效益。

可加强国家相关电网业主管部门与电网企业专利事务管理部门之间的信息沟通，设立专家咨询委员会，从宏观视角和专业角度提供咨询意见。

考虑到电网业大企业和中小企业资源分配不均的现状，可在政府机关、科研院所与企业间建立信息资源共享平台，侧重扶持中小企业的资源获得和运营发展。

第四节　专利移动应用系统

作为当前信息技术领域的热点之一，移动互联网正改变着人们的生活方式和工作方式，让"无处不在的网络、无所不能的业务"成为现实。中国工业和信息化部电信研究院在 2011 年的《移动互联网白皮书》中指出："移动互联网是以移动网络作为接入网络的互联网及服务，包括三个要素：移动终端、移动网络和应用服务。"移动互联网使得人们可以通过随身携带的移动终端（智能手机、PDA、平板电脑等）随时随地乃至在移动过程中获取互联网服务。随着宽带无线接入技术和移动终端技术的迅速发展，全球已经进入了移动互联网周期的早期阶段。[1]移动互联网的发展带来了知识产权信息获取与利用的便利以及企业办公系统的进化，越来越多的企业运用移动互联网获取相关信息，进行事务管理。在知识产权方面，企业在专利事务中的移动应用也成为一种趋势。

一、电网企业专利移动应用的重要性

随着智能手机和其他移动设备的普及，移动互联网快速发展，海量的移动应用（Mobile Application，APP，以下用"APP"表示具体的移动应用软件）成了移动互联网的主要入口。根据瑞士信贷集团估计，到 2016 年，全球将会有 100 亿部联网的移动设备，智能手机的网络流量将会是今天的 50 倍，而更多的移动设备也意味着更多的 APP。苹果企业于 2008 年 7 月首次推出移动应用商店 APP Store 获得了巨大成功。2012 年 10 月，应用数量已经

---

[1] 罗军舟、吴文甲、杨明："移动互联网：终端、网络与服务"，载《计算机学报》2011 年第 11 期。

超过 70 万，至 2013 年 5 月，官方应用商店 APP Store 的应用下载量突破 500 亿次。同时，全球 APP 规模也在急剧扩大，手机制造商、电信运营商和互联网服务提供商等纷纷推出自己的 APP 商店，APP 已经成为移动互联网发展的一种新模式。[①]越来越多的企业将 APP 作为一种新型的企业营销管理的方式和平台，通过推出自身企业的 APP 或提供专门服务等的 APP 为消费者提供产品或服务，企业也可通过 APP 进行品牌宣传、增强用户黏性等，具有成本低、效率高、影响范围广等优点。APP 可承载大量的各种不同的信息，让消费者可以随时随地获得这些资源，具有方便快捷、灵活性强的优点。作为企业在信息时代的一种新的运营管理模式，电网企业必须紧跟科技进步的步伐，把握住新时代的革新和发展机遇，充分挖掘和发挥经营管理信息化的价值。知识产权的信息也可整合到 APP 中，将其作为一种移动服务平台，从而便利信息需求者的信息收集。特别是在我国现阶段大力宣传和推进知识产权的背景下，知识产权方面的移动服务平台 APP 在方便信息需求者获取信息的同时，还能进行知识产权知识的推广和普及。对于特定行业和企业的专利 APP 而言，这些 APP 既能作为灵活便利的行业专利和技术信息提供的共享平台，也能对相关企业和技术进行推广和普及。在我国日益重视知识产权的中，有利于电网业和电网企业的专利和技术的推广以及信息化的发展。

　　除了上述的 APP 这一特定的软件外，"移动应用"也可具有抽象的含义，可指非固定在一定时空内的运营或操作，而是一种灵活的、活动范围不受限制的运营管理形式。在对移动互联网的利用程度越来越高的发展趋势下，各类企业也开始将移动应用的概念和方式纳入各自的经营管理中。事实上，移动应用在电网业的各个方面，如专利运营管理上，也有很广阔的应用潜力。移动智能终端具备携带可移动、支持 GPS 定位、射频识别等功能，能够很好地支持电网企业的精细化管理和标准化建设。电网企业通过移动技术及应用信息化，可将特定的业务领域应用如专利事务的管理延伸至移动终端，打破专利事务管理在时间和空间上的限制，使得电网企业对自身专利的运营管理无处不在。企业信息化控制的能力延伸至如专利数据库的建设等生产作业的所有环节，使得企业在任何时候都能对任何地方的人员进行管理，在任何时候都能对任何地点的资产设备实施管控，以提高生产操作效率，提升企业对

---

① 马友忠、孟小峰、姜大昕："移动应用集成：框架、技术与挑战"，载《计算机学报》2013 年第 7 期。

专利的掌控和管理能力。①电网企业移动应用的深化改革，包括在企业专利方面的运营管理革新，是其处于高技术密度行业中，在知识产权全面推进的大环境下，为实现自身运营管理高效化而必须进行的一个重要环节。

电网企业的专利事务管理包括专利技术开发、专利性评估、专利申请管理、专利权监视与维护、专利预警、专利纠纷处理、专利信息分析、专利价值评估、专利资产管理以及专利技术预测等方面。电网企业的移动应用改革主要涉及移动作业、移动营销、移动办公这三大领域，而对于专利而言，主要是在移动办公这方面。移动办公是指在任何时间、任何地点，依托任何网络、使用任何终端、传输任何数据，来完成与办公工作相关的事务。②移动办公为电网企业提供了一种新的工作模式，它使专利事务负责人员不必再局限于在固定办公场所处理工作事务，可随时随地关注行业和竞争对手的技术和产品动态，处理各种专利事务，具有使用简便、适用性广、功能性强等特性。特别是对中小企业而言，移动办公为其专利管理信息化建设提供了最佳选择。移动办公一般采用托管租用的运营模式，企业不用担心后台系统的接入、实施与运营情况，信息化系统的稳定、可靠、易操作等优点让企业实现便捷高效的管理。移动办公系统对电网企业的主要价值包括：（1）提升信息的传达效率。企业的通知公告、待办任务等可以第一时间传达至用户。（2）消除"流程孤岛"，使信息充分及时地流通，明显提升办公效率。通过移动办公系统的建设，各级管理者可以使用手机终端进行流程的审批，工作流程的流转不再被耽搁。（3）随时获得数据支持，帮助管理者及时做出决策。通过手机终端更及时方便实现数据展示、查询，企业的各级管理者可以及时掌控企业各环节的运作状况和经营情况，尤其是在紧急时刻，可以不受影响及时准确地做出决策和判断。（4）投入小，回报大。③对于企业的专利事务管理而言，企业的专利数据库的应用、专利的检索分析以及专利事务的管理等都可以通过移动办公系统进行。由此可见，移动办公系统的构建和完善对电网业和电网企业专利工作效率的提升以及知识产权企业品牌的建立具有重大的推动作用。

---

① 刘晓东："电网企业移动应用研究"，载《中国电业》（技术版）2012年第11期。
② 吴伟明、李福东、高斐、王子正："面向3G发展的移动办公模式"，载《办公自动化》2007年第4期。
③ 施绮、费斌："移动信息化在电网企业中的应用研究"，载《华东电力》2010年第5期。

二、专利移动应用的现状

在知识产权或具体到专利方面,国内已有一些知识产权或专利APP。在移动应用技术发展迅猛的今天,为紧跟当下流行的智能移动服务应用趋势,方便公众和知识产权从业人员获取知识产权信息,2013年4月26日,中国首个知识产权移动终端——中国知识产权微门户平台正式发布。同日,在国家知识产权局开放日活动上,中国专利信息中心自主研发的移动终端——专利检索应用正式投入应用。该专利移动检索应用有快捷检索和高级检索两种检索方式,可以检索中国专利及世界专利,还能实现专利名称、摘要等信息的在线翻译以及专利收藏夹管理等实用功能。如果用户在线注册,还可查看专利全文以及使用个性化的定制专利信息推送功能。专利移动检索的应用前景很大,如可以作为企业了解专利信息的渠道、专利审查员的移动办公工具、专利管理部门的移动执法终端以及社会公众专利知识普及和检索工具等。至此,社会公众可以随时随地通过手机对专利信息进行检索。同时,一些地区性知识产权移动服务平台也应运而生,如北京知识产权、浙江省知识产权服务平台等。此外,还有其他一些如智慧IP、合享智慧、专利通、专利知道等各种移动服务平台。社会公众和知识产权从业人员可以从这些移动平台中了解知识产权方面的政策法律、会议活动和专利信息等。

虽然国内现已有一些专利移动应用平台,但总体而言,我国的专利移动应用平台发展尚处于初级阶段,仍存在较大的改进空间。(1)专利移动应用平台总体数量较少,类型不多,主要集中在知识产权资讯发布、专利检索等方面,服务平台作用尚未明显发挥。(2)专利移动应用平台的功能较少。以专利检索移动应用为例,一般只有简单的专利检索功能,仅显示简单的专利申请信息,没有具体的技术说明,更没有对专利进行进一步的分析。(3)在专利移动应用平台包含专利数据库的情况下,专利移动应用平台不可避免地存在专利数据库所具有的缺陷,如数据库资源不完整,无法满足用户对国外专利数据的使用需求;数据库检索信息种类不齐全,仅包含国内外专利著录项目、文摘及国内专利全文信息,缺少诸如专利许可、专利质押、专利复审无效、专利转让、专利诉讼等信息,也缺乏对法律状态、专利信息的披露和揭示;专利信息数据源缺乏,多数专题专利数据库数据完整性和时效性亟待提高;数据库大多未进行数据加工和标引,有些数据库的专利信息甚至未翻译，专利信息的挖掘程度偏低，质量有待提高等。(4) 地方性专利移动应用平台和行业性专利移动应用平台有待进一步搭建和推广。总体而言，我国一般性的专利检索移动服务平台尚处于初级发展阶段，特定电网业的行业专利移动服务平台的发展现状可能更需降低期待。电网业的专利移动服务平台所具有的潜在的巨大效用价值有待挖掘和发挥。

就移动应用这一运营管理模式而言，目前中国企业级移动信息化解决方案市场逐步升温，行业客户对于移动设备和移动用户的管理需求日益凸显，企业移动管理解决方案成为移动信息化领域的一个新的增长点。[1]虽然传统的企业信息化和移动应用技术的结合创造出了企业移动信息化技术，使企业信息化不再受限于固定的办公场所、固定的办公时间以及固定的硬件设备，促进了许多独具特色的企业移动应用和增值服务模式的产生和发展，从根本上改变了现有企业的内外部管理、经营和商务运营模式。但同时，信息化也给企业带来了前所未有的难题和挑战。包括：(1) 企业后端系统的多样性。企业信息化建设经历的周期通常较长，因此后端系统所采用的技术架构千差万别。要将这些后端系统快速延伸到移动端，必须有一套完整的平台化机制作为支撑。(2) 移动终端的多元化。移动终端更新换代的周期相对个人计算机更短，并且作为一种私人的设备，企业必须面对终端用户根据个人喜好选择终端型号的问题，移动信息化需要先进的中间技术覆盖不同类型的移动终端。(3) 数据安全性。对于企业用户来说，数据安全性的需求高于工作便利性，因此，安全管理解决方案的全方位完备性成为企业信息化必不可少的要求。(4) 良好的用户体验。在移动互联网时代，获得用户以及保护用户忠诚度的关键在于良好的用户体验，企业移动应用同样需要符合终端固有的操作体验，并在企业范围内提供一致的用户体验。(5) 设备管理与系统维护。与传统信息化类似，移动信息化同样要求对接入的终端设备进行集中管理，并提供一系列的企业级系统维护功能。与此同时，移动终端设备的多元化无疑增加了设备管理与系统维护的难度。(6) 低成本高效率。移动应用的开发技术与传统企业信息化所采用的技术存在较大差异，进入门槛较高。因此，对企业以较低的总体成本实现业务应用的移动化，并且快速实现移动应用上线运行的期望而言，移动应用开发技术的提高与有效运用是必须面对

---

[1] "企业移动管理解决方案市场群雄纷争"，载《办公自动化》2014年第24期。

的前置挑战。（7）移动应用管理。面向个人消费者的移动应用有众多发布渠道，而企业则希望自身能够控制和管理在企业内可使用的移动应用，并为移动终端用户提供方便快捷的应用获取渠道。①总体来看，企业移动应用系统尚处于发展阶段，还有一段较长的提高和完善过程。

而在电网信息化不断发展的过程中，国内电网企业在移动应用方面提出了具体要求，各种原本通过现场人工记录数据并录入系统的工作，可以使用移动终端解决。利用移动终端开展电网业务现场作业，已经成为供电员工重要的工作方式之一，近年来，有部分网省企业开展了电网移动业务，主要包括现场抄核收、现场用电检查、现场业务办理、现场计量作业、移动 GIS 应用、移动知识库、移动智能巡检、移动抢修等业务。2011 年国家电网发布信息技术 186 号文件，发布了关于《国家电网企业移动作业平台功能需求规范（试行）》和《移动作业平台概要设计 V1.0》，定义了国网移动作业平台的业务模型标准、网络接入、数据传输、设备安全、GIS 服务等功能。在 2011 年完成移动作业平台需求分析、功能设计和开发测试，并在北京、上海、安徽、湖北、湖南、重庆和青海的 7 家单位开展试点实施和生产移动作业应用接入。②以华东电网企业的移动信息化为例，华东电网企业的"SG186 工程"于 2009 年 10 月正式竣工验收，标志着覆盖华东企业人财物和其他专业应用的八大应用系统、一体化平台和六大保障系统全面完成建设。其中归属于一体化平台建设中的企业门户系统是集成企业各大核心应用，完成统一身份认证和单点登录的个人桌面系统。它屏蔽了企业众多业务系统的登录入口，集成了重要应用系统的待办工作，嵌入了核心业务模块的作业界面，整合了各类信息资源的展示方式，同时它还是企业统一新闻发布的窗口，成为企业员工了解企业，进入管理作业的唯一入口，是使用频度最高的核心资源系统。③又如，2013 年 1 月 29 日，福建省电网有限企业电网营销移动作业平台在福州、莆田、厦门、龙岩等四个地市电业局成功上线。传统的电网营销信息系统必须在电网企业局域网内才能使用，电网外勤服务人员无法在办公室外完成各种信息管理工作，这在一定程度上制约了现场交流和服务质量的进一步提升，而该营销移动作业平台打破了只能在电网企业局域网内使用的

---

① 胡兵："企业移动应用的设计及实践"，载《信息技术与标准化》2014 年第 12 期。
② 刘晓东："电网企业移动应用研究"，载《中国电业》（技术版）2012 年第 11 期。
③ 施绮、费斌："移动信息化在电网企业中的应用研究"，载《华东电网》2010 年第 5 期。

瓶颈，其功能也更加强大，一经投入使用就受到了客户的好评。①可以看到，电网企业已在移动应用的要求上，对企业运营管理方式进行了一些改革，取得了一些成效。但也可以发现，这些改革主要集中在电网企业的传统主营业务上，如利用移动终端开展电网业务现场作业，较少涉及知识产权或具体的专利方面的移动应用的改进。诚然，专利移动应用的改进，并非如一些传统业务主要进行信息化和移动技术化的革新即可，而是涉及企业专利意识的强度、所具备的专利资源和原本的专利事务管理的完善程度，与企业的专利基础建设有关。因此，在电网业总体专利意识不强、专利数据库不完善、专利事务管理有待加强等的情况下，电网企业专利移动应用的推进，似乎还是任重而道远。

三、电网业专利移动应用与移动办公系统的构建和完善

电网业和电网企业专利移动应用的实现，不但要完善国家层面、地区性以及科研院所、专利服务机构等提供的专利移动应用平台，还要构建和完善电网业的专利移动应用平台以及电网企业的移动办公系统。

（一）构建和完善电网业专利移动应用平台

对电网业专利移动应用平台的认识，应将其定位于类似于电网业专题专利数据库和地区性专利信息服务平台的便携版，同时在一般性的专利移动应用平台中也应包含电网业的相关专利和技术信息。社会公众和电网企业可以在这些平台上便利地了解电网业和同业企业的前沿技术、技术趋势和新近专利等信息，同时这些平台也可根据用户需求提供国家最新政策法律、国内整体专利发展情形以及电网业的最新指导动态等信息。

电网业专利移动应用平台的建设，主要在于信息资源的收集、整理和完善，特别是在该平台包含专利数据库、具有专利检索分析功能的情况下更显重要和迫切。因此，专利移动应用平台的构建和完善离不开专利数据库以及专利检索分析功能的构建和完善。

首先，对于一般性的专利移动应用平台而言，国家知识产权主管部门应充分发挥其专利资源优势，担负起建设该专利移动应用平台的重任，或

---

① 国家电网公司："福建电力营销移动作业平台成功上线"，www.sgcc.com.cn/xwzx/gsyw/yxfc/01/287343.shtml，发布时间：2013年1月30日，最后浏览时间：2017年1月13日。

对该平台的建设给予实质的大力支持。例如，知识产权出版社依靠国家知识产权局的中国专利数据优势，收集整理了多个国家和地区的海量原始专利数据，包含中国专利文摘、全文代码化和全文扫描图形数据、世界专利文摘和全文数据。知识产权出版社可以将这些数据库资源应用于该专利移动应用平台的构建，为用户提供丰富的专利信息。同时，知识产权出版社可免费或低价将这些专利信息提供给建立专利移动应用平台的科研院所、专利服务机构等，支持这些专利移动应用平台的构建和完善。在一般性专利移动应用平台上，应具备包含电网业的相关专利和技术信息在内的各类专利和技术信息。

其次，对于特定的电网业专利移动应用平台，应构建专门针对电网业的专利移动应用平台以及地区性的电网业专利移动应用平台。特定的电网业专利移动应用平台可以加强该行业中相关专利信息的资源共享，是反映电网行业专利发展总体情况与全面提供电网行业专利信息的重要平台，尤其对中小企业而言，是便利的专利信息获取渠道，具有行业和竞争企业专利信息供给的巨大价值。地区性的电网业专利移动应用平台，特别是对电网业重点产业地区的电网企业而言，是该地区电网业发展动向与信息支持的重要途径。地方知识产权部门应当牵头建立起地区性的专利移动应用平台，利用地区知识产权公共信息综合服务平台等的建设经验，突出区域特色产业和重点产业，构建和完善地区性专利信息公共服务平台。

电网业的专利移动应用平台的构建和完善应尽快提上议程。该专利移动应用平台可作为电网企业便捷和高效获取行业专利信息、了解行业技术发展动态的前沿门户，对于中小企业而言，是以较低成本获取较大信息资源、提升工作效率的一个有效途径。

（二）构建和完善电网企业专利移动办公系统

移动办公系统的构建和完善是电网企业办公现代化和信息化的重要一环，电网企业专利移动办公系统的构建和完善是实现专利数据库的应用和维护、专利检索和分析、专利事务管理移动完成的基础，尤其是对中小企业，更是一种低成本高效益的理想选择。电网企业可根据自身的专利资源、专利事务管理情况以及发展规划，选择适合自己的专利移动办公系统，并根据企业发展程度和阶段的不同不断完善和维护自身的专利移动办公系统。

考虑到企业的移动办公系统技术尚未成熟，移动办公系统自身技术的发展和进步作为电网企业专利移动办公系统顺利应用的前提条件，应尽快完善企业移动办公系统的建设，为电网企业提供满意的专利移动办公系统。除了技术以外，企业的移动办公系统至少还要在应用拓展上解决一些难题，如一些电网企业对移动信息化不甚了解，需要网络运营商、移动应用服务提供商和软件开发商等移动信息化产业链成员共同加入到市场培育工作中。当前移动信息化更多地应用于信息传递，包括数据采集、信息通知和确认，与电网企业的具体业务结合不多，[1]其设计应更多地考虑电网企业的具体业务要求。

一般而言，企业移动办公系统的构建需求是通过现有办公应用的移动化拓展，满足文件的流转、签发，内外网邮件的收发，以方便管理工作人员随时随地进行办公审批，满足企业协同办公的需要。例如，通过移动终端实现内网综合信息的查询，包括通知、新闻、重大事件等的浏览，实现短信的收发及综合信息查询，建设移动手机短信系统，实现办公网与移动手机的短信收发功能，用于发布电网运行、营销服务、应急信息、会议通知等。[2]但各个部门、各种不同的工作任务可能因其独有的特点而具有特定的需求。移动办公系统的构建和完善涉及企业内部的整体系统，因此在构建和完善移动办公系统时，企业专利负责人员应根据专利事务管理的特殊性，及时提出符合自身工作需求的特定要求，其中需注意各类专利事务间以及与各部门不同事务间的联系和配合，促进各类工作的顺利进行和完成。

---

[1] 施绮、费斌："移动信息化在电网企业中的应用研究"，载《华东电网》2010 年第 5 期。
[2] 刘晓东："电网企业移动应用研究"，载《中国电业》（技术版）2012 年第 11 期。

第八章

专利规章制度

第一节　企业专利管理制度的基本建议

一、我国企业专利管理面临的形势与现状

我国企业专利管理的整体水平相对较低。与国外发达国家相比，我国专利制度建立较晚，企业专利管理工作起步迟，专利意识不强，不懂得运用专利制度保护发明创造。具体表现为：（1）企业缺乏专利战略眼光，存在重视科技成果报奖和论文发表，轻视专利申请的问题，不利于专利成果的生成和转化。本来可以将专利许可、转让费作为研发新技术的资金，最后反而被别人甩在后面。实际上，只有利用已有专利进行技术创新，才能使专利源源不断地为企业创造大量的利润。（2）企业专利管理意识缺乏。总体而言，我国企业对专利管理的重视度不够。企业专利管理组织机构和人员设置不健全，大多数企业并没有专门的专利管理机构或者安排专利管理人员，导致其专利管理缺乏组织、人力的支持。（3）企业专利管理的激励和考核机制不健全。有些企业在专利申请后也不对技术创新人员进行奖励，严重挫伤了他们的研发积极性。有效研究开发带有极大的随意性，既不在开发前进行专利信息的检索与经济效益评估，也不在开发后进行跟踪检索。（4）未建立完善的企业专利管理制度。企业专利管理制度涉及专利申请与获得、专利利用、专利保护等专项制度，而大多数企业根本没有这方面的制度规定，平常的操作仅仅依靠决策者发号施令。在知识经济的大背景下，加强专利管理工作已成为企业发展的关键。

电网企业一般都有自己的专利管理制度。如广州供电局根据南网一体化管理要求，执行南方电网的相应管理制度。

二、国外企业专利管理模式及经验总结

从总体上归纳，企业专利管理制度的范围包括组织机构的设立、确定专利权的归属、奖励机制、纠纷处理机制以及知识产权教育等方面。各国企业的专利管理制度各有侧重，值得我国企业借鉴。

（一）组织机构的设立

1. 美国

美国企业，特别是高新技术企业，为了对技术创新成果提供全方位的保护，特别重视制定系统完善的专利战略。专利战略中很重要的一项就是实施有效的专利管理。美国企业把人员聘用、对研究开发和专利的申请、专利转让以及许可合同的签订与实施、专利诉讼与调解等事务，都纳入专利管理的工作范围，并已形成完整的专利管理制度。

法务部作为专门处理法律相关事宜的部门在高新技术企业中一般为基础组织机构，而法务主管则由企业总裁或副总裁担任。法务部中还可以内设专利部门或者在知识产权管理总部下分别设置法务部和专利部，由专利人员负责统一管理企业的专利，处理专利的申请、注册、登记、授权保护及法律诉讼等业务，并负责对国内外专利信息进行全方位的分析检索，使企业具有方法创新、技术转移之能力，同时进行市场资讯的统计调研等工作，使企业能够评估技术成果的市场价值。以 IBM 为例，IBM 总部设有知识产权管理总部，知识产权管理总部下设法务部和专利部。法务部门负责相关法律的事务，专利部门负责专利事务。专利部下设 5 个技术领域，每一个领域由一名专利律师担任专利经理。[①]

法务部为了更好地掌握企业自身专利的信息，会与研发部门以及技术部门沟通交流合作，这也是美国企业专利管理的特点之一。而部门之间的合作交流主要体现在法务部的专利人员可以提供专利法律制度方面的指导，而技术人员则可以实时反馈最新的研发动向，从而实现信息的双向传播。这样，专利管理部门就可以充分发挥专利管理的积极作用，将管理工作贯穿到技术研发的全过程。

通常情况下，企业技术项目进行的初始阶段，专利管理部门会安排部分

[①] 熊英："国外企业知识产权管理借鉴"，载《企业改革与管理》2007 年第 9 期。

专利人员向技术人员传授相关专利法律知识，一方面使技术人员对目前进行的项目所涉及的相关法律制度有一定的了解，使其能够把握研发过程中专利保护的相关注意事项，如信息保密和汇总工作等；另一方面也使技术人员明白专利的授权条件，而且能够根据研发的技术不同对其采用不同的保护手段。同时技术人员也会将项目背景介绍给专利人员，分析该技术的可操作性和投入市场的前景。一项技术完成后由法务人员负责申请专利，同时进行相关技术的专利信息汇总，并且技术人员帮助进行相关专业分析；而在该技术获得专利权后，双方将共同处理决定专利转让或者许可事宜，包括转让费、许可费的标准问题以及相关合同的制订等。这样法务部与技术部相辅相成，共同进行专利的管理和维护。

2. 日本

日本企业专利保护和管理意识非常强，它们认为知识产权是企业的发展支柱。大多数企业，特别是一些驰名的大企业，在企业内部均建有专利管理部门，并直属于高层管理层，是企业决策层的重要组成部分。还有一些企业将专利事务的管理职能集中于一个综合的知识产权部门，知识产权经理直接向首席执行官汇报技术研发的相关情况，企业董事会定期将专利发展情况提上日程。例如三菱企业就设有知识产权总部，下设专利部、涉外知识产权部和策划部三个部门。其中，专利部与研究发展部门关系密切，负责协助研究人员取得和保护企业知识产权、防止侵害他人权利。[1]这种管理模式的优点在于专利部门较易掌握企业决策，能够为企业推行专利战略奠定良好基础。

日本企业在专利人员的配备上有一个突出的特点，就是其投入的人力资源非常多，经常会达到美国企业的 10 倍以上。1991 年对日本大企业的调查显示，东芝企业的专利员工高达 370 人，占员工总数的 0.23%；佳能次之，有 350 人，占员工总数的 0.56%；日立 330 人，占员工总数的 0.1%；富士通、索尼的专利人员都在 200 人以上，分别占员工总数的 0.13%和 0.18%。与其相比较，美国大部分企业专利员工占比多为百分之零点零几。由此可以看出，日本企业中专利管理的地位很高。[2]

日立企业作为日本三大著名电器企业之一，其在世界范围内也具有相当

---

[1] 于涛："国外企业知识产权管理模式分析"，载《电子知识产权》2003 年第 6 期。
[2] 徐怡："论企业专利管理"，中国政法大学 2011 年硕士学位论文。

大的影响力。该企业能够在世界电器市场占有一席之地的一个很大原因在于其十分重视专利管理工作,重视专利战略的制度。它的专利管理组织机构的特点如下:企业专门设立由总经理直接领导的专利部,并配备阵容强大的专职人员,下属工厂与研究所分别设有专门管理机构,由此构建起自上而下的专利管理网络。专利部的职责包括专利申请、处理专利纠纷,制定专利管理规章制度[①],与技术部门、业务部门共同管理相关专利事务,参与制定企业经营战略、技术开发战略、生产战略,分析从新产品开发到技术研究、产品营销阶段的相关专利情报。

3. 德国

德国企业的专利管理机构呈多元化发展,主要有以下三种模式。第一种模式以德国最大的化工企业之一拜耳企业为代表,其在法务部内设立知识产权管理机构,并由其进行专利申请、专利维护、处理专利纠纷和专利许可、转让的谈判和合同签订等工作。第二种模式以欧洲著名跨国企业——先正达企业为代表,其设立隶属于企业研发部门的知识产权部。研发部门共有73名工作人员,其中专利人员就有60人,分别在瑞士、美国、英国的企业处理专利事务。这些工作人员由知识产权部决定聘用和考核。第三种模式的典型代表是汉高企业。该企业的知识产权由法务部和研发部门统一管理。但具体到专利,则由研发部门负责。汉高企业的知识产权主要为商标和专利,企业的商标域名部由法务部管理,专利部则由研发部门管理。汉高企业在各地的专利部都直接向德国总部的专利部门定期报告工作。[②]

总之,国外企业专利管理制度虽然各有其独特之处,但是它们均设有专门的专利管理部门,并且与技术管理部门、经营管理部门共同构成企业的核心管理层。虽然对专利管理的具体组织架构不同,但国外企业专利管理部门的职责却基本一致。

(二)专利权的归属

在遵守国际公约、各国专利法的基础上,专利权归于企业统一所有已经成为专利管理的发展趋势。如IBM、三菱、日立、富士通等企业均采用签订

[①] 陈家宏:"专利制度企业内化理论与实证研究",西南交通大学2009年博士学位论文。
[②] 徐怡:"论企业专利管理",中国政法大学2011年硕士学位论文。

协议或制定社规的方式明确专利权的归属。

（1）签订协议。IBM 与员工签署"有关发明的同意书"，与各子企业签署综合技术契约，要求各员工只要从企业内取得机密信息，或从前员工完成的发明等技术成果中采撷信息，或因执行职务（业务）而产生成果，这些成果的专利权就要全部移交给企业所有；对在日本的 IBM 分企业的员工，还要求填写发明转让同意书作为进入 IBM 企业的条件。由于总企业为各子企业提供研究开发费用，子企业研究开发成果的专利权也必须移转给总企业。[①]

（2）社规规定。日本企业制定的社规规定专利权归企业所有，即便是离任后一年内的发明也应通告给企业，由企业决定产权的归属。如日立企业的社规规定，员工的职务发明和职务外发明，权利均归本企业所有，业务外发明也必须向企业报告，再由企业根据需要和利益决定成果归属。若员工在职期间完成职务发明，而在离职后一年内取得专利权，也应通知企业，由企业决定是否使用该专利。

三菱企业与富士通企业均要求员工将发明转让给企业。如三菱规定，员工做出的职务发明，其专利权一律归企业所有，职务外发明和业务外发明根据企业需要与员工协商后决定专利归属。富士通企业则要求，员工凡是从事与企业业务有关的发明或者研究项目时所产生的发明、实用新型等与研究有关的专利，均应将权利让渡给企业。[②]

（三）充分利用和保护专利情报

企业在进行发明创造研究项目的过程中，应时刻关注和收集与正在进行的研究密切相关的技术领域的专利信息，根据新情况不断调整研究方向和实施方案，并要注意总结前人的经验，缩短研发时间，避免重复研究。同时要充分保护本企业的专利信息，防止自身秘密信息被外界尤其是被竞争对手获取。

（四）建立激励发明人的机制

企业建立激励发明人的奖励机制旨在激发员工研究新产品、新技术的创

[①] 荣晓辉："国外企业的知识产权管理模式"，载《中国创业投资与高科技》2004 年第 12 期。
[②] 同上。

新热情并形成自主知识产权。各企业依据发明人的成果，可以制定诸如累积计分制、等级奖励制等表彰制度，以鼓励在企业技术创新中做出突出贡献的人员。

（1）累积计分制。这是IBM企业设立的奖励方法。其最大特点在于对申请专利的发明人给予计分，发明专利为3点，刊载在技术公报的发明计为1点。当点数累计为12点时，企业就给予3600美元的发明业绩奖；发明人若是第一次申请专利就被采用，还会专门给予第一次申请奖。

（2）多种表彰。日本企业一般均设有第一次申请奖、发明申请奖、申请补偿奖、特别功劳奖等奖项。各企业针对自身情况又制定出相应的规章制度重奖发明人。只要知识产权被使用，即使发明人离职或死亡，发明人也能得到奖励。如三菱企业、日立企业均实行奖励直到权项的终止。[①]

（五）知识产权的教育及培训

国外企业在培育企业文化时就注重将专利意识融入其中，重视专利知识普及教育工作，从而使员工自觉养成保护和运用企业自主知识产权的习惯。现代企业更是将重点放在挖掘和培养既掌握知识产权及相关法律知识又具有理工科背景的专利律师、专利工程师，以提高企业的综合竞争力。

日本企业的知识产权教育包括两个方面，一是对新员工或不同层级员工开设知识产权法律知识的课程。二是专门针对知识产权部门人员的培训。第一层次课程包括专利知识入门教育、专利说明书写作知识等，如日立企业、三菱企业；富士通企业则为明确专利的内涵并强调其重要性专门针对企业各部门的主管人员进行专利管理教育。知识产权部门在其中发挥着重要作用。第二层次课程包括技术合同的订立、案例分析、专利情报、专利写作及专利管理等，并为员工通过专利代理人资格考试提供便利条件或选派员工去国外专利事务所深造。[②]

（六）纠纷处理

一般来说，面临专利纠纷时，跨国企业会进行大量的前期调研工作，并通过报纸、网络等媒体引起对方的注意，之后可以发律师函或者和对方谈判，

[①] 荣晓辉："国外企业的知识产权管理模式"，载《中国创业投资与高科技》2004年第12期。
[②] 刘勇："我省国有大型企业专利战略研究"，湖南大学2008年硕士学位论文。

诉讼只是最后的手段而不是目的。例如，日本富士通企业为避免侵犯他人的专利权，在自己的专利产品投入市场之前就会事先对市场上现有的产品进行调查，了解是否会与他人专利权冲突，在技术项目开始之前专利人员也会与技术人员协作收集相关领域的专利信息。而美国确立有"亲知识产权"的立法原则及高额的侵权赔偿制度，使得大多数美国企业倾向于通过诉讼来维护自身权益。但由于诉讼通常耗时长、成本高，因此现在许多大企业更加愿意采取协商方式解决专利纠纷。如日本三菱企业在确定自身确有侵犯他人专利权的行为时，会努力争取以自己拥有的专利与对方协商实施交叉许可或互相转让，以减少或免除巨额赔偿金；而当其确认其他企业侵犯其专利权时，三菱企业则要求对方支付相当于专利许可费的赔偿额。[1]

总之，国外企业专利管理制度的共有特点可以概括为：第一，注重专利管理组织机构的设立，组建一支人数可观的专利管理队伍；第二，明确专利权的归属，促进企业的技术创新和科技发展；第三，建立并完善激励发明人的机制，激发员工的创新热情；第四，开展知识产权的教育及培训，做到理论与实际相结合；第五，积极应对专利纠纷，灵活处理侵权纠纷。

三、我国企业专利管理制度的选择制定

企业专利管理在企业经营管理中占据重要地位，新技术和新产品的开发、投入市场销售、产品或技术的进出口贸易等生产经营环节都与专利管理息息相关[2]。从国外企业发展较为成熟的专利管理制度来看，运用和保护自主专利对提高企业的经济效益和综合竞争力，使其在知识经济时代站稳脚跟至关重要。因此我国企业应该充分吸取国外企业的经验和教训，逐步建立起符合本国国情和企业特色的专利管理制度。笔者针对上述国外制度的先进之处提出如下几点建议。

（一）建立健全专利管理机构，培养专业管理人才

建立企业专利管理机构需要先明确其设立之目的和作用。对国内外企业进行分析后可以发现企业专利管理机构的主要工作包括：制定企业专利

---

[1] 王尔玺，高山行："我国企业知识产权管理的现状分析及建议"，载《科技与法律》2008年第73期。

[2] 冯晓青："企业专利管理若干问题研究"，载《湖南文理学院学报》（社会科学版）2007第3期。

战略和与专利工作相关的规章制度；在领导层做出专利管理的重大决策后对其决策加以贯彻执行；协调企业内外部专利事宜；积极应对专利纠纷，严厉打击与制止侵犯本企业专利的行为，实时收集、分析和整理与本企业开展的技术项目有关的专利情报，并总结出有关的专利技术实施方案。通过市场调研了解和分析与竞争对手制定的专利战略；通过对员工专利知识的教育和培训，培养企业员工的专利保护和运用意识。根据前文对国外企业专利机构设置方面的分析，其机构的设立简言之就是三种情况：直属于企业最高层、隶属于企业法务部、隶属于技术研发部门。我国企业可以根据企业自身的规模和专利的数量，建立一个以最高管理层为领导，以专利主管部门为决策贯彻者，以技术研发部门、产品生产部门和法律部门为支撑的有机体系。由于专利权涉及法律、经济、科技、管理等诸多领域，出色的专利管理人员往往需要具有复合型专业知识。目前我国很多企业没有专利管理的专门人才，有关专利管理的事务通常由企业的其他部门人员或者企业外聘人员处理。因此，我国企业要注重专利管理机构的建立和培养引进专业管理人才，为企业的专利管理提供组织保障，保证专利工作的顺利开展。

（二）实施专利培训和教育，增强企业专利管理意识

社会意识对社会存在具有能动的反作用。一家企业只有将专利管理意识融入企业文化中，领导层在其每次重大决策中充分考虑本企业的专利战略，普通员工特别是技术人员注意将自身研发的科技成果转化成专利加以运用，才能在全企业范围内营造出一种"重科技创新，育专利精神"的氛围。根据前文论述我们已经了解到国外企业尤其是日本企业制定的知识产权教育培训和专利意识培养制度，但我国企业还没有将专利人才的培养提上日程，觉得没必要花费财力和时间对非技术人员开展专利教育培训。实际上企业定期向员工宣传普及专利知识，使员工掌握知识产权等相关的管理、法律知识有多方面的益处。企业要进行系统的专利管理，除了企业专利管理部门人员以外，技术研发和产品生产销售等其他部门的人员也在培训的范围之内，实现各个部门的相关人员都能正确认识专利、理解专利，培养其专利意识。对于技术人员来说，可以促进其发明创造的积极性，及时将技术成果申请专利加以保护，并使其充分了解与本企业研发项目有关的专利信息，有效地避免在

企业产品中出现侵犯他人专利的情况。对于销售人员来说，认识、理解专利之后可以帮助他们鉴别其他企业的产品是否侵犯本企业的专利。因此，加强专利教育与培训是企业专利管理的必经之路。

（三）建立企业发明创造奖励机制

有史为鉴："曹操以治军为长，赏罚分明，以此得军心，遂成王霸之业；袁绍色厉内荏，好谋无断，干大事而惜身，见小利而亡命，终身败名裂、吐血而亡。"[1]由此可见，企业要让全体员工上下一心，全心全意为企业效劳，使员工形成对企业的归属感，就必须做到赏罚分明。建立专利激励机制有利于激发企业员工开发自主知识产权的热情，培养员工专利意识，提高技术成果的专利转化率，实现企业经济效益的最大化。

上文提到，很多国外企业都建立了激励发明人的奖励制度并严格加以贯彻执行。我国企业也应根据自身实际情况从国外企业的先进管理制度中吸取经验。

我国企业应根据《专利法》《专利法实施细则》和相关法律法规政策的规定，建立企业内部合理的发明创造奖励机制。需要注意的是物质奖励与精神奖励并重，同时结合企业自身经营发展情况制定出包含有奖励条件以及奖励办法的激励制度，而且要确保规章制度能够具体加以贯彻实施。要通过对技术人员作出的专利及产生的经济效益进行评估，确定其应获得的奖励和表彰。根据《企业专利工作管理办法》中"利益分配与奖励"一章中的规定，可分别采取以下具体的实施方式：（1）企业开展专利利益分配与奖励，对专利及其实施效益评价时，可以组织专门委员会依国家规定的评价要求评价；（2）职务专利发明人、设计人对企业关于其职务专利及实施效益的评价与利益分配、奖励持严重异议的，可以向企业所在地的专利管理机关申诉和请求处理；（3）企业技术人员所做职务专利产生突出效益的，可作为有突出贡献的专业人员，在评定技术职务时破格晋升；（4）在依托产学研合作的企业的技术创新活动中，对高等院校、科研院所的专利完成人及专利实施的主要完成人，企业应支付与其实际贡献相当的报酬，支付方式可以用股权收益分配等符合国家政策的形式；（5）将专利发明与设计成绩作为考核技术人员工作的重

---

[1] 顾兴伟："企业专利管理体系研究"，西南政法大学 2008 年硕士学位论文。

要依据，在确认技术人员职务和给予相关奖励时，将其申请专利和获专利权的情况作为考核的主要依据之一；(6)企业开展技术创新项目的鉴定验收与奖励时，应将项目申请专利及获专利权的情况作为重要的考评依据。[②]上述企业专利管理的绩效以及相应的企业专利工作成绩可以通过一定的专利状况指标加以衡量。根据《企业专利工作管理办法》第二十四条的规定，这些指标包括：(1)企业专利权、专利申请权拥有量指标，包括自主开发和引进的专利权、专利申请权；(2)专利开发率指标，包括年度专利权、专利申请权数与同期研究开发投资额比，年度专利权、专利申请权数与企业技术人员数比等；(3)专利收益指标，包括自主开发利用和引进专利的收益；(4)企业专利管理状况，包括专利管理综合水平、专利产权管理状况、专利信息利用状况、制定与实施专利战略状况、专利收益分配与奖励状况等。企业可将企业专利状况指标及专利管理要求纳入企业有关负责人的任期考核目标。[①]

总之，企业要可持续发展，就必须提高科技创新能力，建立以人为本的科学管理制度，这样才能在激烈的市场竞争中站稳脚跟。

(四)企业专利产权管理

1. 专利申请管理

专利申请管理是对于符合专利申请条件并且适合作为专利保护的技术创新及时申请专利并获得专利权。

(1)专利申请管理的一般要求。企业应当制定出一整套专利申报与审查的规章制度，对发明创造进行分析评估。如果适宜申请专利且符合专利申请条件，应及时向国家专利主管部门提出申请，待申请专利后再进行诸如发表科技论文、在国内外展览会上展示专利产品等可能使发明创造丧失新颖性的活动。而对于不适宜申请专利的技术成果则应作为企业商业秘密加以保护。

(2)企业职务与非职务专利申请的管理。首先要明确职务发明创造在申请专利后专利权归属本企业，最好是和申请专利前从事研发的有关人员签订对该发明创造的有关技术信息保密的协议。员工出于离职、退休等原因离开

---

① 冯晓青："企业专利管理若干问题研究"，载《湖南文理学院学报》(社会科学版)2007年第3期。

企业后应将其之前所掌握的技术机密资料交给企业,并承担保密义务。未经企业允许,不能将相关专利信息透露给其他企业,也不得发表可能会泄露专利信息的论文等。对于企业职工的非职务专利,企业应当鼓励支持其申请专利,或者可以与该员工协商将专利申请权转让给企业或与该员工签订专利许可、转让合同,但不得侵犯其享有的专利申请权和专利权。

（3）企业向国外申请专利的管理。在经济全球化的浪潮下,企业面临的不仅仅是国内同行的竞争,而且还面临着来自国外企业对国内市场的冲击,尤其是国外的高新技术企业。国外的高新技术企业非常重视全球专利战略的部署,其所实施的"产品未动、专利先行"的战略,即首先通过在核心技术领域申请专利,然后进行专利宣传,不但占领了技术制高点,还进行广告宣传,一举两得。因此我国企业也应树立长远的专利战略眼光,企业如果有专利需要向国外申请的话也应事先从技术、法律、市场前景、实施效益等角度对申请成功的可能性进行一个评估,确保可行后及时向国外提出专利申请,接下来再制定相关项目的专利战略、战略的分析报告和实施方案。

2. 企业专利年费管理

专利年费管理是为了防止因耽误缴纳年费而使专利权失效。企业可以建立专利年费智能提醒系统,将企业拥有的专利按申请日期进行排列,并设置其应缴纳年费的时间,这样就可以为专利管理部门提供便利,使其有更多的时间专注在其他更为重要的专利事务上。如果有专利已经没有利用的价值企业决定在其有效期限届满前就放弃的话,应对该专利进行论证分析,并且将分析报告和该专利的相关信息记载在相应的专利信息档案内。

3. 企业专利权益的维护

顺利开展专利管理工作的同时还须时刻保护自身的专利权益。可以通过市场调查和技术分析等措施来确定他人是否存在侵犯本企业的专利的行为,维护自身合法权益。因为如果不能及时发现和制止他人的侵犯自身专利权的行为的话,对于企业来说无疑是会受到经济利益损失的。如果经论证他人确实侵犯自身专利权时,可以请求专利主管部门处理,或者向人民法院起诉。当然我们也应借鉴国外企业争取诉讼外协商的处理办法,使纠纷得到及时解决。企业职工在发现他人有侵犯本企业专利权的行为时应及时向本企业专利管理部门报告，并帮助企业做好调查取证工作。企业专利权益涉及海关保护的，要按照《知识产权海关保护条例》的要求，及时向海关总署申请办理专利权海关保护备案。①

（五）建立高效率的专利信息检索和利用机制，避免专利侵权

专利信息的检索既能保证企业从他人的研究成果中得到创新灵感，又能避免侵犯他人的专利权。因此，企业有必要建立专利信息系统。企业的专利管理人员和技术研发人员在研究项目正式开始之前都应先进行相关领域专利信息的收集与分析，并将与本企业有关的专利信息提供给企业决策层。在制订具体的研发方案前，要利用专利信息来了解企业的技术优势和不足，并提供项目所涉及技术领域的新的专利检索报告。对项目从开始到完成的全过程进行跟踪检索，做出该技术的市场前景、可带来的经济效益以及需运用到的相关法律方面的评估分析报告，从而方便最高管理层做出是否申请专利的决策。而且还要制订详细的技术开发方案，这样不仅能够预防侵犯他人的专利权，而且还能避免浪费资源进行重复研究。有条件的大中型企业可以建立企业专利信息数据库，包括专利文献库和专利情报数据库，以提高专利信息利用效率，也可以充分利用免费的专利。而缺乏条件的小企业则可以通过相关的专利信息网络以及社会专利信息中介机构来检索相关专利信息，同时可以聘请专利律师来评估新产品是否侵权。如果专利律师无法对是否侵权作出准确的判断，则企业可以考虑改变产品设计中最可能发生侵权的技术条件，从而降低侵权风险。此外，必要的专利文献检索对企业开展对外贸易也尤为重要。其目的是了解涉及进出口贸易的相关专利法律法规和已在国外申请专利并获得专利权的发明创造，防止引进国外已过期或价值不大的专利，同时避免产品出口存在侵权的可能性。一般而言，企业开展对外贸易时，有下列情形之一的，应进行项目专利检索：（1）技术、成套设备和关键设备的进出口；（2）未在国内销售过的原材料和产品的进口；（3）未在其他国家和地区销售过的原材料和产品的出口。②

---

① 冯晓青："企业专利管理若干问题研究"，载《湖南文理学院学报》2007年第2期，第19页。
② 冯晓青："企业专利管理略论"，载《现代管理科学》2007年第4期。

第二节 企业专利制度的基本框架

专利制度作为一种科学而有效的创新机制,确定了发明创造等智力成果是受法律保护的财产,其权利人享有所有权。它不仅肯定了智力劳动者的社会地位和依法享有的权益,而且极大地调动了其从事发明创新和申请专利的积极性。企业要在知识经济时代谋求发展,培养专业素养高、创新能力强的员工并建立企业自身的专利制度非常重要。

企业专利制度大致可分为专利创造制度、专利运营制度和专利保护制度三大部分。专利创造制度是基础和源头,负责处理资源投入、资源转换到专利产出的全过程,是培育企业核心竞争力的重要环节。企业只有具备专利开发能力,拥有核心技术和自主知识产权,才能将技术优势、人才优势转变为知识产权优势。同时,企业的国际竞争力也与专利开发能力密切相关。只有具有较强的专利开发能力才能生产出符合国际标准的高质量产品,在国际竞争中立于不败之地。专利运营制度是重心和关键,因为仅仅将专利技术开发出来还远远不够,更重要的是如何运用自身专利为企业谋求经济效益。专利运营能力的提高能够更快地推动企业的整体发展,并对企业未来的发展方向起导向作用。专利保护制度是保障,其实质在于通过企业内外部信息的交流和共享,防止和制止侵权行为的发生,既保护企业自身的专利权不受侵犯,又能将自身专利技术向公众传播,从而平衡企业利益和社会公共利益。

一、专利创造制度

(一) 专利研发阶段

专利研发是通过企业内部的创新机制,开发出能够获得专利权的发明创造,提高企业自主创新能力,从而在市场竞争中取得领先地位,实现科技成果转化和创造知识资本。其实质是专利确权的过程,涉及诸如专利权归属等法律问题。企业在确立技术开发形式时,应结合本企业的科研能力、经营状况、专利战略等实际情况确立与自身基本情况相符合的专利研发途径。

一般情况下，企业专利研发通常采取以下几种形式。

1. 自主研发

是指企业依赖于自身技术水平和科研能力开发新技术，并将研究成果具体应用于某项设计，以生产出与现有技术相比有实质性进步的产品，为企业带来丰厚的利润。这是在企业内部进行的一种研发方式，有利于节约成本，降低技术秘密泄露的可能性，但需要企业具有丰富的资源储备和雄厚的科研实力。

对于自主研发的技术成果专利权归属问题，应从技术人员的劳动合同入手。首先，在签订合同时应明确执行本单位的任务或者主要是利用本单位的物质技术条件所完成的发明创造，其专利权归单位所有。同时，在申请专利前相关技术人员应对该发明创造保密，即使是离职退休后也应对其在职期间掌握的技术机密和商业秘密进行保密。其次，对于非职务发明创造企业应该鼓励支持，并可将该项技术的使用权和实施权作为股权参与到员工的利益分配中，争取同员工签署专利许可、转让合同。

2. 合作开发

是指企业间或企业同科研机构、高等院校，为了分担高额投入和外来风险、缩短发明创造的研发周期、节约研发成本而组织的联合创新行为。它以合作创新为目的，以期实现合作伙伴之间共同利益的最大化，同时共享双方或多方的资源，达到优势互补共同进步，通过合同或规则的约束，自愿形成共享成果、共担风险的合作开发关系。在技术难度大、投入资金多、项目涉及多学科、多专业领域的情形时适宜采取这种开发形式。合作开发的优点在于可以提高研发效率和成功率、获得资金优势和规模优势、促进技术交流。缺点则在于不同合作者之间的理念和目标差异，可能产生交流困难和信用问题。

合作开发的形式一般分为以下几种。

（1）与国外企业的合作。我国自入世以后，国内企业面临的市场竞争愈发激烈，国外企业凭借其高新技术在国内市场中占据优势地位，这既激励国内企业提高自主创新能力、改善产业结构，又给国内企业带来巨大的冲击。国内企业要想赶上世界先进水平就必须开展国际合作以引进国外先进技术和其他有用资源。但国外企业不可能轻易将先进技术转让给我们，因此我们必须提高自主科研能力，学习日本企业在引进国外先进技术后对其进行更符合本国国情的改良创新，从而获得交叉许可的机会。在签订技术合作开发合同时有以下几点需要注意：① 需明确双方的投入资金比例和收益比例，确定违约责任；② 写明发明创造的专利申请权和专利权的归属，专利维持费用如何承担，以及未获得专利权的一方有权在何种范围内使用专利；③ 因为双方语言、文化等的差异，为避免履行合同过程中因对合同的不同理解而产生纠纷，最好是确定一个对合同版本有最终解释权的第三方机构。

（2）与科研单位、高等院校的合作。一般情况下，企业作为技术需求方，科研单位和高等院校作为技术供给方，双方相互配合，优势互补，可以实现强强联合，促进技术创新。当前我国企业的科研水平普遍不如高校和科研院所，但是高校和科研院所又缺乏必要的实践手段，因此展开产学研合作可以将技术、资金、人才、市场等生产要素有效组合在一起，推进自主知识产权的产业化，获得经济效益，共享研发成果。在签订技术合作开发合同时应明确双方的权利、义务和责任，明确专利申请权和专利权的归属，企业可以考虑技术成果一次性买断，最终拥有专利所有权。

（3）与国内企业的合作。虽然国外企业拥有先进的技术，但是与国内企业的技术合作由于处于相同的文化背景下，沟通更容易，信任程度也更高。实现国内企业的联合创新有利于我国建立行业和产业标准，减少对国外技术的依赖程度，提高我国企业的综合科研能力和国际竞争力，使我国出现更多的高新技术企业，开创更多的国际知名品牌。

3. 委托开发

委托开发是指企业同其他企业、高等院校、科研机构签订委托协议，企业不参与开发，只负责投入资金，而被委托单位或个人负责科研，直至技术成果产出。[①]采取这种开发形式可以在委托协议的相关条款中明确规定专利申请权和专利权均归企业所有。若无此规定，专利权属于受托方时，则企业可考虑与其签订独占实施合同，以避免出现与自己有竞争关系的企业争夺市场。

---

① 潘林伟：“知识产权保护的法律经济学分析”，载《云南行政学院学报》2004年第3期，第56～59页。

（二）专利申请阶段

符合新颖性、创造性和实用性的发明创造要想获得专利权，企业必须履行法定的专利申请程序，向国家专利局提供专利申请文件，通过审批程序后再确定是否授权。在知识经济时代，专利的数量和质量已成为企业实力的重要参照标准之一。企业想凭借自主研发的发明创造在市场上占据技术的制高点并使发明创造获得法律的保护，最有效的办法就是申请专利，取得专利权。但是申请专利到最终取得专利权的这个过程需要投入大笔资金、耗费大量的时间和精力，而且还要承担未被授予专利权导致自身研发的技术被公开的风险，因此企业在申请专利时应考虑以下几个问题。

1. 专利申请的必要性

保护发明创造包括专利权保护和技术秘密保护两种形式，这两种形式各有利弊。专利保护是专利法对发明创造提供的法定保护，他人未经专利权人许可不得从事法律限制的诸如制造、销售、许诺销售、使用、进口等专利实施行为，否则就构成侵权。但是专利法从平衡个人私利和社会公共利益的角度出发，以专利申请人公开发明创造内容为获得专利权的前提，并且对专利的保护还有一定的期限。这就为他人在自己专利技术上进行创新，研发出新的技术以及在专利保护期限届满后，全人类都有权无偿实施该专利技术创造了条件。而技术秘密可以使发明创造在较长时间内不为人知，如美国"可口可乐"饮料的配方，使企业可以凭借自身技术优势独占市场，但需要企业采取严格的保密措施，既要防止他人不法公开其技术秘密，还要防止他人通过正当方式（例如反向工程）获取其技术秘密。因此，可以依据该项发明创造是否容易为他人破解来决定是否申请专利。如果技术很容易就被他人破解、不易保密，则申请专利是最佳选择；如果技术难度大、极难破解则宜采取技术秘密的形式加以保护。有的发明创造全部保密较难，而部分保密较为容易，则可以将发明创造分解，不易保密部分申请专利，易保密部分作为技术秘密保护。

2. 能否带来经济效益

前面已经说过，申请专利是一项资金投入多、时间和精力耗费多的工作，如果一项技术获得专利权后不能为企业带来可观的经济效益，那么申请专利就没多大意义。因此企业在申请专利前应做好市场调研，分析技术实施的市场前景和潜在用户等影响经济效益的问题。如果经过调研后确定该项发明创造能够带来经济效益则应申请专利，反之，则不宜申请专利。

3. 评估专利申请的可行性

发明创造必须符合法定条件才能通过专利部门的批准，最终被授予专利权。因此申请人在提出专利申请前，应对获得专利权的可行性进行分析和评估。首先应判断该项发明创造是否属于专利法禁止授予专利权的类型。如果属于就不要提出申请；即使申请后授予了专利权，也随时有可能被撤销或宣告无效。其次，应判断该项发明创造是否符合专利法规定的授权条件，即新颖性、创造性和实用性。企业应进行大量的专利文献检索工作，确保在相关技术领域内没有与该项发明创造相同的现有技术。同时，在检索过程中发现的对比技术与本发明创造的不同点可以记载在专利申请文件中，使本发明创造的技术特征新颖性和创造性更加突出，并在权利要求书中确定合理的权利请求范围。

总之，专利创造制度包括专利研发和专利申请两个方面，两者相辅相成，是企业创建专利制度的基础阶段。企业获得专利权后，下一步应构建专利运营制度，实现专利技术的商业化和社会化价值。

二、专利运营管理方法

专利运营是一项资金投入多、回报周期长、风险性高的循环往复的全过程管理活动。专利作为知识资本，必须通过商业化、市场化的运作，转化为产业化的商品和服务，才能为企业和消费者带来效用和效益。专利运营，就是指专利的所有者为使专利技术得到充分有效的利用，发挥其最大经济价值和社会价值，推进和实现专利的市场转化，实现专利使用的经济效益与社会效益所实施的各项工作的总称。[①]

（一）专利运营方式

根据专利实施主体的不同，专利运营方式可以分为企业自己实施专利和企业许可他人实施自己的专利两类。

1. 企业自己实施专利

（1）利用专利占领市场。专利可以使专利权人凭借技术优势独占市场。企业拥有的专利数量越多、质量越高，就越能始终保持自身的市场竞争力。

---

① 康鑫："中国高技术企业知识产权管理系统研究"，哈尔滨工程大学2012年博士学位论文。

因此，企业应积极从事发明创造的研究开发，提高研发实力，生产出新的产品或不断改进自身产品，使其更符合消费者需求。对于在国外有市场前景的产品，企业还应适时在国外申请专利，以达到占领该国市场的目的。我国企业一般先在国内申请专利，待专利实施一段时间后，经过市场调研，分析其占领国外市场的可行性后，再到其他国家或地区申请专利。如果不向其他国家申请专利而直接出口产品很有可能使进口国抢先申请专利，国内企业反被控侵权，在专利诉讼中被判决给予对方赔偿金，导致国内企业蒙受巨大的损失。企业应该吸取其教训，防止再次出现类似情况。

（2）专利与商标相结合。企业通过专利和商标这两种不同的知识产权的相互结合使用，将二者的作用和优势互补，提高产品的市场竞争力的战略。[①]专利保护的是发明创造及利用其制造的专利产品，而商标标识了产品的来源，代表了产品的品质，是企业"商誉"的重要标志。将专利与商标相结合有两种做法。一是在专利产品上注册特定的商标。专利产品代表着企业的科研能力和创新能力，将其与企业商标相结合能在公众心中树立企业技术创新能力强的形象，而且商标权具有无限期的特征，因此能持续发挥增强企业信誉度的作用。二是企业在许可他人制造生产其专利产品时可以要求对方在产品上仍使用其商标，一来使消费者不易产生混淆，二来也使商标与专利产品的关联度更加紧密，提高企业的知名度和影响力。

（3）专利技术标准化。其含义是指企业将其所掌握的以基本专利为核心的一系列专利转化为技术标准，以获取产品和技术的绝对垄断的战略[②]。基本专利技术是一种带有开创性、先导性，涉及技术的基本原理性的架构体系和设计构思。它通常是某种产品的核心技术或主导技术，具有广泛应用的可能性和获取巨大经济利益的前景。比如美国的高通企业，由于它拥有了第二代 CDMA 的基本专利，所以它在该技术领域垄断了整个国际市场。[③]实力雄厚的企业应重视核心技术和基本产品的开发，将这些技术申请专利，使其成为相关产品的技术规范，进而形成行业标准。如此一来，全行业要想生产某种商品就必须运用该专利技术，企业从而可以最大限度地排除竞争对手，达到对市场的绝对垄断。在对核心技术申请专利的同时，企业还须进一步完善

[①] 黄庆："实施专利战略，提高我国综合国力"，载《知识产权》2003 年第 2 期。
[②] 李健："专利之争+标准之争"，载《南方周末》2001 年 11 月 1 日。
[③] 何春晖："浅谈企业的专利战略"，载《电子知识产权》2002 第 1 期，第 20 页。

与其原理相同的改进技术和配套技术，并同时也提出专利申请，从而形成以基本专业为依托、其他技术围绕发展的专利网。

2. 企业许可他人实施自己专利

（1）专利许可实施。专利实施权许可合同，是专利权人或专利权人授予的人作为一方（许可人）许可另一方（被许可人）在约定的范围内实施专利技术所订立的合同。[①]专利权人可以限制被许可人的事实行为。按照被许可人取得的实施权的程度不同，可将专利实施许可分为以下几类。

其一，独占实施许可。是指被许可人有权在合同约定的期限和地域范围内排斥包括专利权人在内的所有人实施专利。在发生专利侵权纠纷时，被许可人有权以自己的名义向法院起诉。同时专利权人也不能再许可他人在同一时间同一地域实施其专利技术。但是这种许可也是受限制的，被许可方获得的独占实施权只在合同规定的时间和地域内存在，而且专利所有权仍然属于许可方。

其二，排他实施许可。是指被许可人有权在指定的时间和区域内排斥除专利权人以外的所有人使用专利技术。其与独占实施许可不同就在于为许可人保留了实施权。

其三，普通实施许可。是指许可方授予被许可方在一定地域内、一定时期内实施其专利，同时许可方还有权在同一时间和地域内许可他人实施其专利。

在上述三类许可的基础上衍生出交叉许可和分许可。

其四，交叉许可。是指企业之间通过相互许可而使用对方的同类或不同类专利。[②]由于一项成熟的技术产品需要运用多个专利才能制造出来，以手机为例，企业即使拥有手机的核心技术，也无法将该技术直接转化为产品投入市场，还需要许多配套技术，如文字输入法技术、显示屏生产技术、天线内置技术，等等。此时，企业想要生产出一个功能完备的专利产品必然会涉及其他的专利技术。为了防止互相侵权，这时可以采取交叉许可的运营模式，共同生产专利产品，促进共同发展。另外还存在交叉许可战略情形，一般是两个实力雄厚的高新技术企业根据双方专利利用情况进行许可合作，协定对互不关联的专利自由使用形成专利技术联盟，对外共同抵制其他竞争对手进入，以达到企业对专利实施最大程度的垄断。这说明，专利已经成为企业维

[①] 刘春田：《知识产权法》，北京：中国人民大学出版社2000年版，第215页。

[②] 王晋刚，张铁军：《专利化生存》，北京：知识产权出版社2005年版，第35页。

持自身市场垄断地位、排斥竞争的重要商业工具。比如，自 1997 年日本丰田汽车企业联合日产等四家企业，就现有涉及相互专利侵权问题进行了大规模清理，通过协商进行妥善解决，形成了日本汽车行业的技术联盟，以共同应对与国外汽车厂商可能发生的专利侵权纠纷。[①]我国企业也应学习日本丰田企业的专利战略，与国内企业既存在竞争又保持合作，以防止国外企业专利技术垄断国内市场，努力提高民族企业的市场份额和长远利益。

其五，分许可。是指原专利许可合同的被许可人经许可方同意后将一样的许可内容再授予第三方实施的许可。[②]这里要注意的是原被许可人享有的是独占实施权，而且必须经过原许可合同的许可人同意才能以自己的名义许可第三人实施该专利。

（2）专利有偿转让。是指企业将其专利所有权转让给其他企业或个人，专利拥有数量较多的大企业往往会实施这一战略。在市场经济条件下，专利实质上是具有价值和使用价值的商品，可以给企业带来巨大的经济利益。但需要注意的是，企业必须牢牢掌握作为核心技术的基本专利，而不能轻易将其所有权转让，只有在企业自己难以利用基本专利开拓市场时才可以采用此方式。同时须与被转让方订立书面转让合同，并向国务院专利行政部门登记。如今国际贸易的主流已从简单的商品贸易转化为技术贸易，许多企业都热衷于从事专利技术贸易以获得高额利润。从我国企业对专利事务的重视和拥有的专利数量越来越多的趋势来看，专利技术贸易会逐渐成为国内企业的一项重要收入来源。

（二）电网企业专利运营管理办法

电网企业的专利运营工作，是一项从技术开发人员、专利工作人员以至于到公司的管理层、决策层等，都需要参与其中的重要工作，人员涉及面广。此外，由于专利的运营涉及企业的资产的运用，从而也会牵涉到企业财务等部门。因此，要实现专利的运营工作，除了需要有一套相应的运营模式以外，非常重要的一点是，还须管理、人员、制度、流程、组织架构等各方面的保障。为此，一套完整的电网企业专利运营管理策略和激励机制，具体来说，包括但不限于以下内容。

[①] 李英杰："专利、专利制度与企业专利管理研究"，西南政法大学 2011 年硕士学位论文。
[②] 李厚泽："我国企业的专利管理研究"，西南大学 2008 年硕士学位论文。

电网企业专利管理的策划与实施

1. 电网企业专利运营管理策略分析

首先需要分析电网企业专利运营的管理策略。因为不同的运营模式、不同的运营目的，涉及的专利运营的管理方式、人员、制度等，也会相应地有些区别。对此，我们需要充分根据对电网企业的专利运营状况的调研和分析工作，以及对企业的专利运营模式的研究和国内对于专利运营政策的解读，制定出电网企业的专利运营方案的管理策略。方案与策略的确定，需要根据实际情况，即运营的目的、运营的已有成果、运营的推行等进行制定，然后确定出需要的运营保障制度、运营流程、运营管理方案、运营团队、运营组织架构，等等。

2. 电网企业专利运营的目的

虽然专利运营的形式多样，目的各异，但对于某个具体的电网企业的实际情况而言，许多的运营目的其实并不适合企业需求，比如小微企业经常做的质押融资、高校方面的转化等工作，实际上并不适合电网企业的情况。目前中国的电网只有南方电网与国家电网两家，在国外尚无投入。一些电网企业的专利量较大，但大多专利处于闲置状况。因此，一般而言，电网企业的专利运营目的大体可以确定出以下几个方向：一是专利转让/专利许可，二是产品国外市场准入，三是标准制定。

专利转让/许可为专利运营最为直接的方式，通过专利的转让和/或许可，可以直接实现专利经济价值的转变。近5年来，中国专利运营活动日益频繁，运营次数接近12万次。在2013年中国专利运营活动中，专利转让以78%的比例高居运营之首，其次是专利许可和专利权质押，分别占17%和5%。[1]这说明，在专利的运营中，专利的转让和许可也是市场中最为普遍的运营方式；相对于专利所有权未曾变化、仅拥有使用权的许可而言，对所有权和使用权完整拥有的转让似乎更被企业认可。获得专利权后，受让人既可以提高自身技术、降低研发成本，也可以从对他人许可中获利，进而实现市场垄断，甚至可以作为形成专利联盟或者标准的筹码。从技术领域看，2013年电力电子、机械工程和工艺工程是中国最受运营关注的技术领域。这些都是目前工业发展中的重要技术领域，技术发展快，专利运营程度也明显活跃于其他领域。这说明电力行业是具有很大的专利许可/转让的运营市场。[2]

---

[1] 吴艳："非盈利性专利转让和许可成为专利运营主流"，载《中国知识产权报》2014年第11期。
[2] 同上。

产品国外市场准入，这里涉及电网企业的产品到国外市场的销售行为。由于专利保护的地域性，电网企业的产品进入国外，可能会侵犯当地的知识产权，尤其是专利。另外，电网企业将自己的产品和技术出口到国外市场，也需要对自身的技术进行完善的知识产权保护。因此，海外市场的市场准入与技术保护，也是电网企业专利运营的一个方向。这里具体涉及两个不同的运营思路：其一是市场的准入，这里需要对国外市场已有的专利状况进行分析，了解不同的竞争对手的专利布局状况，以及产品进入后的侵权风险，然后制定相应的运营策略，主要是在专利的布局方面，实行对竞争对手的牵制作用；其二是对自身产品和技术的完善保护，这既需要了解目前国外市场的专利布局状况，还需要对自身产品与技术进行详细分解工作，从而制订出完善的保护性布局方案。无论上述的哪种运营思路，都离不开从专利布局的角度，进行市场准入的专利运营工作。

标准制定方面，我们通过高通公司的模式已经获知，制定标准是专利运营中比较高难度的运营方式，同时也是利益最大化的运营模式。电网企业目前或多或少拥有大量的专利，优质的电网企业可以充分发挥自身的优势，积极参与和推进行业相关标准的制定工作，将挑选出来的专利融入相关的行业标准当中。同时要注意到，国家也在积极推动大型企业的标准制定方面的工作。

3. 电网企业专利运营的管理模式

由于专利运营工作直接涉及企业无形资产的转移转化等，且难度高，操作复杂，因此要实现电网企业的专利运营，需要组建专门的专利运营团队。根据目前国内一些企业的相关状况，有两种方式，一是企业内部成立相应的部门，如华为、中兴、朗科、中国电信等，是由企业内部的部门进行专利运营的管理工作。二是成立一家专门进行专利运营的公司，对电网企业的专利资产进行运营，社会上的中彩联、盛知华等公司都是由相应的机构或者多个企业等共同组建的专门进行专利运营的公司。通过专门的专利运营团队，也可以实现对电网企业专利运营工作的管理。

4. 电网企业专利运营的流程管理

电网企业专利运营的流程，一般也可以划分为"确定运营目的—挑选相关专利—进行运营操作—达到运营目的"。

电网企业专利管理的策划与实施

运营目的 → 专利筛选 → 专利运营操作

图 8-1　电网企业专利运营流程

其中，专利运营的目的，前述分析中已经明确根据实际的运营需要予以确认。

挑选相关专利，这一步骤是专利运营中的一个难点，主要涉及专利的检索和梳理工作，甚至涉及专利的评估工作。因为电网相关的专利总量大，而真正能够进行运营的专利数量又很少，因此，需要从大量的专利中挑选出适合进行运营的专利，这就涉及专利检索、筛选、梳理，以至于专利的价值评估工作。经过这一步后，可以确定进行下一步运营操作的专利清单。

专利运营的操作，需要根据运营的目的以及筛选出来的专利，进行相应的专利运营操作，如许可/转让的谈判、市场的布局、标准的制定等。

当然，具体的运营流程，还包括多级的审批程序和更加细分的过程。并且，针对不同的运营目的，需要建立不同的运营步骤，如针对许可/转让的运营目的，可以按照以下流程进行。

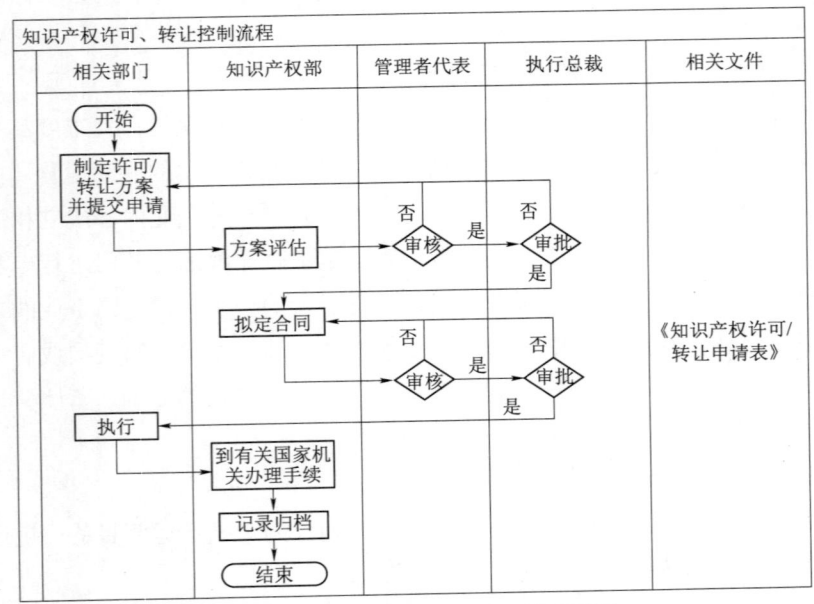

图 8-2　知识产权许可、转让控制流程

针对知识产权的运用实施控制，大致的流程可以按照下述进行（具体个案中，需要根据具体的电网企业的公司管理状况，人员状况等进行实际的调整）。

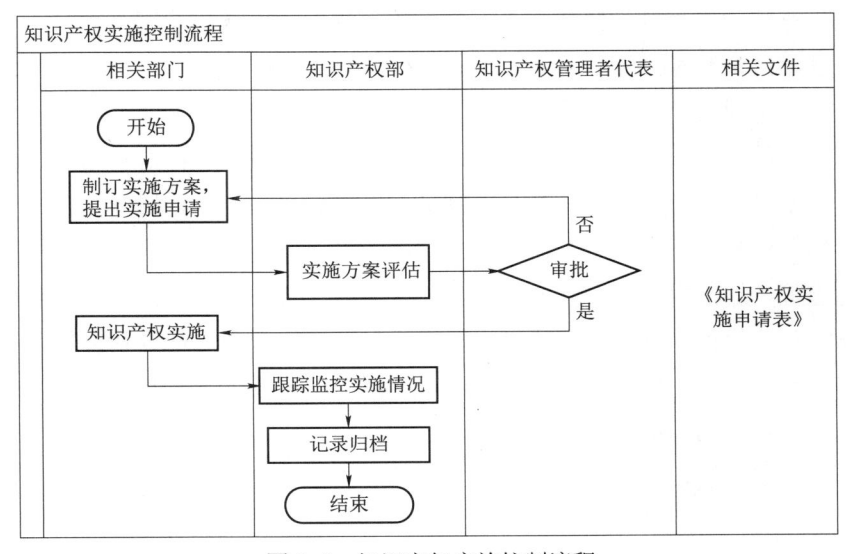

```
知识产权实施控制流程
┌──────────┬──────────┬──────────────┬──────────┐
│ 相关     │ 知识产权部│ 知识产权管理者代表│ 相关文件  │
│ 部门     │          │              │          │
├──────────┼──────────┼──────────────┼──────────┤
│ (开始)   │          │              │          │
│   ↓      │          │              │          │
│ 制订实施方案,│ ←──────│              │          │
│ 提出实施申请 │         │              │          │
│   ↓      │   ↓      │     否       │          │
│          │ 实施方案评估│── 审批 ──────│ 《知识产权实施│
│          │          │     是       │ 施申请表》 │
│ 知识产权实施 │ ←──────│              │          │
│   ↓      │   ↓      │              │          │
│          │ 跟踪监控实施情况│         │          │
│          │   ↓      │              │          │
│          │ 记录归档 │              │          │
│          │   ↓      │              │          │
│          │ (结束)   │              │          │
└──────────┴──────────┴──────────────┴──────────┘
```

图 8-3　知识产权实施控制流程

5. 电网企业专利运营制度

根据专利运营的流程，以及专利运营的管理工作，需要制定针对运营行为的专利运营管理制度，从而保证专利运营流程能够顺畅运转，同时要针对各种状况制订专门的解决方案和管理办法，保证专利运营的正常进行。涉及的相关制度主要为《专利运营管理制度》，其中，根据运营的方向，可以划分为更小的章节，如《许可转让制度》等。

6. 电网企业专利运营的基础

专利运营工作，需要多方的支撑和实施的基础。只有在这些支撑和基础之上，才能平稳顺畅地进行专利的运营工作。

（1）财务基础。专利属于公司的无形资产，因此专利运营涉及公司资产的运作。另外，专利运营也会产生现金的流动，如经营管理、经营的前期运作等，还包括对于许可/转让等方式直接获得的收入等。因此专利运营需要相应的财务方面的制度和流程的支持，以保证专利运营在财务流通等方面的正常进行。

（2）专利运营管理制度。前述已经讲过，专利运营的管理制度，是约束专利运营行为，实施专利运营政策的保障，在此不再赘述。

（3）团队基础。专利运营属于涉及多方操作的项目，如技术解读、市场解读、财务解读等，因此，专利运营的操作，需要有专门的组织管理人员和团队进行相关工作的统筹和安排，需要建立相应的专利运营团队。对于专利运营的团队，不同的公司采用了不同的组织架构进行安排，如华为、中兴等，由公司内部原有的组织架构组成；而有些企业则采用建立新的专门进行专利运营工作的公司，如中彩联、盛知华等，都是独立成立进行专利运营工作的法人。不管组织架构如何，进行专利运营，都需要一个专业团队。

（4）信息化平台基础。在专利运营中，一个非常重要的环节，即专利的筛选过程，这需要借助专利的信息化平台进行。目前，通过此项目我们可以建立专利价值评估平台，能够对电网行业与企业的专利进行专利价值的评估工作。通过专利的价值评估，可以迅速地挑选出在某个方面具有高价值的专利，便于对专利的运营进行筛选。

三、专利保护制度

广义的专利保护是指根据现行法律、法规开展的制止和打击侵犯专利权行为的所有活动的总和；狭义的专利保护则是指通过司法和行政手段来保护专利权的行为。电网企业等高技术企业为了独占、使用其所有拥有的专利技术等智力成果而对专利进行系统的保护并建立相应的专利保护制度。有效的专利保护制度能够使企业充分发挥其技术优势，防止他人侵犯自身专利权，保证企业整体专利战略的实施。

（一）专利预警机制

企业专利预警是指企业通过收集、整理、分析与本企业正在研制的发明创造或已经拥有的专利相关的技术领域的专利信息以及其他有关信息，对可能发生的专利侵权纠纷和可能造成的重大损失等情况向企业领导层发出警报。[①]建立企业专利预警机制需要具备专利信息资源、专业的技术人员和法律人员，其可以避免潜在的侵权纠纷，为企业制定专利战略提供依据，防止技术的重复研究，节约成本，充分利用人力、物力、财力资源。

---

① 胡瑞："企业专利战略与制度建设研究"，武汉理工大学2012年硕士学位论文。

企业建立专利预警机制应包括以下几种操作方法。（1）在企业决策层的统一领导和指挥下，以专利管理部门为主导，技术研发部门和法律部门等其他相关部门共同参与构建专利预警管理、信息收集、数据分析、发布和上报这一系统的专利预警机制。（2）对企业拥有的专利、进行的技术贸易、销售市场所在地的相关政策和产生的专利侵权纠纷等信息进行整理、分析、统计并及时汇报给企业领导层。（3）持续跟踪相关预警信息并提出进一步的指导意见。专利信息是建立专利预警机制的基础，要求企业建立专利信息情报检索查新制度。首先，专利信息可用来制定专利预警措施，比如确定潜在的竞争对手并分析其特点和实力，对于他人已经申请过的专利进行动态预警，避免重复劳动和侵犯他人权利。其次，在保护自身专利权的同时还可以合法地使用他人的技术信息，加强海外专利技术引进与充分利用失效专利，并对引进技术的专利范围、保护期限以及市场前景进行调研评估。

（二）专利调查与监控

1. 技术的生命周期

是指一项专利技术从研制开发出来到制作成产品投入市场产业化，直到被另一种更为先进的技术所取代的全过程。一项专利即使其法定保护期限还很长，但如果有趋势证明其很快会被新技术取代，该专利的价值也会渐趋下降。

2. 技术的专利信息检索

企业在进行一个研发项目前，要对相关技术领域的专利文献进行检索分析，明确眼前的技术现状，预测未来的技术发展，在合法利用在先技术的同时避免侵权风险，规避潜在的专利壁垒，为发明创造产业化提供便利条件。

3. 明确自己的竞争对手

对同类技术申请专利的人必定是竞争对手，因此企业可以通过对申请人数的多寡以及他们申请专利的数量进行调查、整理和统计，就可以大致知道与本企业存在竞争关系的对手，同时还要了解他们占据的市场份额。

4. 是否存在技术替代风险

在进行技术发展趋势调查时，应注意同一个产品、同一个行业内是否已经存在新技术替代的风险。新技术的出现可以彻底颠覆原有技术，导致前期大量的投资无法收回，企业受到重大损失。因此在明确自己的竞争对手后应实时对其进行专利监控，掌握其研究开发信息，关注其专利申请动态。对对手的研发动向、专利申请等信息掌握越多越全面，就越能把握自身专利申请的最佳时间，避免被他人抢先申请。企业即使在非研发期间也应对竞争者的专利进行分析监控、对专利许可和转让等技术贸易情况进行调查、为诉讼做出专利分析。日本的富士通企业就在内部成立了专门的专利调查委员会，主要调查其他竞争对手的专利情况，避免侵犯他人的专利权。

（三）专利诉讼应对

专利诉讼通常发生在商业化和产业链形成之后，主要是涉及专利纠纷的民事诉讼。与普通的民事诉讼不同，专利诉讼是企业利用专利保护制度功能的体现，专利诉讼代理人必须是专业法律人士，在精通法律知识的同时还须对所涉专利的技术背景有所了解，认识到专利诉讼的特殊性。入世后，我国成为《与贸易有关的知识产权协议》的缔约国，TRIPS 协议赋予了原来仅由行政机关终局裁决的专利纠纷案件进行司法审查的机会，这就使专利诉讼的范围进一步扩大，也增加了诉讼程序的复杂性。

在专利诉讼过程中，企业的诉讼地位无非是两种情况，一种是作为原告起诉，另一种是作为被告应诉。企业处于原告地位的诉讼可以称为进攻诉讼，在专利诉讼中可分为三种情况：第一种是专利侵权诉讼，性质上属于权利保护型诉讼，是指企业自身拥有的专利权被他人侵犯，要求对方停止侵权、恢复原状和赔偿损失等；第二种是专利权属诉讼，性质上属于权利争取型诉讼，是指原告认为他人拥有的专利权实质属于自己，从而提起诉讼争得权益；第三种是专利有效性诉讼，性质上属于消灭对方权利型诉讼，是指认为他人的专利存在全部无效或部分无效的情形，因此向法院起诉使其专利权失去效力。

通常情况下，在专利进攻诉讼中发生专利侵权诉讼的比例较高，因此笔者将着重介绍专利侵权诉讼。

1. 专利侵权的构成要件

一般民事侵权的构成要件包括违法行为、损害事实、因果关系和行为人有主观过错这四个方面。具体到专利侵权，可以归纳为以下几个要件。

第一，侵犯的对象是他人在中国合法享有的真实有效专利。需强调的是，该专利必须是中国专利，而不是外国专利，而且该专利必须在法定的保护期限内。在我国，发明专利的有效期限是 20 年，实用新型和外观设计专利的有效期限是 10 年。如果涉诉专利已经过了其有效期限，那么它将成为公知技术可以为任何人所实施，而不再由权利人专有，当然别人实施该专利的行为也不构成侵权。另外，专利还必须没有被撤销或宣告无效。如果已经被撤销或宣告无效，也不会存在所谓的专利侵权。

第二，有违法行为存在。按照《专利法》第 11 条的规定，除法律另有规定外，任何单位或个人未经专利权人许可，为生产经营目的使用、许诺销售、销售、进口其专利产品，或者使用其专利方法以及使用、许诺销售、销售、进口依照该专利方法直接获得的产品，为生产经营目的制造、许诺销售、销售、进口其外观设计专利产品都构成侵犯专利权的行为。但应注意的是我国《专利法》第 62 条、第 69 条规定的不视为侵犯专利权的行为，是专利侵权责任的例外规定。如果行为人不能证明其行为可以纳入该例外规定的话，则应认定其构成侵权，依法承担责任。

第三，行为人主观上有过错，这个过错包括故意和过失。但根据《专利法》第 70 条的规定，即使行为人无主观过错，即为生产经营目的使用、许诺销售或者销售不知道是未经专利权人许可而制造并售出的专利侵权产品，也构成专利侵权，只是行为人能够证明该产品的合法来源的，不承担赔偿责任。当然这个主观过错的举证责任由侵权行为人承担。

2. 诉前停止专利侵权的请求

专利侵权行为往往会使企业蒙受重大损失，而专利侵权诉讼持续的时间往往又很长，因此专利权人如果选择发起侵权诉讼，应当充分运用诉前禁令制度，向法院申请在诉讼开始之前就对侵权行为加以制止，将损失降到最低。根据《专利法》第 66 条的规定，"专利权人或利害关系人有证据证明他人正在实施或即将实施侵犯专利权的行为，如不及时制止会使其合法权益受到难以弥补的损害的，可以在起诉前向人民法院申请采取责令停止有关行为的措施。"①

根据《最高人民法院关于对诉前停止侵犯专利权行为适用法律问题的若干规定》第 4 条的规定，申请人提出申请时，应当提交下列证据。第一，专利权人应当提交证明其专利权真实有效的文件，包括专利证书、

---

① 孙彩虹："我国诉前禁令制度：问题与展开"，载《河北法学》2014 年第 7 期。

权利要求书、说明书、专利年费缴纳凭证。提出的申请涉及实用新型专利的，申请人应当提交国务院专利行政部门出具的检索报告。第二，利害关系人应当提供有关专利实施许可合同及其在国务院专利行政部门备案的证明材料，未经备案的应当提交专利权人的证明，或者证明其享有权利的其他证据。排他实施许可合同的被许可人单独提出申请的，应当提交专利权人放弃申请的证明材料。专利财产权利的继承人应当提交已经继承或者正在继承的证据材料。第三，提交证明被申请人正在实施或者即将实施侵犯其专利权的行为的证据，包括被控侵权产品以及专利技术与被控侵权产品技术特征对比材料等。[①]

专利证书记载的是专利授权时的权属状况，并不能反映授权后发生的权属变化，包括专利权转让、专利被宣告无效等。而专利登记簿副本能反映出相应权属变化内容，因此它是比专利证书更为重要的证据，实务中应引起重视。

3. 企业起诉时的相关注意事项

第一，专利侵权诉讼的管辖。

《最高人民法院关于审理专利纠纷案件适用法律问题的若干规定》第五条规定："因侵犯专利权行为提起的诉讼，由侵权行为地或者被告住所地人民法院管辖。侵权行为地包括：被控侵犯发明、实用新型专利权的产品的制造、使用、许诺销售、销售、进口等行为的实施地；专利方法使用行为的实施地，依照该专利方法直接获得的产品的使用、许诺销售、销售、进口等行为的实施地；外观设计专利产品的制造、销售、进口等行为的实施地；假冒他人专利的行为实施地。上述侵权行为的侵权结果发生地。"[②]

第二，选择合适的时机起诉。

首先，判断起诉时间是否在法定的诉讼时效期间内。其次，考虑选择什么时机起诉、起诉前是否先发通知警示对方，以及是先协商后诉讼还是先诉讼后协商等问题。不同的案件中往往选择不同的时机。如果企业起诉的目的是制止侵权者的行为，获得侵权赔偿金，而不打算将自身专利许可其实施，那么在适当的时机起诉就可以了。如果考虑给予对方许可，企业应考虑先和对方进行谈判协商，要求对方给予与企业遭受的

---

① 吴民平："美国337条款法律研究"，华东政法大学2008年博士学位论文。
② 专利法律法规和司法解释大汇编，http://www.docin.com。

损失相应的专利许可费作为补偿,协商不成再起诉。侵权者主观上也存在过错和不知情之分。无主观过错的往往在收到警告信后就停止侵权,而有过错的收到警告信后也可能停止侵权,希望与对方协商获得专利实施许可,而避免进入诉讼程序。因此,要根据诉讼的目的以及侵权行为人不同的情况来选择合适的时机起诉。

第三,起诉对象的选择。

在有些情况下,侵权行为人不止一个,这时就需要权利人审慎选择起诉对象。在群发性侵权的情况下,权利人不可能起诉所有的侵权者,否则不仅会耗费大量的时间和精力,而且对方还可能成立一个强大的联盟,到时候可能会对整个行业都带来巨大影响,甚至改变舆论走向,最终导致专利无效。在这种情况下,企业可以选择在行业内最有影响力的一两家起诉,要求其支付巨额赔偿金,起到威慑其他侵权者的作用,迫使他们停止侵权,主动上门协商谈判,缴纳相应专利使用费。当然,在企业自身实力不足以对抗大企业的情况下,可选择逐个击破小企业。

第四,保护主题的选择。

我国《专利法》将专利分为发明专利、实用新型专利和外观设计专利三类,因此企业被侵权也有三种不同情况。一般来说,实用新型和外观设计专利被侵权的证据比较容易取得,相应的诉讼过程也较短。因此,企业在起诉被侵犯实用新型和外观设计专利并获得成功后会产生一些意想不到的效果。被侵权企业胜诉后,不仅可以获得侵权赔偿弥补企业遭受的经济损失,而且会熟悉专利诉讼的程序,获得专利诉讼胜诉的信心,再一次被侵权时能够选择勇敢起诉。

4. 企业应诉时的注意事项

(1)弄清原告专利的法律状况。要通过检索大量的专利文献,弄清对方专利是否存在下列情况:已过法定保护期限;因未缴纳专利年费导致有效期已经提前终止;专利没有在国内取得专利权;是否存在技术在申请日前已为公众所知悉的情况。

(2)分析原告主体是否适格。原告适格是指原告与诉讼标的有法律上的利害关系。合格的原告包括专利权人、独占许可实施人、排他许可实施人以及普通许可实施人。如果能证明原告不是上述几种人中的一种或几种,那么诉讼就不成立。

（3）分析是否在权利要求范围内。通过查看、分析对方的权利要求书、说明书，将被控侵权产品的技术特征与涉诉专利权利要求书中记载的技术特征进行对比分析，判断企业自己生产的产品是否侵犯对方专利权。具体来说，先要通过分析对方的权利要求书的内容总结其技术特征，确定其专利保护范围；其次查明自身产品或方法相应的技术特征，通过对比分析判断自己的产品或方法是否在原告的专利保护范围内。

（4）分析专利是否有效。专利权无效是指被授予的专利权因不符合《专利法》的相关规定，有关单位或个人可以向专利复审委员会申请宣告该专利无效，专利权视为自始无效。专利无效是专利侵权诉讼中最常见的抗辩理由。

（5）根据《专利法》第 62 条的规定，被控侵权人有证据证明其实施的技术或者设计属于现有技术或者现有设计的，不构成侵犯专利权。而且还可以根据《专利法》第 69 条的规定，证明自己实施专利的行为属于法律规定"不视为侵犯专利权的行为"。

从当年轰动一时的"DVD 事件"可以看出，我国企业应对专利侵权诉讼还缺乏经验和能力，这就要求我国企业学习国外企业处理专利诉讼时的经验和技巧，同时国家应培养大量的精通专利法律知识以及拥有技术背景的复合型专利律师人才，为我国专利事业服务。

第三节　企业专利信息管理制度框架

专利信息是指以专利文献作为主要内容或者依据，经过分解、加工、标引、统计、分析、整合和转化等手段处理而形成的与专利有关的各种信息的总称，[①]通常包括专利权的范围、专利的申请日期、专利权归属、专利的技术内容、专利的状态和专利的法律状况等信息。[②]笔者将具体从专利文献管理、专利文件管理、专利情报管理以及建立专利信息网络几个方面展开论述。

[①] 陈仲伯："专利信息分析利用与创新"，北京：知识产权出版社 2012 年版，第 1~10 页。
[②] 宋立峰："专利文献信息的利用探讨"，载《情报探索》2009 年第 12 期。

一、专利文献管理

专利文献是记载专利内容的文件资料及相关出版物的总称，主要指专利局公开出版的各种专利申请说明书、专利说明书、专利证书，以及与专利申请批准有关的其他文件。[①]其内容往往包括专利技术信息、专利法律信息和专利经济信息。

专利技术信息，是指一项专利包含的技术内容，主要是其权利说明书中注明的技术特征。主要包含：（1）记载在专利文献的技术信息；（2）该项发明创造所属的专利领域；（3）该项发明创造的技术背景和现阶段发展成果；（4）该项发明创造可供申请的专利数量。专利的技术信息属于专利文献的中心内容，技术人员和管理人员对于技术信息应严格加以管理和保密。

专利法律信息，是指专利权的内容、状态及专利的法律状况等相关内容，主要记载在权利要求书、扉页、附图以及相关专利文献中。权利要求书中记载的权利人要求保护的专利的实质性内容，扉页中显示的是专利权目前所处的法律状态。专利法律信息主要包括：（1）专利权的客体（发明、实用新型、外观设计）及保护范围（产品还是方法、国内还是国外）；（2）权利的保护时间；（3）专利权生效的地区（地域性）；（4）权利主体（申请人、发明人）；（5）专利优先权。企业应定期关注专利法律信息，尤其是专利有效期限，可以在进出口贸易中恰当地规避产品进口地和出口地的地域性及时效性风险。专利保护期限一过，其所保护的技术信息进入公共领域成为已知技术，任何人都可以使用。

专利经济信息，是指经济活动中运用专利的信息，是专利内部管理与专利外部运用的中介。主要包括两个方面：一是与技术贸易有关的信息，包括专利权的转让许可费用和有效地域等；二是与企业经营管理有关的信息，包括专利权的质押、投资等。企业应当安排专利人员全程对技术研发工作进行专利信息的跟踪检索，同时将每天的研发进度都详细地加以描述并配上现场照片；确定项目各个研究部分的负责人，要求负责人签字并注明日期。这部分资料应形成完整的档案，以便日后查询和完善相关信息，

[①] 邱城晓："专利信息分析方法及其在实际中的应用举例"，载《现代情报》2004年第8期。

并且还可作为日后可能面临的专利纠纷的证据。因此，企业建立专门的专利信息库尤为重要。另外，还可以在其中安装专利年费缴纳期限智能提醒功能，帮助企业及时缴纳年费，避免专利失效。

二、专利文件管理

这里的专利文件，是指企业内管理档案中以及和其他企业开展专利交流中所需的全部文件。无论是纸质版还是电子版，企业都可以将其划分为不同的模块保存到系统中加以管理。比如，可以将纸质版做成档案或扫描成电子格式保存在电脑中，还可以利用电脑程序提供的文件和表格模板，使用时自动填写相关信息并保存到电子文档中。专利文件可以根据其表现形式分类，包括协议类、信件类、管理文件类、审批文件类等。虽然专利文件在企业中并不占据核心地位，但其记录了专利外部的运用状况，包括签订的专利实施许可和专利转让的合同文本，以后的专利战略布局就可以将此作为依据。

三、专利情报管理

专利情报是指通过收集、检索专利信息所获得的其他企业或个人所享有的专利的相关信息。专利情报主要包括：电子数据形式的专利信息；国外公开发行的专利文献（专利公报和专利相关刊物）；专利信息数据库；专利市场数据统计等[1]。获取专利情报贯穿企业专利管理的各个环节。通常，企业在研发项目开展之前，专利管理部门会通过专利信息数据库和市场前景调研报告等资料了解该技术所属领域的发展状况，分析是否存在已有同样的技术获得专利权的情况。同时专利管理人员通过收集他人已经公开的专利文献来收集对自身研发项目有益的技术情况及分析其研发的可行性和能够带来的经济效益。企业在项目开展的进程中要实时掌握相关领域技术的最新研发动态这一专利情报，一旦发现相关技术已申请专利，应及时停止该项技术研发，以避免重复研发造成的损失。在项目完成后，专利情报还可以起到帮助企业决定到底是将该项发明创造申请专利还是作为商业秘密加以保护。如果该项技术属于所属领域的基础发明，并且有竞争对手也在对其进行研发，则应申请专利。如果该项发

---

[1] 徐怡："论企业专利管理"，中国政法大学2011年硕士学位论文。

明创造属于持续时间长、不宜公开的关键技术，则适宜作为商业秘密加以保护。

总之，收集专利情报是专利管理活动中必不可少的环节，对于企业的专利管理来说具有非常重要的参考价值。

四、专利信息网络的建立

如今网络技术发展飞速，在专利管理中运用网络实现高效便捷的信息收集归纳分析是企业的优先选择，其中最好的途径就是建立企业专利信息数据库。大型企业尤其是高新技术企业往往非常重视专利信息网络的建立。虽然收集外部专利信息非常重要，但企业自身的大量专利信息也需要被储存、统计和分析。一方面可作为企业内网用于储存企业内部的专利文献和专利文件等信息，另一方面可将企业收集到的外部专利情报加以归纳汇总，及时了解国内外技术最新研发动态，占据技术研发的制高点。

第四节　企业专利奖励及考核管理办法

企业专利奖励及考核管理方法是为了明确企业专利奖励形式，规范专利奖励的流程、方法及制度，鼓励专利申请，促进员工主动从事发明创造工作和加强自主知识产权的保护意识，适用于企业全体员工的专利奖励过程。

关于企业有关各方在专利奖励及考核中的职责分配，就整体而言包括：（1）企业专利部部长是本过程的负责人；（2）专利部负责制定知识产权奖励制度，负责知识产权奖励的统计和提出；（3）专利管理委员会负责对公司知识产权有关的奖项额度、人选、发放形式等进行监督和评议，负责领取所属部门的知识产权奖励；（4）研发部门负责专利设计人名单的制定，配合知识产权部提供专利在产品中的应用情况；（5）项目管理部配合知识产权部组织专利奖励实施；（6）财务部审核并支付知识产权部提报的专利奖励。

一、定期培训制度

对企业员工进行专利培训包括内部培训和外部培训两个方面。

（一）内部培训

内部培训包括四个方面：第一，企业应根据内部划分的部门和专利战略的实施阶段的不同建立完善的专利培训制度，确保在专利实施的不同阶段对各岗位的员工有不同的培训要求；第二，为了使各部门发挥各自优势，应明确各部门需要掌握哪些方面的专利知识和技能，如技术研发部门应掌握更多的专利法律知识，而法律部门则需对技术背景有一定的了解，以此来安排相应的培训课程和内容；第三，内部培训应定期考核，并将培训结果与员工的绩效挂钩，通过分析培训结果，明确企业培养专利人才中所欠缺的方面以及未来努力的方向，及时更新培训课程和内容；第四，把内部培训所需要的资料、培训内容以及员工出席记录等数据做成专门的档案保存，为企业未来的发展提供经验。

通常情况下，培训的内容包括专利法律制度、专利信息检索、创造专利及申请专利、保密制度、保护专利权等基本知识，以此来培养员工遵守专利法律法规和保护企业专利权的意识。当然，针对不同的群体培训的内容自然不同：就企业中高层而言，应着重培训企业专利运营模式、专利管理制度以及专利战略方面的内容；就技术研发人员，应着重培训专利法律知识，包括专利权属、专利创造和申请专利、技术秘密等；就法务人员而言，则应让其能够大致掌握企业的技术研发方向以及正在研发项目的技术背景，帮助企业选择合适的时机申请专利或者建议将技术作为商业秘密保护；就市场营销人员而言，应重点培训如何将专利商品化和产业化的问题。

我国企业可以借鉴日立企业在专利内部培训中的做法。日立企业经常针对企业不同阶层的员工，提供多元化的专利知识教育，包括电脑软件、专利法基础课程、进修课程、专利法律及案例解说以及一般的管理课程等。日立企业非常重视对专利人员的培训，经常不定期在企业内部开设培训课程，内容包括软件的专利保护、案例研究、技术合同、专利情报、专利策略等。对报考专利代理人资格的员工，企业还提供半年至一年的时间，让其准备考试。[1]

（二）外部培训

外部培训顾名思义是要与企业外部进行多方面的交流，而不仅仅局限于

---

[1] 胡瑞："企业专利战略与制度建设研究"，武汉理工大学2012年硕士学位论文。

企业内部。企业开展外部培训可以包括以下几个方面。第一，将专利人才送往科研院所、高校学习深造，系统而全面地掌握有关技术、法律、外语、经济贸易、管理等多领域知识，培养复合型知识人才，为企业更好地实施专利战略提供人力保障。第二，鼓励员工积极参与社会组织举办的专利知识培训班和论坛，为员工提供资金支持。通过参与此类活动，员工能够更加高效地掌握专利基本知识和具体实践操作。第三，安排法律部门的员工进行法务实践，使其能够更好地将理论与实践相结合，熟悉专利纠纷处理方式和专利诉讼流程，增加其相关方面的实践经验。

此外，企业还可通过开展广泛的国际交流与合作，引进更多国外科技人才和专利法律人才。随着知识经济时代的到来，与专利等知识产权相关的问题呈现出多样化的态势。由于我国知识产权方面的制度建设还处于初期建设阶段，能够解决日新月异的专利问题的专家较少。因此，企业可以聘请外国有理论和实务工作经验的专利方面的专家来解决企业自身面临的专利难题。为此，建立一个检索外国专利专家的信息库很有必要，可以帮助企业快速有针对性地找到专家顾问。同时，通过检索国内外的专利文献，密切跟踪国内外专利技术领域的最新发展动态，分析发达国家专利战略、管理经验以及企业竞争对手的专利运营模式、研发方向，开展企业专利实务研究，总结法律、决策方面的经验，也可以为企业更好地建立专利管理制度奠定基础。

二、奖励和利益分配制度

美国前总统林肯说过："专利制度是给创新之火浇上利益之油。"可以理解为专利制度既能够鼓励企业技术创新，又能为企业带来巨大的经济利益。提高企业的自主科研创新能力离不开企业员工，尤其是发明创造人的不懈努力，因此需给予他们丰厚的奖励。建立奖励和利益分配制度，旨在激发企业全体员工从事发明创造的积极性，提高专利利用效率，创造经济利益，推动企业专利奖励及考核管理方法进一步完善。发明奖励措施既是对研发人员完成科研项目的认可，也是对全体员工的导向激励，指引他们树立企业专利意识。企业必须通过建立合理的奖励和利益分配制度，形成尊重知识、鼓励创新的企业文化，激发员工研发新产品新技术的创新热情并形成自主专利权，努力提高企业专利的数量和质量。企业可以借鉴国外企业的相关经验，制定诸如累积计分制、等级奖励制等表彰制度。

企业专利利益分配与奖励管理应遵循以下基本原则。

（1）奖励与惩处相结合，做到赏罚分明，最大限度地发挥奖励制度的作用，同时对因过错导致企业技术秘密泄露的行为施加惩罚，牢固树立员工保护企业专利权的意识。

（2）物质奖励与精神奖励相结合。在物质奖励方面，企业应严格遵守《专利法》第 16 条对于奖励职务发明创造的发明人或设计人以及给予其合理报酬的规定。企业可采取多种形式的利益分配，包括发放相应的奖金、提高其薪资水平、技术出资、奖励股份、期权以及从实施专利所获得利润中分红等，承认发明创造人的贡献价值，使员工形成对企业的归属感。在精神奖励方面，企业可以设立类似于技术进步奖的奖项，为获得奖项的员工颁发专利技术贡献证书，并在企业表彰会议中突出展示这些员工对企业作出的贡献。职务发明为企业带来巨大经济效益的，还可以考虑对有突出贡献的技术人员在评定职称时破格晋升。同时，还可以将设计成绩、申请专利及获得专利权的情况作为员工考评的主要依据之一。

（3）个人奖励与集体奖励相结合。一项研制成功的技术项目背后往往依靠一个强大的团队支撑，即使科技带头人在研发的过程中发挥着领导作用，如果没有其他技术人员的团结协作，单靠一个人的力量也是无法创造出成果的。因此企业既要对创造过程中有突出贡献的个人给予奖励，还要对其所属的创造团队按实际贡献给予相应的表彰奖励，以激发个人和集体从事发明创造的积极性。

（4）一次奖励与多次奖励相结合。一项产品的基本专利往往是企业所掌握的核心技术，它与普通专利相比具有广泛应用的可能性和获取巨大经济利益的前景，同时由于技术研发的难度大，往往需要技术科研人员耗费更多的时间和精力。因此，企业可根据专利实施状况对技术研发人员分一次或多次进行奖励，可在奖励制度中规定，只要专利被使用，即使发明人离职或死亡，发明人均能得到奖励。

专利运营的有效执行，需要员工的积极参与，尤其是技术开发人员等，因此，专利运营需要制定相应的奖励办法，作为激励机制来推动专利运营工作。

专利奖励及考核管理方法的概要是：对于企业已经申请的专利，应按照既定标准与时间发放现金奖励。其中一般通行规定是：① 一项专利技术同时在国内、国外申请专利的，按照国外专利的奖励标准，不再发放国内专利申请的奖励；② 一项专利技术同时申请发明和实用新型专利的，奖励按照发明专利标准奖励，不再发放实用新型专利申请的奖励；③ 一项专利技术同时在国外多个国家申请专利的，按照国外一个国家专利的奖励标准，不进行重复奖励；④ 一项专利技术同时在多个国家申请了不同专利类型的，按照一个专利的最高奖励标准，不进行重复奖励；⑤ 通过申请优先权等途径将一项专利技术同时申请多个专利的，按照一个专利的最高标准奖励，不进行重复奖励；⑥ 因专利被驳回、主动放弃等原因导致专利没有能够得到授权的，或者授权后被无效的专利，已经发放的奖励不再追回；⑦ 专利奖励按照流程进行审批。

研发人员累计以及每年的专利申请、授权量，综合其申请专利的专利性、市场价值，作为晋级考核的重要依据之一。

对在公司知识产权管理工作过程中存在玩忽职守、严重浪费、剽窃他人成果、泄露商业秘密等行为的员工，视情节的轻重程度给予相应的警告、降级、撤职和开除等行政处分。

三、产权归属制度

企业要想减少专利权属纠纷，就应该建立技术成果归属制度。实践中最好的做法就是通过签订技术合同的方式来明确专利申请权或专利权的归属，发挥专利财产本身的价值。在企业经营管理活动中往往会面临如下需要确定技术成果归属的情形。

（1）明确职务发明与非职务发明的归属。根据我国《专利法》第 6 条的规定，职务发明创造是指执行本单位的任务或者主要是利用本单位的物质技术条件所完成的发明创造。[①]单位享有对职务发明创造的专利申请权以及申请成功后的专利权。对于非职务发明其申请权和专利权应归发明人和设计人所享有的。利用本单位的物质技术条件完成的这一发明创造可以由单位与发明人或设计人签订协议约定专利申请权和专利权的归属。《专利法实施细则》第 12 条对职务发明作了进一步的解释，其中"执行本单位任务所完成的职

---

① 豆丁网：最新专利法（包括专利法全文与法条详细释义），http://www.docin.com。

务发明"具体包括雇员在本职工作中作出的发明创造；履行本单位交付的本职工作之外的任务所作出的发明创造；退休、调离原单位后或者劳动、人事关系终止后1年内作出的，与其在原单位承担的本职工作或者原单位分配的任务有关的发明创造。而"本单位的物质技术条件"是指本单位的资金、设备、零部件、原材料或者不对外公开的技术资料等。[①]当然，仅仅是利用企业的物质技术条件对自己独立完成的非执行本单位任务的发明创造进行检验、测试不属于主要利用企业的物质技术条件。

（2）明确委托开发与合作开发技术成果的归属。根据我国合同法中关于技术合同的规定，就委托开发而言，当事人可以约定由谁享有这一发明创造的专利申请权。如果未约定的话，则由发明人享有专利申请权。在发明人取得专利权后，委托人可以免费实施该专利。而且委托人也享有在同等条件中优先受让发明人专利权的权利。由此可见，企业投入大量资金委托研发的某项技术，如果不事先约定好权属问题，那么依据法律，专利权属于受托方所有。所以企业即便是付出相对高的代价，也应在委托开发合同中明确技术成果归企业所有，以占据主动权。

就合作开发而言，当事人也可以约定技术成果的权属问题，若无相关规定的话，申请专利权视为由合作开发的当事人共有。当事人一方转让其共有的专利申请权的，其他各方享有以同等条件优先受让的权利。合作开发的当事人一方声明放弃其共有的专利申请权的，可以由另一方单独申请或者由其他各方共同申请。申请人取得专利权的，放弃专利申请权的一方可以免费实施该专利。合作开发的当事人一方不同意申请专利的，另一方或者其他各方不得申请专利。[②]

国外企业就有很多值得借鉴的专利权归属制度。例如IBM企业就与各子企业签署综合技术协议，规定子企业创造的技术成果都归总企业所有，然后再由总企业处理相关的专利授权事宜。日立企业则通过社规规定员工作出的职务发明和职务外发明均归企业所有。三菱企业则规定职务发明归企业所有，而职务外发明则根据协商要求员工将发明转让给企业。

---

① 豆丁网：最新专利法（包括专利法全文与法条详细释义），http://www.docin.com。
② 同上。

四、保密管理制度

为了防止那些未申请专利而作为技术秘密加以保护的发明创造泄露,限制和防止雇员在离职后出现泄密行为,企业应当建立完备的保密管理制度。与员工签订保密协议是商业秘密获得法律保护的最好方式之一,也是专利诉讼中的有利证据。企业既可以在劳动合同中附加保密条款,也可以订立一份保密协议,要求员工履行保密义务。技术保密协议通常包括以下内容:需要保密的技术方案的内容和范围、当事人双方的权利和义务、保密期限以及违约责任等。通常情况下员工需承担的保密义务包括:保守商业秘密的内容,合理使用商业秘密,及时向企业汇报自己所知悉的商业秘密,不得利用自己所掌握的商业秘密为其他企业服务,不得利用自己所掌握的商业秘密成立自己的企业,等等。而且,保密协议在员工离职、解除劳动合同的一定期限内仍然有效。

除了保密协议这一有效方式,企业还可以通过订立竞业禁止协议来防止竞争者引诱本企业雇员跳槽。竞业禁止协议是指依据当事人的约定,雇主可要求雇员在任职期间或者离职后的一段时间内不得从事与自己的营业相同或者相关的营业。[①]这里所指的"从事与自己的营业相同或者相关的营业"包括雇员到与本企业生产同类产品或经营同类业务的竞争对手处兼职或任职以及自己生产与本企业有竞争关系的同类产品或经营同类业务。其核心在于防止员工利用自己所掌握的商业秘密从事不正当竞争行为,损害本企业的经济利益。当然,需要签订竞业禁止的雇员一般是熟悉本企业技术成果,掌握本企业商业秘密的相关人员,而不是所有员工。

五、绩效考核制度

对企业知识产权人员进行绩效管理,旨在获得更好的绩效产出。企业应建立一套合理的绩效目标体系,确立各类知识产权人才的绩效标准,为其设置相应的绩效目标,在工作中确保良好的绩效沟通并适时提供帮助。在工作完成后应开展绩效评价,提出相应的完善意见,确定未来的发展空间,并将知识产权人才的绩效和职称评定以及工资水平相结合。

在建立知识产权人才的绩效考核制度时,重点应放在科研人员的考评上。

---

① 英振坤:"竞业禁止初探",载《法商研究》1995年第3期。

将专利发明与设计成绩作为考核技术人员的重要依据,同时其申请专利和获得专利权的情况也应作为绩效进行评价。因此,企业应设计科学合理的评价指标体系,其设计应充分反映发明创造投入市场后产业化的情况,或者充分反映科研人员进行的项目课题的大小、数量以及最终完成的质量。而考核的周期应视科技成果的实际应用情况而定,有些指标可一年一评,一些指标可三年一评。

专利考核指标可参考采用关键绩效指标(KPI)进行考核,KPI 应紧紧围绕部门、岗位的核心目标和关键任务制定,形成关键导向。专利考核 KPI 包含数量类指标、质量类指标和价值类指标三部分。

(1)专利数量类指标主要是指在指定的时期内,公司各类专利申请的数量、发明专利的数量等。

(2)专利质量类指标主要是指在指定的时期内,公司各类授权专利的数量、授权发明专利的数量、授权专利占专利申请的比例等。

(3)专利价值类指标主要是指在指定的时期内,公司专利在实际运营过程中的价值作用,主要用节省投资和新增效益来表征。如在专利诉讼中起到重要作用、授权、许可收益等。

根据公司发展的不同阶段需求,考核指标可体现差异性,初期可以数量类指标为主,逐步向数量、质量并重的方向转变,最终实现专利价值类为主的考核体系。

同时,亦可选择给予为完成专利考核指标作出突出贡献以及荣誉的集体或个人奖励。奖励奖项可参考如下。

(1)专利提案奖:按照公司规定流程提交专利申请材料,通过归口管理部形式审查的;

(2)专利申请奖:按照公司规定流程提交专利申请材料,并通过公司组织的专利评审,递交国家专利局取得受理号的;

(3)专利授权奖:获得国家专利局批准,获得专利授权证书的;

(4)优秀专利奖:该授权发明对产品、方法或者其改进作出重大发明创造,对促进本领域的技术进步有突出作用的;[①]

(5)专利价值奖:该发明专利实施后取得了显著的经济效益或社会效益,或已经开始实施并具有潜在的经济效益或社会效益的。

[①] "汕头市专利奖励办法",载《汕头科技》2005 年第 9 期。

参考文献

[1] 张孟元. "无形资产中技术价值影响因素与评估模式"之研究——以信息科技相关技术为例[D]. 2002，博士学位论文.

[2] 张希，胡元佳. 非市场基准的专利价值评估方法的理论基础，实证研究和挑战[J]. 软科学，2010，24（009）.

[3] Myers S. Determinants of capital borrowing [J], Journal of Financial Econimics，1977，5（2）.

[4] 冯君，周静珍，杜芸.单件专利质量评价指标体系研究[J]. 科技管理研究，2012（23）.

[5] 郑素丽，宋明顺. 专利价值由何决定？——基于文献综述的整合性框架[J]. 科学学研究，2012（9）.

[6] 杨丹丹. 基于数据挖掘的企业专利价值评估方法研究[J]. 科学学与科学技术管理，2006（2）.

[7] 万小丽，朱雪忠. 专利价值的评估指标体系及模糊综合评价[J]. 科研管理，2008，29（2）.

[8] 万小丽，朱雪忠. 国际视野下专利质量指标研究的现状与趋势[J]. 情报杂志，2009，28（7）.

[9] 李振亚，孟凡生，曹霞. 基于四要素的专利价值评估方法研究[J]. 情报杂志，2010，29（008）.

[10] 杨雄文.知识产权评估基础理论解析[J]. 知识产权，2010（1）.

[11] 杨雄文，肖尤丹.知识产权法市场本位论——兼论知识产权制度价值的实现[J]. 法学家，2011（5）.

[12] 杨雄文. 基于损害赔偿的知识产权评估研究[J]. 重庆大学学报（社会科学版），2011（2）.